第 1 巻

からだに関わる日本語とその手話表現

脇中起余子 著

北大路書房

はしがき

本書『からだに関わる日本語とその手話表現　第１・２巻』は，前書『よく似た日本語とその手話表現－日本語の指導と手話の活用に思いをめぐらせて－第１・２巻』に続いて執筆したものです。

前書の執筆で，意識的に日本語と手話の関係を考える中で，日本語では，慣用句が多く使われていること，特に，「目」や「口」「手」「足」などのからだの名称を使った慣用句が多く使われていることに気づきました。そこで，からだの名称を使った慣用句などの日本語表現を集め，どのような手話で表せばよいかを検討してみました。

「腹が立つ」という慣用句がありますが，これは「怒る」意味です。この「腹が立つ」という日本語を，「腹／立つ」という手話で表すと，「腹が立つ」という日本語を知らない子どもには意味が通じないでしょう。筆者は，「腹が立つ」という日本語は知っていますが，「腹／立つ」という手話には違和感を感じます。けれども，「私は腹が立った」という文章を手話で表す時，「私は怒った」という日本語に直してばかりいると，「腹が立つ」という日本語に接する機会が少なくなるのではないかと思います。文字の形でしか「腹が立つ」という日本語に接触しない場合，しかも読書量が少ない場合，「腹が立つ」という日本語を使いこなせるようになるのは難しいように思います。言い換えると，文字の形であれ，音声を通してであれ，口形を通してであれ，「腹が立つ」という日本語に接する機会や意識化する機会が多いほど，その日本語がより定着し，より使いこなせるようになると，筆者は考えています。それで，筆者としては，「私は怒った」という日本語に直して手話で表すだけでなく，手話では「怒る」としながらも，音声や口形では「腹が立つ」とする場面があってもいいのではないかと思います。その日本語の意味を直接説明するような場面では，「『腹／立つ』は，『怒る』という意味だよ」というように，「腹／立つ」という手話を使ってもよいと思います。

また，「口に合う」と「口を合わせる」，「顔を出す」と「顔に出す」のように，日本語としては意味が違うのに，手話表現が同じになるかもしれない例があること，「頭が低い」と「頭が高い」とでは，「頭」の読み方が違うこと，「口が軽い」の対語は，「口が重い」ではなく，「口が堅い」であることなどの気づきを聴者に話すと，

「私たちは聞こえるから，自然に耳に入ってきて知っている。だから，問題として出されても，適切に答えられる。聴覚障害があると，自然に入ってくる情報に限りがあるから，これらの問題に答えるのは難しくなるかもしれない」と言われました。

ことわざや四字熟語も，日常生活の中でよく使われます。「急がば回れ，というじゃないか」「井の中の蛙（かわず）になるなよ」などが，その例です。

筆者は，話し手（手話通訳者など）の手話表現力を高めるのと同時に，聞き手の受信能力も高める必要があると考えています。例えば，手話通訳者が「リュウトウダビ」という音声を聞いた時，「竜頭蛇尾」という四字熟語をよく知らなければ，「リュウトウダビ」と指文字で表すことになるでしょう。筆者は「音声でなく漢字で思考する傾向」があるようで，漢字が思い浮かばないと意味がイメージできないことが多いです。それで，「リュウトウダビ」という指文字よりは，「龍／頭／蛇／尾」という手話で示してくれたほうが，「あっ，竜頭蛇尾という四字熟語だ」とすぐにわかります。しかし，そのような四字熟語を知らない人は，そのような手話で示されても，意味がわからないでしょう。そのような場合，「最初／盛り上がる／最後／つぶれる」（初めは勢いが盛んだが，終わりはふるわない意）というような手話で表したほうが，意味が通じるでしょう。このように，話し手（手話通訳者など）は，相手の実態や状況に応じて手話表現の仕方を工夫する必要があるのと同時に，聞き手は，受信能力を高める必要があるでしょう。

例えば，英訳する時，日本語の「身（み）」は，「からだ」と比べて翻訳が難しい，という話を聞いたことがあります。西洋思想と東洋思想の違い，あるいは，心身二元論と心身一元論の違いとも関連するように思います。筆者としては，「心」と「気」などが同じ「心」の手話になること（したがって，「良い気」と「良心」などが同じ手話になることがあること）も，以前から気になっています。

そこで，今回，からだの名称を使ったいろいろな表現に関して検討してみましたが，筆者は，国語科の教員でもなく，（日本語）辞典の執筆者・編集者のように専門的な知識は全く持ち合わせていないことによる限界を感じさせられました。にもかかわらず，本書をあえてまとめた理由は，日本語の微妙なニュアンスを説明するために，どのような手話を用いて説明すればよいかを，もっとみなさんと一緒に考えていきたいと思ったからです。そのために，日常会話ではほとんど用いられないような手話表現の例が，多く収集されています。また，手話の初心者が「これなら私でもすぐ使える」と思っていただけるような手話表現が多くなるよう留意しましたが，本書で示した「手話表現の例」以外に，もっと良い例があるだろうと思います。また，地域によっては，別の手話表現が使われているかもしれません。時間に追われながら手話通訳する時はどうすればよいか，そのような慣用句があると知らない人に対してどのような手話で表せばよいかなどについてたいへん悩み，日本語の奥の深さをまた痛感させられました。

本書の日本語の文章の意味の解釈の仕方や，手話での表現方法あるいは説明の仕方をめぐって，様々なご意見もあろうかと思いますが，本書はこの文章はこのような手話で表現すべきなどと「模範解答」を示すために作ったものではありません。「これらの文章は，日本語としては意味が異なるのに，自分は今までどちらも同じ手話で表していたな」「このような慣用句があると知らない子どもには，このような手話表現では意味が通じないだろうな」などと気づいていただき，日本語の意味をより正確に伝えるような手話表現や聴覚障害児の日本語力向上につながるような手話表現のあり方を考えるきっかけとしていただくことを願ったものです。

本書が，手話を効果的に用いながら聴覚障害児の日本語力の向上を願うみなさんのお役に立てば，幸いです。

2008年 9 月

脇中起余子

推薦のことば

まさに待望の書です。

本書のゲラ刷りに目を通し，著者および著者に協力したり支援してきた人々に，心からの感謝の念を表明いたします。これこそ，聴覚障害教育の現場から生まれた本ですし，また，そうでなければまとめることが困難な本でしょうし，聴覚障害教育の現場の先生方が待望していた本だと思われるからです。

いま，世間にはさまざまな手話の本が提供され，容易に手話およびその世界に接することが可能になってきています。とりわけ，手話はブームともいわれるような社会的関心を引いています。手話のテキストも数多く出版されるようになりました。手話講習会や手話サークルに参加する人々も飛躍的に増大し，手話通訳者を雇用する自治体もかなりの数になってきました。こうした事態は，私たちにとって驚きをともなう喜びであります。

しかし，こうした事態はずっと以前から存在していたわけではありません。1977年，私たちは一般の人たちを対象とした，おそらく日本で最初の手話に関する図書を世に出しました。中野善達・伊東雋祐・松本晶行（編）『手話への招待－聴覚障害者問題入門－』（福村出版）がそれです。この本は故伊東雋祐さんが中心となってまとめられた入門書ですが，これを出すにあたって，かなりのためらいが私たちにありました。ところが，この本は世の人々にたいへん歓迎され，その後の手話に関する類書出版の口火を切るものとなりました。しかし，聴覚障害教育の側からはあまり反響がありませんでした。

それもそのはず，聴覚障害教育の場では口話法のいっそうの推進が唱導・実践され，手話が否定的にとらえられていたのです。これには聴覚障害教育の理論的指導者であり，絶対的権威者とみなされてきた川本宇之介氏およびその同調者の人たちの影響が強力に働いていました。川本氏は口話教育の徹底化，手話の禁止こそが，聴覚障害教育のめざす方向性と考え，信念をもってそれに取り組んでおられました。氏は1960年３月に永眠されましたが，大学の助手になったばかりの私は教授に命令され，勤務先が氏のお宅に近かったこともあり，死に近い氏の枕頭に２～３日に１度ぐらいの割合でお目にかかりにうかがい，口話法教育にかけた氏の執念を感得させられました。

同氏によれば，手話は多義であり，意義があいまいで，抽象語の表現が困難であるとし，心理学の大御所であるヴント（Wundt, W.）を引用して，手話は「無文法で無文章」と断じていたのです。氏による『聾教育学精説』（信楽会，1940年）にはそう明記され，それが聴覚障害教育の世界では常識化していたのです。実際は，ヴントは「手話には文が存在すること，文が存在すれば必ず一定の構文上の規則が存在する」（ヴント（著）中野善達（監訳）『身振り語の心理』福村出版，1985年）としていたのですが，上記のようにねじ曲げられた説が横行していたのでした。ヴントはまた，聾教育における口話法と手話法の対立に関し，次のように述べています。問題を倫理的な面から考えがちな教育者たちには口話法推進論者が多く，それに対し，言語というものの性質や聾者の心情に理解のある心理学者などの多くは手話使用を支持している，というのです。

1993年，文部省は「聴覚障害児のコミュニケーション手段に関する調査研究協力者会議」の報告を出しました。私も委員に名を連ねていましたが，その内容には賛否両論がありました。そこでは，聾学校の中学部や高等部の段階で手話をコミュニケーションの手段の一つとして有効に使っていくことの必要性が示されていました。しかし，手話を使用する場合の具体的な方法，特に教科指導の中で使われることばを表す手話表現などについては，およそ資料がありませんでした。

後に私たちは，学習場面で教科の指導の際に使う手話に焦点をあて，中学校，高等学校段階の学習で必要な単語約100語と，10前後の例文（国語の場合は29例文）を提示した本をまとめました（中野善達（監修）『学習場面で使う手話－国語・数学・社会・理科・英語－』東峰書房，1998年）。これは本書とは著述の意図や方法が異なりましたが，このような本の需要がかなりあることに気づかされました。

1996年，木村晴美・市田泰弘両氏による「ろう文化宣言」が発表され，いわゆる日本手話と日本語対応手話とが論議の的となり，手話の本質をめぐる考え方の深化が進められるようになりました。さらに，手話をめぐるすぐれた論考や著述類も出されるようになってきました。

1997年には，日本手話研究所が編集した『日本語－手話辞典』が全日本聾唖連盟から出版されました。これは2206ページもある，いわば「手話－音声語辞典」ともいえるもので，世界初の用例手話辞典といえる画期的なものでした。実際に役立つことをめざし，多くの用例が掲げられました。例えば「あげる」には17の用例が示されていますし，ある見出し語は20もの例文があげられています。通常の聴覚障害者が手話を使用する場合，この辞典に記されている程度で十分だといえるかもしれません。しかし，本書の著者はこれらを参照しつつも，教育という場ではそのまま使うのは無理があると感じたようです。著者はとにかく，日本語として意味が異なるのに同じ手話表現になりがちな文の多いことに悩んできたのでした。

教育の場では，手話表現に格別の配慮が必要になることが多いのです。著者は「ある日本語を本人が伝えられるよう，働きかけをすること」「日本語の意味について，さらに定義し，学習したうえで，表現の仕方を考える」ことを教え子に根づかせたいと腐心したようです。

そうした思いがつのり，ためらいながらの『聾教育現場における手話表現』（自費出版）という形での公刊をとらせたようです。ところが，この書は著者の思いをはるかに越えて，多くの聴覚障害教育関係者の心をとらえ，共感をもって迎えられたようです。

そのことが，文例を多数追加し，内容構成も新たにしたリニューアル版の『よく似た日本語とその手話表現－日本語の指導と手話の活用に思いをめぐらせて』第1巻，第2巻（北大路書房，2007年）に結実したようです。これはまさに，聴覚障害教育の現場の先生方が心から望んでおられた図書だと思われます。

著者の立脚点は，①「話しことば」と「書きことば」は異なる，②聴覚障害児がその日本語表現の使い手になるように働きかける，③大量の情報をできるだけ短い時間で伝える，④大量の情報をできるだけ原文や背景に忠実に伝える，ことにあります。また，手話，ことに日本手話と日本語対応手話の論議などには触れず，あくまでも聴覚障害教育で現実に使われている，口話を併用する手話を中心にしています。この本には「日本語を理解できているかを調べる問題」，各文例について「手話表現の仕方」や「日本語の意味」に関する読者への問いかけや，応用問題までが，350ページを越す書中にぎっしりと詰め込まれた，それこそ情報量満載のものなのです。

さて，本書は『からだに関わる日本語とその手話表現』と題され，構成は前著とほぼ類似したものとなっています。

著者のエネルギーにはまったく驚嘆させられます。これだけの本をまとめるには膨大な時間も必要だったことでしょう。

私が著者に初めてお会いしたのは，二十数年前のことでした。京都大学の大学院生相手に，フランス語の教育心理学書を読み進める機会があったのです。その際，著者は体調がよくなかったようで，あまり出席もせず，影が薄いような存在に思えました。

ところがどうでしょう。京都聾学校で著者は生き生きと活躍し，研究発表なども数多く積み重ね，今度の著作の基盤となるものを蓄積してきた芯の強い方だったのです。著作に接すればすぐにわかりますが，著者は気配りの強い，また，聴覚障害児に深い愛情を抱いている人物なのです。

脇中さん，このたびの出版，おめでとうございます。さらにすばらしい著作を送り出しください。

2008年 9 月

中野善達
全日本聾唖連盟顧問
元日本特殊教育学会理事長

聴覚障害児教育に携わる方々へ

一般の手話通訳場面においては「意味を伝えること」に重きが置かれるのに対し，教育場面においては「意味を伝えること」に加えて，「その日本語を本人が使えるよう働きかけること」が重要であると，私たち聴覚障害児教育に関わる教員は考えています。

私たち教員も，日本語の意味についてさらに意識し，学習したうえで，手話表現の仕方を考えることが求められるでしょう。

(1)「話しことば」と「書きことば」は異なる

聴児の場合も，「話しことば」のスムーズな使用と「書きことば」のスムーズな使用の間には，距離があるといわれています。すなわち，「話しことばの獲得」イコール「書きことばの獲得」ではありません。それと同じことが手話にもいえるでしょう。すなわち，手話を使って豊かな会話ができることは，書記日本語を使って正確な文章が書けることを必ずしも意味しません。私たち教員は，このことを念頭に置きながら指導にあたる必要があるでしょう。

(2) 聴覚障害児がその日本語表現の使い手になるように働きかける

小学部以降ともなれば，聴覚障害児に対して，日本語（単語・文章）の意味を手話で説明するだけではなく，聴覚障害児がそれ以降その日本語（単語・文章）を駆使できるよう働きかける必要があります。英語の学習でいえば，ある英語の文章の日本語訳を生徒に伝えるだけではなく，生徒がその英語表現をそれ以降駆使できるよう働きかける必要があるのと同じです。私たち教員は，手話で伝わったことだけで，教科指導をしたつもりになってはいけないでしょう。

(3) 大量の情報をできるだけ短い時間で伝える

手話通訳者が誰かの話を通訳する時，「意訳」に時間がかかる状態よりは，できるだけ短い時間で話し手の話を大量かつ正確に伝えられるようになるほうが望ましいでしょう。私たち教員は，手話技術を高めるのと同時に，聴覚障害児の受信能力を高める必要があるでしょう。

(4) 大量の情報をできるだけ原文や背景・雰囲気に忠実に伝える

「文化」の違いも伝えられるほうが望ましいでしょう。例えば，日本では，直截(ちょくせつ)的な言い方と婉曲的な言い方のどちらを用いるかによって，その人の人柄が推測・判断されることがあります。私たち教員は，手話の使い方を工夫するのと同時に，聴覚障害児の受信能力も高める必要があるでしょう。

「良い手話表現」とはどのようなものでしょうか。通訳場面では，まず相手にとってわかりやすいことが大切でしょう。その一方で，講演などの場面では，「話者の話をなるべく正確に通訳してほしい」と望む聴覚障害者もみられ，その場合，短時間で効率よくかつ正確に伝える手話表現の仕方が求められるでしょう。さらに，教育場面ではそれに加えて，「日本語の力の向上につながるような話し方」を意識的に考える必要があるでしょう。私たち教員は，聴覚障害児の実態（日本語の理解力や手話の理解力など）や場面，指導目標などに応じて，いろいろな手話表現を使い分けられるよう，日々心がける必要があると考えます。

編集にあたっての「方針」

1）本書では，「日本手話」と「日本語対応手話ないし口話併用手話」を区別し，いずれか一方を「否定視」する考え方はとりません。したがって，いろいろな論争のいずれか一方に与するような「手話表現（答え）」の書き方は，できる限り避けるようにしました。

2）一般の多くの聾学校では，口話（聴覚活用・読話）に頼る者と手話に頼る者，手話を知らないで入学する者などが見られ，おおぜいの聴覚障害児を前にして話す時は，「口話併用手話」が基本となっています。したがって，本書でも，口話を併用する手話を中心に記載しました。

3）聾学校教員として，教育現場で，日本語の文章・単語の微妙なニュアンスをどう説明すればよいかを考えるための「ヒント」になるような手話表現の例を掲載するように留意しました。

4）現場の教員としては，一日も早く手話を覚えて，聴覚障害児に日本語や教科の指導を行う必要がありますので，すぐにマスターできるような手話表現の例を掲載するように留意しました。

以下の日本語を，手話でどう表しますか？

【本書（第１巻）に所収されている日本語の例】
①「顔を出す」「顔に出す」「顔に出る」
②「知らん顔」「知らない顔」
③「目をあける」「目をさます」「目がさえる」
④「目が見える」「目に見える」
⑤「目にかける」「目をかける」「目にかかる」「目がける」
⑥「鼻につく」「鼻をつく」
⑦「口が悪い」「悪口」
⑧「口を合わせる」「口に合う」
⑨「口に出す」「口を出す」
⑩「口汚い」「口汚し」「口をにごす」

「あれ，両方の文章が，同じ手話になってしまった。文章の意味は違うのに」というようなことはありませんでしたか？

筆者も，日本語の意味の微妙な違いを手話でどう表現すればいいのか，日々悩んでいます。どのように区別して表現すればよいでしょうか？

「腹を立てる」という言い方は，日常生活の中でよく使われます。「腹」と「おなか」は同じ場所を意味しますが，だからといって「おなかを立てる」とは言いません。「腹が立つ」という文を「怒る」という手話で表すと，聴覚障害児には意味がよく伝わるでしょう。では，日常会話の中で，「彼は腹を立てた」を「彼は怒った」と言い換えてばかりでよいのでしょうか？　聴覚障害児がそれを日本語に直して書く時，「怒る」だけではなく，「腹が立つ」という表現もすらすら書けるようになってほしいと思います。「腹を立てる」の意味を，授業の中で教わったとして，それ以降すぐにスムーズに使いこなせるとは限りません。ほとんどの聴覚障害児にとっては，日常会話の中で（聴覚活用により）耳にする回数や（読話により）目にする回数，自ら直接使う回数が多いほど，その意味や使い方がより定着すると思います。筆者は，「腹／立つ」という手話で表されると，違和感を抱きますが，「怒る」という手話を使いながら，口で「腹を立てる」と示されると，手話を手がかりにしながら口形も見て，「今，『腹を立てる』という日本語を使ったな」と読み取ることができます。このように，「腹を立てる」という日本語を意識化する機会が多ければ多いほど，その日本語がより定着するでしょう。

「目が高い」は，物事の善し悪しを判別する力がすぐれている意味ですが，『日本語－手話辞典』（全日本ろうあ連盟発行）によれば，「目／高い」という手話が使えます（右記のイラスト参照）。このような手話表現になじんでいる人は，日本語の「目が高い」を聞いた時，すぐにそのような日本語表現があると覚えやすいだろうと思います。

「口がうまい」について，この日本語を知らない人に対して，「口／上手」という手話で表すと，意味が通じるでしょうか？　そこで，「話／上手」という手話に置き換えてみると，これは通常「プラス」のイメージを与えます。しかし，「口がうまい」は，一方では「だます／上手」の手話表現が適切な場面があることを考えればわかるように，「マイナス」

のイメージを含んでいることばです。かといって，「口がうまい」は，全て「だます／上手」と言い換えられるかといえば，そうではありません。もし，聴覚障害児が「口が上手」という日本語を知っているならば，手話通訳者は，「話す／上手」と「だます／上手」のどちらがよいかなどと迷わずに，「口／上手」という手話で表すことができるでしょう。

「顔合わせ」と「面会」について，日常会話では，単に「(互いに) 会う」という手話で表せばだいたいの意味は通じるでしょうが，紙に書く時，「病院へお見舞いに行ったら，顔合わせできないと言われた」ではなく，「病院へお見舞いに行ったら，面会できないと言われた」と書く必要があるでしょう。

また，「あの面（つら）を見ると，胸くそが悪くなる」の「面」は，「顔」と同じ意味ですが，「面（つら）」は，話し手に憎悪や軽蔑の感情がある時によく使われることばです。「あの顔を見ると」と「あの面（つら）を見ると」が，同じ「あれ／顔」という手話表現（日本語の口形や表情を伴わない表現）になった場合，聞き手は，話し手の気持ちや人柄を推測・判断することが難しくなるでしょう。その意味で，手話では，表情が非常に大切になってきます。

このような日本語の微妙なニュアンスを，聴覚障害児に理解・獲得してほしいと願い，実際に指導を重ねてみると，日本語の文法や微妙な言い回しなどは，日頃からその日本語を直接使用する回数が多いほうが定着度が高いことを感じています。

昔から，本をよく読む子は，日本語の力が高い子が多いといわれていますが，これは，聴覚障害児にも明らかにあてはまる傾向です。日本語の力がないと本になかなか手が伸びにくい，というのも現実に見られる傾向です。どのような方法で，聴覚障害児にこれらの慣用句やことわざなどを獲得・定着させればよいでしょうか。手話表現の仕方を考える中で，みなさんと一緒に考えていけたらと思います。

■原稿執筆の方向性について

今回の原稿執筆にあたって，読書力診断検査などの問題や本に目を通し，からだの名称を使った表現の多さに改めて驚かされました。聴覚障害がない子どもは，小さい時からこれらの表現を日常的に見聞きし，自らも用いたりして，これらの表現を獲得していきます。筆者としては，教室の中で「この表現は，このような意味です。覚えましょう」と教える方法だけでは，どこまで定着させられるのだろうかと，気になります。日頃からその表現を見聞きしたり，自ら意識的に使ったりするほうが，理解度や定着度が高くなるように思います。

そして，以下の①と②のどちらの方向でいくべきか迷いました。

①本書で取り上げる例を主要な慣用句やことわざだけにしぼり，意味の説明や手話イラストをていねいに添える。
②明らかに慣用句ではないものも含めて，たくさんの言い方を取り上げる。

いろいろと検討した結果，②の方向で進めることにしました。その理由は，以下の通りです。

・「口をはさむ」と「口にはさむ」，「口がかかる」と「口にかかる」のように，両者が同じ手話表現にならないか，助詞を適切に使い分けられるか，などと気になる例がたくさん出てきたこと（「口にはさむ」や「口にかかる」は，慣用句ではないように思いますが，本書では，例として取り上げることにしました）。
・「耳を傾ける」と「耳をすます」のように，意味が似ているが，使われる場面に少し違いが見られる時，一方だけを取り上げると，両者の使い分け方を意識的に考えることができなくなること。
・手話イラストの量を多くすることは，紙数の面でも限界があること。

これらの理由から，手話イラストの量よりも，取り上げる日本語の例の量を多くする方向で執筆しようと決めました。そして，イラストが載せられない手話イラスト名については，『日本語－手話辞典』に載っている手話イラスト名をなるべく借用することにしました（それに伴って，既刊の『よく似た日本語とその手話表現』の手話イラスト名を，増刷の際に若干修正させていただきました）。本書にイラストが載っていない手話については，『日本語－手話辞典』（巻末の「手話イラスト名索引」も含む）などを参照したり，自分で工夫したりしてください。

■例の選び方について

本書（第１巻）では，首から上のからだに関わる日本語の文章や単語を集めました。「涙」「息」「声」などは，からだの部位の名称ではありませんが，からだと密接に関連するので，これも含めて考えることにしました。

◎からだの名称が２つ含まれている言い方の扱い方

「頭隠して尻隠さず」や「鼻息が荒い」のように，からだの名称が2つ含まれている言い方については，基本的に以下の方針のもとに収録しました。

・「AB」（例：「鼻息」「目頭」），「AとB」（例：「目と鼻の先」），「AもBも」（例：「血も涙もない」），「AにBを」（例：「胸に手を当てる」）については，先に出てくるほうの「A」のところへ入れました。

・「AのB」（例：「身の毛」）や，「AにBが～」（例：「心臓に毛が生えている」）については，「B」が中心になっていることから，「B」のところへ入れました。

◎動物や植物の名称が含まれている言い方の扱い方

「猫の目」「猫の手も借りたい」「雀の涙」「顔に紅葉を散らす」のように，動物や植物と関係することばが含まれている言い方については，「動植物に関わる日本語とその手話表現」として，別の機会にまとめたいと思います。

◎一般的な言い方でないものも取り上げた

例えば，「頭が古い」や「頭を下(お)ろす」の言い方について，それぞれ「考え方が古い」「髪を下(お)ろす」などのほうが一般的だと思いますが，辞書に載っている場合は取り上げることにしました。聴覚障害児には，「一般的でなくても，このような言い方がある」などと，できるだけたくさん知ってほしいと思うからです。

なお，ある言い方を耳にした頻度について，個人差が大きいようです。筆者の周辺で何回か聞いたことがある言い方であっても，他の人にとってはそうでない例がありますし，その逆の例もあります。その意味で，筆者の主観や好みで選んだ例が多少あるだろうと思います。

◎辞書に載っていなくてもかなり使われていると思われる場合は取り上げた

例えば「頭が柔らかい」という言い方は，筆者が調べた範囲では辞書に載っていませんでしたが，世間一般でよく使われている言い方であると筆者が判断した場合は，取り上げることにしました。筆者は，自分の経験からも，いわゆる「俗語」のほうが，聴覚障害児にとっては「獲得」が難しい面があると感じており（ただし，漫画でよく使われている場合は別です），聴覚障害児には，辞書に載っていなくても世間でよく使われる言い方や俗語についても理解してほしいと思うからです。

◎明らかに慣用句ではなくても，他の言い方との比較の意味で取り上げた

「（紙を）口にはさむ」のように，明らかに慣用句ではないと思われる言い方がありますが，その手話表現が別のある慣用句（「口をはさむ」）の手話表現と同じになることが多いのではないかと思われる場合，手話でどう区別して表せばよいかを意識的に考えていただくきっかけとするために，あえて例の中で並置させ

て取り上げることにしました。

◎字面が似ているものは，なるべく同じところで取り上げた

京都府立聾学校高等部の生徒を見ていると，「座薬」を「座って飲む薬」，「木枯らし」を「枯れた木」，「過保護」を「過去の保護者」というように，漢字だけを見て意味を判断する例が非常に多いのですが，日本語には「色目」と「目色」，「相手」と「手相」などのように，漢字の順が逆になると意味が変わってくるもの，「目配り」と「目配せ」のように，送りがなによって意味が変わってくるもの，「一目会いたい」と「一目置く」のように同じ漢字でも読み方や意味が異なるものが，かなり多く見られます。それで，本書では，字面が似ているものをできるだけ同じところで取り上げるようにしました。

■「差別的な表現」について

例えば，聴覚障害を意味する差別的なことばとして，「つんぼ」ということばがあり，「つんぼ桟敷（さじき）」や「つんぼの早耳」という言い方があります。現在は，特に新聞や公的な文書では，「つんぼ」ということばは使われていませんが，筆者が小さい時は，「つんぼ」ということばが新聞に載っていました（その新聞記事が今でも手元にあります）。今では，「つんぼ」ということばを知らない子どものほうが多いように思いますが，筆者より上の世代の場合，知っている人のほうが多いかもしれません。

本書では，「つんぼ」「めくら」などのように，世の中全体が明らかに使わない方向に進んでいると思われることばを使った表現については，取り上げないことにしました。

しかし，現実には，「大根足」などのように，不快感を示す人が見られるものの，かなり多くの人がそのことばを口にしている，というようなことばはかなり見られます。少なくとも，世の中全体が「大根足」ということばを使わない方向に進んでいるかと聞かれたら，筆者は「そのようには思えない」と答えるでしょう。本書では，聴覚障害児にはいろいろな日本語（差別的な表現を含む）の意味を知ってほしいこと，手話通訳者はできるだけ本人が言ったことばやその雰囲気に忠実に手話通訳してほしいと思うことから，このようなことばも取り上げることにしました。ただし，「この表現に不快感を示す人もいます」などのような文章をできる範囲で添えるようにしました。筆者としては，「差別的な表現だ」などと不愉快な思いをする人が減る方向に進んでほしいと願っています。

繰り返しになりますが，本書に「差別的な表現」が含まれていたとしても，それ

は，「差別的な表現」であっても「差別的な表現」のまま通訳されることを望む聴覚障害者がみられるからであることを，ご理解いただくようお願いします。

■日本語を理解できているかを調べる問題について

手話の使用は，日本語力の獲得に直接結びつくわけではありません。以下の問題をご覧ください。

「顔を出す」「顔に出す」「顔に出る」のいずれかを，適切な形に変えて入れてください。

1）隠してもだめだよ。ちゃんと（　　）いるよ。
2）つくしが，土手に（　　）季節となった。
3）彼は，感情をすぐに（　　）ので，みな困っている。
4）彼は，感情がすぐに（　　）ので，みな困っている。
5）あいさつをしないのも何だから，ちょっとだけ（　　）てくるわ。

「顔に出ているよ」を「見る／わかる」（「見たらわかる」意）という手話で，「つくしが顔を出す」を「つくし／芽（芽生える）」という手話で表すと，意味は通じるでしょう。けれども，これを日本語に直す時，「見たらわかる」「つくしが出る」という日本語だけでなく，「顔に出る」「顔を出す」という日本語もすらすら書けるようになってほしいと思います。

すなわち，手話を見ると意味を理解できても，日本語の文章だけを読んで理解できるとは限りません。教育現場では，このことを頭に入れながら，聴覚障害児が「顔を出す」や「顔に出す」「顔に出る」などの日本語を正確に理解・使用できるように働きかける必要があるでしょう。

教員が問題の意味や答えを説明する時，「顔を出す」や「顔に出す」「顔に出る」の手話が同じになると，聴覚障害児は混乱するでしょう。

聴覚障害児が日本語を理解できているかを調べるために作成した問題を，各例に挿入しました。この問題により，各例の意味がさらにはっきりするところもあるでしょう。また，「この２つの例（文章・単語）は同じ意味だ」と思っても，問題を読むと，「あれ，この２つの例はちょっと異なるな」などと気づかされることもあるでしょう。その気づきが，今後その２つの例（文章・単語）を聴覚障害児が使い分けられるように，日々どのように働きかける必要があるかをより意識して考えようとする姿勢につながるでしょう。

また，聴覚障害児は助詞を適切に使い分けることが難しい場合が多いと言われています。長い文章の中で「口にはさむ」や「口をはさむ」が出てきた時は，前後の文脈から意味を判断することができても，「母はいろいろなことに口（　　）はさんでくる」の（　　）にどんな助詞が入るかを尋ねられると答えられない場合が，時々見られます。それで，「に」や「を」などの助詞を適切に使い分けられるかを調べるような問題を，ところどころに入れるようにしました。

■日本語の意味の選び方について

日本語の意味について，辞書では幾通りも載っている場合がありますが，本書では，主要な意味しか取り上げていないところが多々あります。「主要」な意味であるか否かの判断について，筆者の主観になっているところもあるでしょうが，この点について，ご理解をお願いします。

また，意味の記述を省略した文章や単語がところどころにあります。また，わかりやすいことばを使って説明できていないところも多々あります。わかりにくい場合は，別の辞書などを使って調べていただくようお願いします。

なお，慣用句の意味を調べたりするにあたって，「くろご式慣用句辞典」や「Yahoo！辞書」（ともにインターネット）や，『小学生　ことばの達人になる辞典』（川嶋　優（監）三省堂編集所（編）三省堂，1998年）などを参考にさせていただきました。

■「手話表現の例」について

本書は，日本語の文章や単語の微妙なニュアンスを説明するために，手話でどう区別して表せばよいか「ヒント」になるような手話表現の例（筆者たちで相談した結果）や，現実の通訳場面でみられる手話表現の例，手話の「初心者」でも「これなら，私でもすぐに使える」と思っていただけるような手話表現の例などを，「手話表現の例」として載せておきました。したがって，本書で示した手話表現だけが，「答え」ではありません。

特に，表情や視線の向き，間（ま）の取り方やうなずき方，空間の利用の仕方など，それらは文章化することが難しく，また，「手話の初心者」にとっては習得が難しいところです。本書では，「手話の初心者」が覚えやすいよう，なるべく簡単な説明の仕方になるよう心がけました。

また，日本語の微妙なニュアンスをあえて説明するために，日常会話ではほとんど用いられないような手話表現の例が，本書では「手話表現の例」として収められている場合があります。

このあたりについて，ご理解をお願いします。

聴覚障害児の日本語力の向上のために，もっと良い手話表現の仕方がないか，今後もみなさんと一緒に考えていければと思います。

手話表現の仕方を検討するにあたって，以下の本を参考にさせていただきました。

『日本語－手話辞典』1997年　全日本ろうあ連盟

『わたしたちの手話　1～10』1969～1986年　全日本ろうあ連盟

『わたしたちの手話　続』1993年　全日本ろうあ連盟

『わたしたちの手話　新しい手話Ⅰ～Ⅳ』それぞれ1989, 1992, 1997, 2001年　全日本ろうあ連盟

『わたしたちの手話　新しい手話2004』2004年　全日本ろうあ連盟

『わたしたちの手話　新しい手話2005』2004年　全日本ろうあ連盟

『わたしたちの手話　新しい手話2006』2005年　全日本ろうあ連盟

『わたしたちの手話　新しい手話2007』2007年　全日本ろうあ連盟

『わたしたちの手話　新しい手話2008』2007年　全日本ろうあ連盟

『手話でわかりやすい体と病気』医療の手話シリーズ別冊　2006年　全日本ろうあ連盟

『手話で必見！医療のすべて＜外来編＞』医療の手話シリーズ①　2006年　全日本ろうあ連盟

『手話で必見！医療のすべて＜人間ドック・健診編＞』医療の手話シリーズ②　2007年　全日本ろうあ連盟

『算数・数学の手話用例集』2004年　ろう教育の明日を考える連絡協議会

『国語の手話用例集』2005年　ろう教育の明日を考える連絡協議会

『理科の手話用例集』2005年　ろう教育の明日を考える連絡協議会

『社会科の手話用例集』2006年　ろう教育の明日を考える連絡協議会

上記の本を見ればわかるように，次々と新しい手話が確定されています。正直に申し上げて，筆者も，これらの新しい手話を全て覚えているとは言えない状態です。

本書の執筆にあたって，基本的には，『日本語－手話辞典』に載っている手話を使うことにし，それ以降新しく確定された手話については，できる範囲で本書でも紹介させていただきました。

今後も新しい手話が確定されるでしょう。それに伴って，本書で紹介した手話表

現の例が不要になることもあるでしょう。

■手話のイラストとその説明について

【例1】

耳を傾(かたむ)ける

(a) 聴く［熱心に聞こうとする表情をつけながら］

(b) **一途(いちず)（集中）**／聴く

【例2】

いかり肩(がた)

肩をいからせるしぐさ

【例3】

手が早い

(a) 手／はやい
(b) 仕事／はやい
(c) **すぐに**／なぐる（暴力の意）
(d) 女／干渉／はやい

【例1】について，手話表現の例として，太字で示した単語（「一途(いちず)（集中）」）の手話イラストをその下に示しました。また，「聴く」の手話イラストは，ここでは載っていませんが，本書の別の箇所，あるいは既刊の『よく似た日本語とその手話表現』（以下『よく似た…』と略します）に載っている場合がありますので，巻末の手話イラスト名索引をご覧ください。それから，手話イラストが載っていない場合の手話単語の「名称」として，『日本語－手話辞典』に載っている手話イラスト名をできる範囲で借用しましたので，『日本語－手話辞典』も参考にしてください。

なお，指文字を使う場合は，「キ」のように「カタカナ」で記しました。

【例2】について，「肩をいからせるしぐさ」ということばは，「いかり肩(がた)」という日本語の意味を説明するものではなく，手話で表す時に「肩をいからせるしぐさ」をするという意味です。なお，『日本語－手話辞典』で，「寒いけれど」の手話は「寒い／しかし」，「あまりの寒さ」の手話は「とても／寒い」，「寒さで体が震える」の手話は「寒い」となっていることからもうかがえるように，手話表現には形容詞や名詞，動詞の違いはほとんど表れません。したがって，「いかり肩」と「肩をいからせる」の違いをあえて説明したい時は，さらに工夫が求められるでしょう。

【例3】について,「手が早い」には，いろいろな意味があります。文意に合わせて,（a）～（d）のどの手話表現が適切かを判断してください。なお，本書では，主要な意味だけを取り上げた場合，手話表現もその主要な意味に対応するものしか取り上げていませんので，本書に載っている以外の手話表現が求められる場合もあると思います。

手話は,空間的な位置関係や表情,強弱などにも意味があることばですから,空間的な位置関係や表情,強弱にも気を配って表すように心がける必要があるでしょう。

■本書での表記の仕方について

表記の仕方について,基本的に読み方を知っているかを問いたいものについては,最初の例文のところで漢字で示し，あとでルビをつけるようにしました。

逆に，漢字で書くとどうなるかを問いたいものについては，例文や問題のところでひらがなで示し，あとで漢字を示すようにしました。「目が利く」と「目に効く」「目で聞く」のように漢字で示されると大体意味がわかっても,「目がきく」「目にきく」「目できく」のようにひらがなで示されると，意味が理解できない例がよく見られるからです。すなわち，助詞を手がかりにして意味をつかむことが難しいのです。なお,「目で聞く」のように漢字で書くことが多いと思われるものについては，例文や問題以外のところでは漢字で記すようにしました。

また,「か（嗄）れる」のように，ほとんどの人が漢字で書かないようなものについては，文章のどこかで漢字で書くとどうなるかを示すだけにしました。

さらに，読み方が難しいと思われるものについては，ルビをつけたり（　）の中に読み方を記したりしました。

■手話表現の練習のための応用問題について

前書『よく似た…』第１・２巻では，章ごとに「応用問題」として，筆者が集めた文例や小学校２～３年生の国語の教科書に出てきた文例をまとめて載せましたが，本書では，紙数の制約があり，巻末に小学校２～５年生の国語の教科書に出てきた文例をまとめて載せることにしました。

さらに応用問題がもっとほしい方は，日本語の理解を調べる問題に出てくる短文を使うとよいでしょう。例えば，問題１－４（1）では,（　）に答えを入れた文「何から何まできちんとやってくれた彼には,（頭が下がる）思いだ。」などを使うことができるでしょう。あるいは，各自で，短文を作って，それを手話で表すのもよいでしょう。それぞれで工夫してみてください。

からだの各部位の名称

「頭」「首」「ひじ」などのからだの名称について，手話では，その部位を指さしたり，その部位で円を描くようにして示したりすることが多いです。そのことと関連するのかどうかはわかりませんが，からだの名称が正確に書けない聴覚障害児がかなり多くみられます。筆者個人の印象ですが，他の日本語単語と比べて相対的に覚えにくい範疇の１つが，「からだの名称」であるように思います。

京都府立聾学校高等部で，「頭」「ひざ」などの名称を問うテストを何回か繰り返しても，合格点を取ることが難しかった例がみられたので，担当の先生が，筆者に「これらの日本語をどうやって正確に覚えたのか？」と聞きに来られたことがあります。それに対して，筆者は，「私の場合，小さい時から何回も口にして，もし間違っていたら，周囲の人が訂正してくれた。それに，私は，唇の動きを読み取っているから，相手の口形を見て，今『耳たぶ』と言ったな，などと頭の中で絶えず日本語を意識していた。本を多読したことも大きい」と答えています。

保健室の先生が，来室した児童に「どこがどんなふうに痛いの？」と聞いても，こめかみのあたりを指さして「痛い，痛い」と言うだけなので，対応に苦慮した，というような話を，京都府立聾学校でもよく聞きます。その時は，そのあたりにできていたおできに薬を塗って教室に帰したら，そのあとばたんと倒れたので，「めまいがする」などと言いたかったのだろうとあとでわかった，というような話を聞きました。

昔，補聴器がなく，聾学校の存在自体が一般に知られていなかった頃，10歳近くになって初めて聾学校に入学し，日本語の学習を始めた例も，珍しくありませんでした。その頃，自分の病状を的確に医者に伝えられなかったことが命取りになった例がかなり見られたそうです。(書記)日本語の獲得は，現在も聴覚障害児教育の大きな課題の１つとなっています。

問題１　からだの名称が言えますか？

＜慣用句に使われることが多く，本書でも重点的に取り上げたことば＞

頭(あたま)　顔(かお)　耳(みみ)　眉(まゆ)　目(め)・眼(め)　鼻(はな)　口(くち)　唇(くちびる)　歯(は)　舌(した)　頬(ほお)　あご　のど　首(くび)　髪(かみ)　毛(け)
腕(うで)　手(て)　指(ゆび)　爪(つめ)　足(あし)・脚(あし)　ひざ　肩(かた)　胸(むね)　腹(はら)・おなか　背(せ)・背中(せなか)　腰(こし)　尻(しり)

＜その他，日常生活で耳にすることが多いことば＞

額(ひたい)	まぶた	まつげ	目頭(めがしら)	目尻(めじり)	ひじ	手(て)の甲(こう)	手首(てくび)	足首(あしくび)	親指(おやゆび)
人差(ひとさ)し指(ゆび)	中指(なかゆび)	薬指(くすりゆび)	小指(こゆび)	すね	かかと	太(ふと)もも	ふくらはぎ	足の裏	
土踏(つちふ)まず	へそ	脳(のう)	肺(はい)	心臓(しんぞう)	胃(い)	肝臓(かんぞう)	腸(ちょう)	肛門(こうもん)	股(また)

それぞれのことばについて，人体の絵（本ページと次ページ参照）のどこに該当するかわかるでしょうか？　選択肢がなくても，各部位の名称が言えるようであってほしいと思います。それから，それぞれを手話でどのように表しますか？

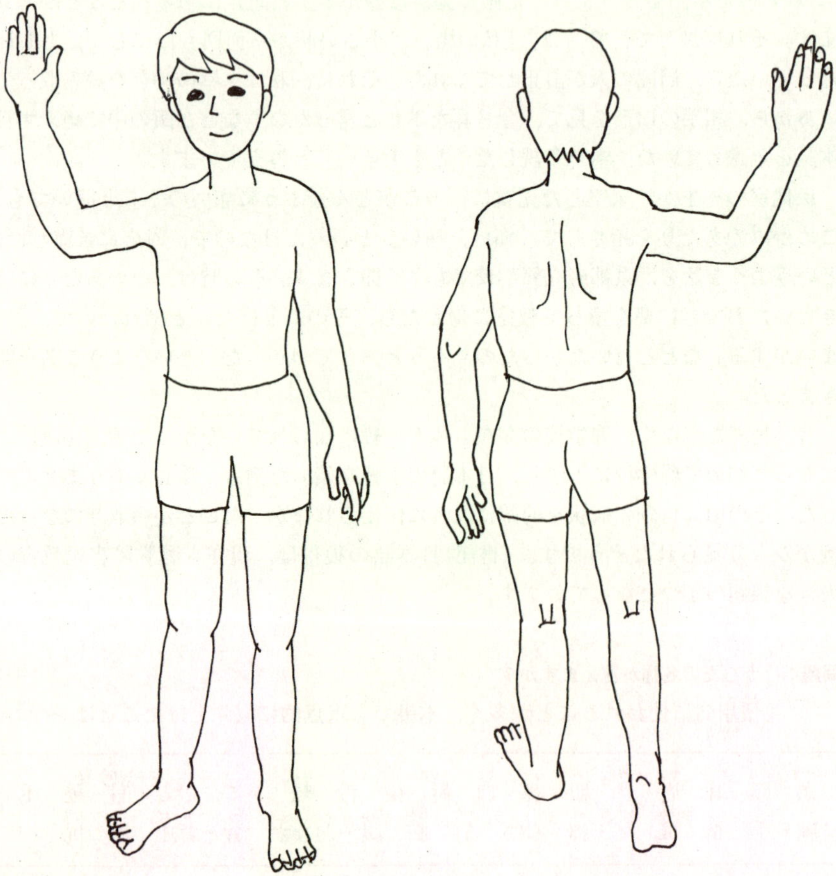

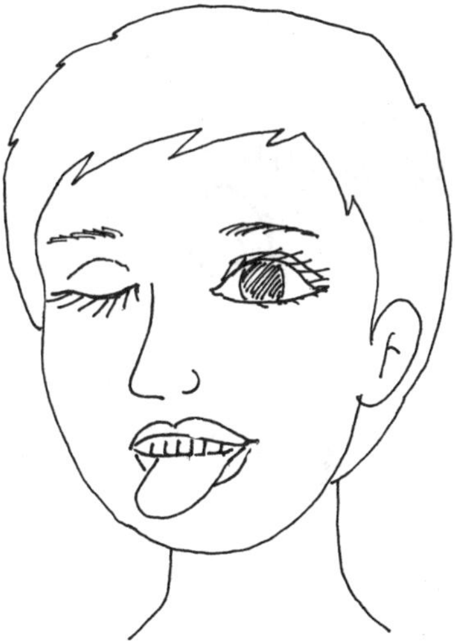

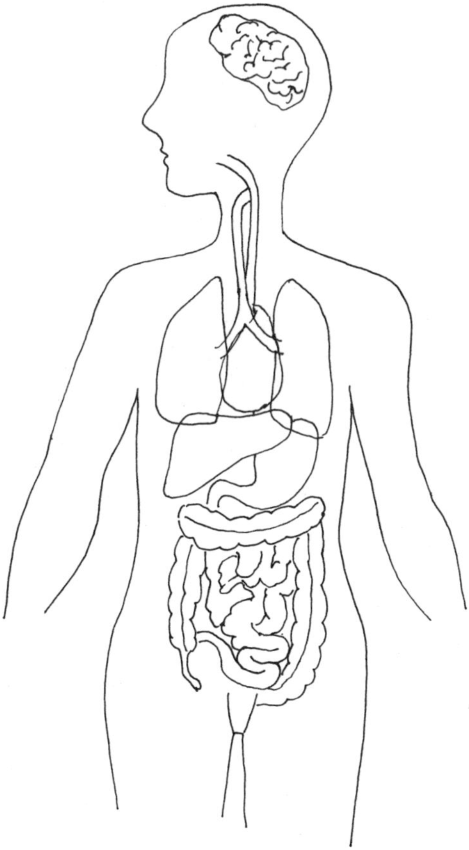

顔や頭の各部位は次ページを，手足の各部位は第 2 巻のxxiiページを，胴体の各部位と，内臓器官については第 2 巻のxxivページを参照してください。

さらに詳しい部位の名称や手話については，xviiiページで述べた参考図書『手話でわかりやすい体と病気』などを参照してください。

顔や頭の各部位の名称

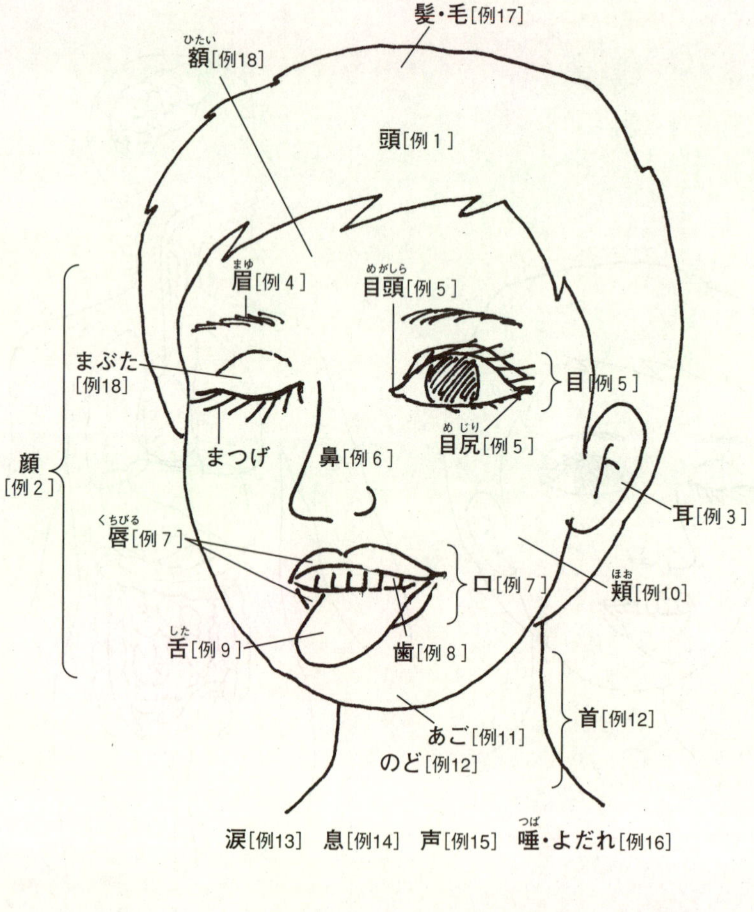

例えば，舌［例9］というのは，「舌」を使った言い方を例9で取り上げているという意味です。

「のど」は，正確には，からだの表面ではなく口の奥の食道や気管支に通じる部分の名称です。

問題2　「からだの名称」を使った慣用句をいくつ書けますか？

慣用句とは，「虫がいい」のように，習慣的に2つ以上の語が結合して，全体である特定の意味を表すことばです。これは，昆虫としての「虫」が良いという意味ではありません。他の人のことを考えない様子や自分勝手な様子を意味します。

「からだの名称」などを使った慣用句や四字熟語，ことわざを，あなたはいくつ書けるでしょうか？（なお，慣用句とそうでないものの境界線は，あいまいです。また，本書では，明らかに慣用句でない例も，収集されています）。

本書に所収されている単語と，それを使った慣用句や四字熟語，ことわざの例	
例）虫	虫がいい・虫が好かない・虫の居所が悪い
頭	
顔	
面（つら）	
耳	
眉	
目・眼	
鼻	
口	
唇	
歯	
舌	
頬	
あご	
のど	
首	
涙	
息	
声	
唾・よだれ	
髪	
毛	

◉目　次

第2巻　目次

例1 頭

例1-1
① 頭が固い
② 頭が柔らかい

例1-2
① 頭が高い
② 頭が低い

例1-3
① 頭が良い
② 頭が悪い
③ 頭が重い
④ 頭が軽い
⑤ 頭がいっぱい
⑥ 頭が空っぽ
⑦ 頭が古い
⑧ 頭でっかち
⑨-1 頭が（ずきずきと）痛い
⑨-2 （この問題で）頭が痛い

例1-4
① 頭を上げる
② 頭が上がらない
③ 頭に血が上る
④ 頭上
⑤ 頭を下げる
⑥ 頭が下がる
⑦ 頭を下ろす

例1-5
① 頭を振る
② 頭を横に振る
③ 頭を縦に振る
④ 頭を垂れる
⑤ 頭を伏せる

例1-6
① 頭を切る
② 頭が切れる
③ 頭を切り替（換）える
④ 先頭を切る

例1-7
①-1 頭を打つ
①-2 頭打ち
②-1 頭を割る
②-2 頭で割る
②-3 頭割り（頭割）
③-1 頭を分ける
③-2 頭で（は）分かる

例1-8
① 頭を悩ませる（悩ます）
② 頭をひねる
③ 頭をしぼる
④ 頭を抱える
⑤ 頭をおさえる・抑える
⑥ 頭をねじ伏せる
⑦ 頭ごなしに言う
⑧ 頭に来る
⑨ 頭を冷やす

例1-9
① 頭から否定する
② 頭を丸める
③-1 頭を入れる
③-2 頭が入る
③-3 頭に入る・入れる
④-1 頭を出す
④-2 頭が出る
④-3 出頭

⑤ 頭を持ち上げる
⑥ 頭をもたげる
⑦ 台頭
⑧ 頭角を現す
⑨ 一頭地を抜く
⑩ 出会い頭に

例1-10
① 頭隠して尻隠さず
② 頭でっかち尻すぼみ
③ 徹頭徹尾
④ 頭から湯気を立てる
⑤ 怒り心頭に発す（る）
⑥ 頭寒足熱

例1-11
① 念頭に置く
② 路頭に迷う
③ 音頭を取る
④ 船頭
⑤ 石頭
⑥ 没頭
⑦ 冒頭
⑧ 頭金
⑨ 頭（を呼ぶ）
⑩ 頭文字

例1-12
① 頭数をそろえて（野球をする）
② 羊の頭数を数える

例 1 − 1

① 頭が固い	② 頭が柔らかい

手話表現は？

「頭が柔らかい」という言い方は，載っていない辞書が多いようですが，よく耳にしますので，取り上げてみました。それぞれを，どんな手話で表しますか？

日本語の意味は？

問題 1 - 1

次の言い方の意味を以下の（ア）～（カ）の中から選んでください（複数回答可）。

1)「頭が固い」　　2)「頭が柔らかい」

（ア）考え方が近代的・現代的である。

（イ）考え方が旧式である。昔ながらの考え方である。

（ウ）賢い。頭が切れる。

（エ）（ウ）と反対の状態である。

（オ）自分の考え方にこだわる。ひとつの考え方や見方しかできない。

（カ）自分の考え方にこだわらず，いろいろな考え方や見方ができる。

日本語の意味と答え

「頭が固い」は，からだの一部分としての頭が固い意味や，柔軟な考え方ができない，融通がきかない意味があります。「石頭（いしあたま）」とほぼ同じ意味です。

問題 1 - 1 の答え
1)（オ）　2)（カ）

「頭が柔らかい」は，からだの一部分としての頭がぶよぶよとしていて柔らかい意味や，柔軟な考え方ができる意味があります。

手話表現の例

現実に見られる表現例を含む，以下同様

「頭」の手話として，人差し指で頭を指さす手話（頭 1）と，右手のひらを頭に乗せるような手話（頭 2）があります（下記のイラスト参照）。以下，頭 1 と頭 2

のどちらを使うか，それぞれで判断してください。

筆者個人としては，頭１は，「からだの一部分としての頭」と「考え・思い」の両方を意味し，頭２は「からだの一部分としての頭」を意味することが多いように感じています。なお，『日本語－手話辞典』では，頭１は10か所で使われていましたが，頭２は２か所（「頭を刈る」と「頭金」）でしか使われていませんでした。

ついでに，「脳」の手話も下記に示しておきます。頭頂部を指さす手話です。

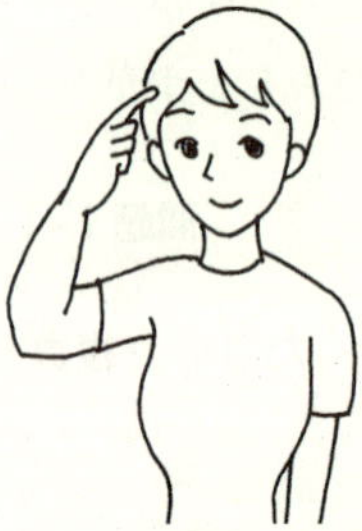
頭1

頭2

脳

なお，「頭」と「思う」「考える」「感じる」「気がつく」の手話の違いについて，以下に筆者のイメージを記しておきます。現実には，重なって使われています。

「頭１」と「思う」は，ともに人差し指で指さしますが，「頭１」は頭の真ん中に近いところを，「思う」はこめかみに近いところを指さすように思います。「考える」は，「思う」と似ていますが，人差し指をねじ込む感じです。「考え込む」であれば，もっとねじ込む感じや首をかしげる感じがします。「感じる」は，「思う」と比べると，軽く突くような感じです。「気がつく」は，「感じる」と同じになってもよいと思いますが，もう少しきつく突く感じがする時もあります。

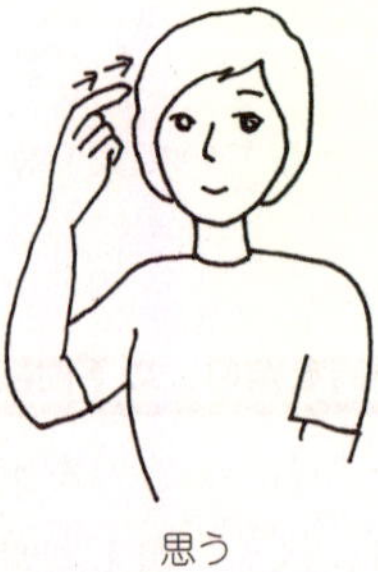
思う

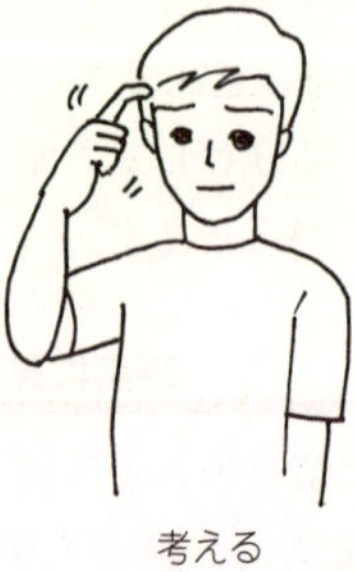
考える

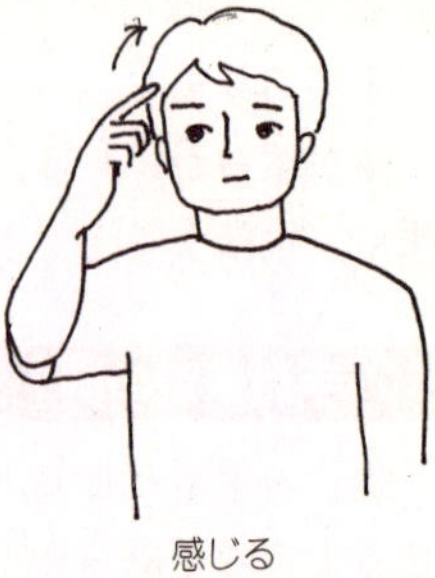
感じる

例1　頭

① 頭が固い	② 頭が柔らかい
(a) 頭2／**固い（しっかり）** (b)（「柔軟な考え方ができない」という意味があることを知っている人に対して）頭1／**固い（しっかり）** (c) 思うor 考える／**固い（しっかり）**	(a) 頭2／**柔らかい**（ぶよぶよしている意） (b)（「柔軟な考え方ができる」という意味があることを知っている人に対して）頭1／**柔らかい** (c) 思うor 考える／**柔らかい**

(d) 頭／**がんこ**	(d) 場所をずらしながら「**ぴったり（合う）**」の手話を繰り返す／考える（臨機応変に考える意）

①の（b）の「頭1／固い（しっかり）」の手話について，『日本語－手話辞典』では，「強情」という日本語の手話表現になっていました。

①の「固い（しっかり）」の手話は，「確実な商売」「意志が固い」「口が堅い」

「堅い話」「血が固まる」「方針が固まる」「方針を固める」「態度を硬化させる」「強情（＝頭／固い）」「しっかりした基礎」「しっかりした人」「歯が丈夫」「心が強い」「組織がしっかりしている」「地震に強い」で使われており，物理的・抽象的に固いこと，堅実なこと，しっかりしていることなどを意味することばであることがうかがえます。

したがって，「考える／固い（しっかり）」とすると，「考えが固まる」や「考え方が堅実でしっかりしている」という意味になるのではないかと思われます。「堅い人」と「しっかりした人」，「方針がしっかりしている」と「方針が固まる」，「態度がしっかりしている」と「態度を硬化させる」は意味が少し違いますが，手話でどう区別したらよいかと聞かれると，筆者も返答に苦しみます。筆者の場合，（口形を伴う手話通訳の場合）口形を参考にして話を区別して読み取ることが多いです。

【手話表現の仕方を工夫する】

本例では，「この生き物の頭は，さわってみると意外と固かった」のように，文字通りの意味で使われる場合の手話表現の仕方についても記しました（本例では①の（a）の手話表現）が，以下では，省略されることがあります。

それぞれで，手話表現の仕方を工夫してください。

【相手がその慣用句を知っているかどうかを考慮に入れる】

本例では，「『柔軟な考え方ができる』という意味があることを知っている人に対して」などと記しましたが，今後は省略します。

相手がその慣用句の意味を知らない場合，「頭／柔らかい」という手話で表すと，からだの一部分としての頭が物理的に柔らかいという意味にとらえられる可能性が生じることになるでしょう。したがって，相手がその日本語の意味を知っているか，時間に余裕があるかどうかなどを考慮に入れながら，手話表現の仕方を工夫する必要があるでしょう。筆者としては，話し手（手話通訳者）の発信能力を高める必要性と同時に，聞き手の受信能力を高める必要性を感じています。言い換えると，手話の使い手は手話表現の技術を高める必要があり，聞き手はそのような日本語表現があることを理解する必要があるということです。

例1–2

① 頭が高い	② 頭が低い

手話表現は？

「頭」と「高い・低い」を使った表現です。手話でどう表しますか？

日本語の意味は？

問題1-2

1）①「頭が高い」と②「頭が低い」の「頭」は，それぞれ何と読みますか？
2）「みなの者，（　　）！　控(ひか)えおろうっ！」の（　　）には，①と②のどちらが入りますか？
3）「彼は，社長になっても，（　　）ね」の（　　）には，①と②のどちらが入りますか？

日本語の意味と答え

問題1-2の答え
1）①ず　②あたま
2）①　3）②

「頭が高い」の「頭」は「ず」，「頭が低い」の「頭」は「あたま」と読みます。

「頭(あたま)が低い」は，充分に頭を下げている意味や，他人に対して控えめ・謙虚(けんきょ)である意味があります。一方「頭(ず)が高い」は，（敬礼をする時）頭の下げ方が足りず，無礼(ぶれい)である，というような時に使われます。

「頭が高い」を聞くと，テレビドラマ『水戸黄門(みとこうもん)』の「これが目に入らぬか!? みな，頭が高い！　控えろーっ！」というせりふを思い浮かべる人も多いのではないでしょうか。筆者は，聴覚障害者のための字幕放送がなかった頃，水戸黄門はストーリーが想像しやすいので，わりとよく見ました。そして，そのせりふのところで，唇を読んで心の中で反復したものでした。

なお，「頭が低い」よりも，「腰が低い」という言い方のほうがよく使われるように思います。

「平身低頭(へいしんていとう)」ということばもあります。ひれ伏して頭を低く下げ，恐れ入る意味です。

手話表現の例

① 頭（ず）が高い	② 頭（あたま）が低い
(a) **失礼（非常識）**  (b) 横柄（おうへい）な態度で，胸をはって頭を高くしているしぐさ	(a) 頭／低い (b) **遠慮**  (c) 頭をぺこぺこ下げるしぐさ

【日本語の正しい読み方もできるだけ身につける】

「聴覚障害があるのだから，正しく読めなくても，漢字を見て意味がわかればよい」と言った人がいましたが，現在は，パソコンが普及しており，正確に読めないと文字入力に時間がかかるでしょう。例えば，「消去」が読めないと，「けす」「さる」と打って「消す」「去る」に変換して「す」と「る」を削除する，というような方法になるでしょう。

また，漢字の読み方がわからなかったり読話できなかったりすると，行き違いが起きる可能性もあります。例えば，聴覚障害者に「色紙（しきし）を買ってきて」と言ったものの，通じなかったので，「色紙を買ってきて」と書くと，相手は「色紙（いろがみ）」を買ってきた，というような事態が起きるかもしれません。

筆者の場合，「下手な発音」でも口に出すと，周囲の聴者が正しい読み方を教えてくれ，それを覚えた経験がたくさんあります。「三階」に「さんがい」とルビが打たれている絵本を見て，「私は今まで『さんかい』だと思っていた」と言うと，「両方とも使えるよ」と言われたことがあります。「か」と「が」，「さ」と「ざ」などは口形が似ていることもあり，濁点の有無を覚えることは難しいですが，それでも，読み方はなるべく正確に覚えるほうがよいと考えています。

例1－3

① **頭が良い**	② **頭が悪い**
③ **頭が重い**	④ **頭が軽い**
⑤ **頭がいっぱい**	⑥ **頭が空っぽ**
⑦ **頭が古い**	⑧ **頭でっかち**
⑨-1 **頭が（ずきずきと）痛い**	⑨-2 （この問題で）**頭が痛い**

手話表現は？

「頭」と形容詞を使った表現などを集めてみました。それぞれを，どんな手話で表しますか？

日本語の意味は？

問題1-3

次の言い方は，ありますか？　ない時は，「×」を書いてください。ある時は，その意味を以下の（ア）～（タ）の中から選んでください（複数回答可）。

1）「頭が良い」　　2）「頭が悪い」
3）「頭が重い」　　4）「頭が軽い」
5）「頭がいっぱい」　　6）「頭が空っぽ」
7）「頭が新しい」　　8）「頭が古い」
9）「頭が大きい」　　10）「頭がでかい（でっかい）」
11）「頭でっかち」

（ア）考え方が斬新（ざんしん）・近代的である。
（イ）考え方が旧式である。昔ながらの考え方である。
（ウ）賢い。頭が切れる。

（エ）賢くない。

（オ）自分の考え方にこだわる。ひとつの考え方や見方しかできない。

（カ）自分の考え方にこだわらず，いろいろな考え方や見方ができる。

（キ）頭が重苦しく，すっきりしない。悩み事があり，気分が晴れない。

（ク）悩み事がなく，すっきりしている。

（ケ）ある事ばかり考えていて，他の事を考える余裕がない。

（コ）他の事を考える余裕がある。

（サ）からだのわりに，頭が大きい。

（シ）上部が下部に比べて大きい。

（ス）知識は充分あるが，実行力や応用力が乏しい。

（セ）かぶっている物が重かったりして，頭が重く感じられる。

（ソ）散髪して，髪の毛が短くなり，頭が軽く感じられる。

（タ）何も考えていない。問題意識がない。のんきである。

日本語の意味と答え

問題 1 - 3 の答え

1)（ウ）	2)（エ）
3)（キ）（セ）	
4)（ク）（ソ）	
5)（ケ）	6)（タ）
7) ×	8)（イ）
9)（サ）	10)（サ）
11)（サ）（シ）（ス）	

「頭が良い」は，賢い意味であり，「頭が悪い」は，「頭が良い」と反対の意味です。

「頭が重い」は，頭痛（ずつう）や寝不足のため何となく頭がすっきりしない意味や，悩み事などがあって気分が晴れない意味がありますが，後者の場合は「頭が痛い」「気が重い」の言い方のほうが一般的でしょう。また，帽子（ぼうし）やカツラなどが重く感じられる時にも使われる言い方です。一方，「頭が軽い」は，「頭が重い」と比べると，使われる頻度は少なく，例えば「散髪屋さんで，長かった髪の毛をばっさり切り，帰り道，頭が軽く感じられた」というように使います。

「頭がいっぱい（一杯）」は，あることばかり考えていて，他のことを考える余裕がない時に使われますが，他のことを考える余裕がある時を「頭が空（から）っぽ」と言うのかと聞かれると，そうとも言えません。「頭が空っぽ」は，どちらかといえば，問題意識がない意味であり，「あの人，頭が空っぽね」は，マイナスの意味で使われることが多いです。

「頭が古い」は，考え方が旧式である意味ですが，「考え方が古い」の言い方のほうがよく使われると思います。「頭が新しい」という言い方はありませんが，「考え方が新しい」という言い方はあります。

「頭が大きい」や「頭がでかい（でっかい）」は，単に頭が大きい意味ですが，「頭でっかち」には，上部が下部に比べて大きい意味や，知識ばかりが多くて実行力や応用力に欠ける意味も含まれています。

「頭が痛い」は，文字通り頭痛を意味する場合と，悩んだり困ったりしていることを意味する場合があります。

なお，『日本語－手話辞典』では，「頭が鋭い」は「思う／鋭い」という手話で，「頭が鈍い」「頭の働きが悪い」は「頭 or 思う／悪い」という手話で表されていました。また，「頭がぼける」と「頭がぼやける」は，「思う／ぼける」という手話で表されていました。

手話表現の例

① **頭が良い**	② **頭が悪い**
(a) **頭**／良い  頭 1 (b) 賢い	(a) 頭／悪い (b) **愚か**（**ばか**） 

③ **頭が重い**	④ **頭が軽い**
(a) 頭／重い (b) 悩む or 困る	頭／軽い

⑤ **頭がいっぱい**	⑥ **頭が空っぽ**
(a) 考える／**たくさん（山盛り）** 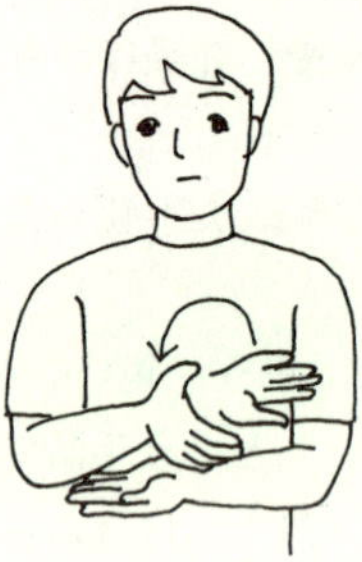 (b) **頭がいっぱい** 	(a) 頭／**空っぽ**  (b)「何も考えていない」と言い換える

⑦ **頭が古い**	⑧ **頭でっかち**
(a) 頭／古い (b) 考える／古い (c) 考える／昔／方法	(a) 頭／大きい (b) 頭 or 上部／頭から下 or 下部／上を指さす／大きい（上部が下部と比べて大きい意） (c) 知識／多い（たくさん）／しかし／使う／難しい（できない）（「知識が多いが，使えない」意）

⑨-1 頭が（ずきずきと）痛い	**⑨-2 （この問題で）頭が痛い**
(a) **頭痛**（頭の所で痛い） 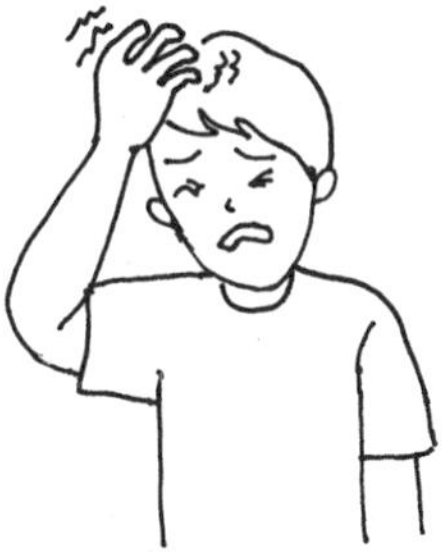 (b) 頭／痛い	(a) 頭／**痛い**  (b) 悩む or 困る (c) 苦しい

「頭痛」の表現として，⑨-1 (a)の「頭痛」と，⑨-2 (a)の「頭／痛い」の表現の両方が考えられます。以下，「頭／痛い」などとあれば，頭のところで「痛い」の手話をしたり，頭を指さしてからからだの前で「痛い」の手話をしてください。

【相手がその慣用句を知っているかどうかを考慮に入れる】

何回も繰り返しますが，相手がその慣用句を知っているかを考慮に入れて，どんな手話を使うかを考えるようにしてください。

相手が「頭が古い」や「頭でっかち」などの日本語を知っている場合は，「頭／古い」や「頭／大きい」という手話（日本語に対応した手話表現）になっても良いと思います。どんな言語でも，日頃から見聞きする機会が多いほうが，よく理解され，よく定着するものなので，このような「日本語対応手話あるいは口話併用手話」と接する機会も（日常会話の中で）あったほうがよいと考えるからです。しかし，そのような慣用句（日本語表現）があることを知らない人に対しては，その意味をきちんと伝えることも大切でしょう。

【差別的な表現になっていないかを日頃から考える】

「頭が良い」や「頭が悪い」という表現は，日常的によく使われていると思いますが，それがどういう意味で使われているのか，差別的な意味合いで使われていないないかを，日頃から考える必要があるでしょう。

例えば，ある映画の中で「この子は，目が見えず，耳が聞こえないだけ。頭は悪くないんだから」というようなせりふがありましたが，「この言い方は，知的障害者に対する差別的な表現だと思う」と指摘した人がいました。確かに，この文章では，「頭が悪くない」＝「知的障害がない」という意味があるだろうと思います。このような意味であれば，「頭が悪い」という日本語表現に不快感をもつ人がいることに対して，私たちはもっと敏感である必要があるでしょう。

さらに，わが子の障害について，身体的な障害があることは認めても知的な障害があることを認めたがらない親と，知的な障害があることは認めても身体的な障害があることを認めたがらない親とでは，前者のほうが多いような印象を，筆者は抱いていますが，それだけに「頭が悪い」などのことばに対して敏感でありたいものです。

なお，「あほ」「ばか」の表現については，非障害者の間でもよく使われています。どちらかといえば，「あほ」という言い方は関西でよく使われるようですが，この「あほ」と「ばか」のもつニュアンスや与える印象は，地域や個人によって異なるようです。「あほ」や「ばか」ということばの使用を禁止しても，全面的になくなることはないだろう（それに該当する別のことばが生まれ，それが広く使われるようになった場合は別として）と思いますが，そのようなことばの使い方についても，お互いにもっと気をつけるべきでしょう。

その一方で，「あんた，あほやなあ」と言う時，本当に相手をばかにする意味で使われている場面や，「しょうがないなあ」のような，どちらかといえば親しみを込めた意味で使われている場面などが見られますが，相手がどんな心情で「あほ」ということばを使っているかを汲み取る力もあったほうがよいのではないかと，筆者は考えています。こんなことを思うのも，筆者がずっと関西で育ったからでしょうか。

例1－4

① 頭を上げる	② 頭が上がらない	
③ 頭に血が上る	④ 頭上	
⑤ 頭を下げる	⑥ 頭が下がる	⑦ 頭を下ろす

手話表現は？

「頭」と「上」「下」を使った表現を集めてみました。それぞれを，どんな手話で表しますか？

日本語の意味は？

問題1-4（1）

次の（　　）には，以下のどれが入るでしょうか？　「れる・られる」をつけるなど，文に合う形にして入れてください（問題によっては，複数回答可）。

頭を上げる　　頭が上がる　　頭に上る
頭を下げる　　頭が下がる　　頭を下ろす

1）何から何まできちんとやってくれた彼には，（　　）思いだ。
2）彼は「申し訳ありません」と言って，何回も（　　）た。
3）赤ん坊をうつぶせにした時，生後まもない赤ん坊は，（　　）。やがて，首がすわってきて，（　　）ようになる。
4）彼の病気は進行して，現在は（　　）ほど悪化している。
5）彼女は，すれ違う時，軽く（　　）た。

日本語の意味は？

問題1-4（2）

1）「頭に血が上る」の「上る」は，何と読みますか？　また，次のどちらの意味ですか？

（ア）頭の回転や頭の血の巡(めぐ)りが良くなること
（イ）かっとなること
2)「頭上注意」の「頭上」は，何と読みますか？
3)「頭を下ろす」の「下ろす」は，何と読みますか？　また，次のどちらの意味ですか？
（ア）頭を下げること
（イ）髪を剃(そ)って，尼や僧になること

日本語の意味と答え

問題1-4（1）の答え
1）頭が下がる
2）頭を下げ
3）頭を（が）上げられない，
頭を（が）上げられる
4）頭を（が）上げられない
5）頭を下げ

問題1-4（2）の答え
1）のぼ（る）　（イ）
2）ずじょう
3）お（ろす）　（イ）

「頭を上(あ)げる」は，うつむいている状態から頭を上げている状態にする意味や，勢力を拡大する・台頭(たいとう)する意味があります。「新人が頭を上げてきた（ので，こちらもうかうかとしていられない）」は，新人が力をつけてきたという意味です。「頭を上げない・上げられない」という言い方もよく耳にします。それに対して，「頭が上がる」という言い方は，あまり耳にしません。

「頭が上(あ)がらない」という言い方はよく耳にします。これは，病気などにより枕から離れられない意味や，引け目やコンプレックスを感じる意味などがあります。

なお，「ニンジンを食べられる」は「ニンジンが食べられる」と言い換えられる（後者のほうが自然な感じがします）ように，「頭を上げられる」は，「頭が上げられる」と言い換えることができます。

「頭に血が上(のぼ)る」は，かっとなって怒る意味です。単に「血が上る」と言うこともあります（本書第2巻の例35－2を参照）。

「頭上(ずじょう)」は，頭の上という意味です。

「頭を下(さ)げる」は，単にお辞儀をする，謝罪する，敬服・尊敬する，などの意味があります。それに対して，「頭が下(さ)がる」には，通常敬服・尊敬する意味しかありません（文章によっては，例外があるかもしれませんが）。

「頭を下(お)ろす」は，頭を剃(そ)って，僧や尼になることですが，「頭を丸める」や

「髪を下ろす」の言い方のほうがよく使われるように思います。

既刊『よく似た…』第2巻でも述べたように，手話では，自動詞と他動詞の区別があまりなされませんが，自動詞と他動詞のどちらであるかによって意味がかなり変わってくるものがあります。

手話表現の例

<table>
<tr><th>① 頭を上げる</th><th>② 頭が上がらない</th></tr>
<tr><td>(a) うつむいている状態から頭や顔を上げた状態にする
(b) 力／向上
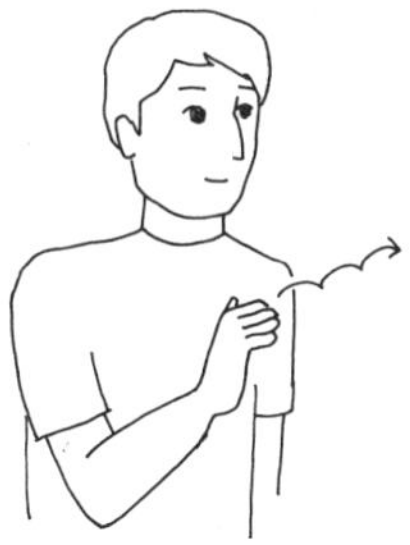</td><td>(a)「病気が重く，枕から離れられない」意のことを説明する
(b) ぺこぺこする

(c) コンプレックス

(d) 敬う</td></tr>
</table>

③ 頭に血が上（のぼ）る

(a) **興奮**

(b) **逆上**

④ 頭上（ずじょう）

頭／上

頭2

⑤ 頭を下（さ）げる

(a) 頭／頭に手を当てながら頭を下げる
(b) **すまない（ごめんなさい）**

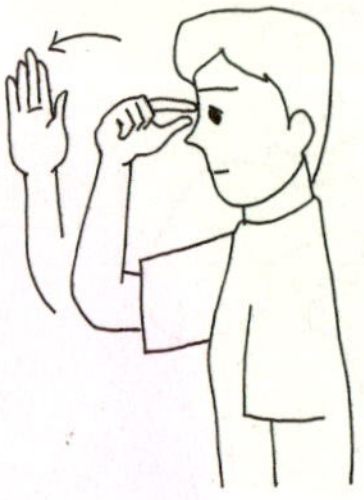

(c) 敬う

⑥ 頭が下（さ）がる

敬う

⑦ 頭を下（お）ろす

坊主／**変わる（～になる）**

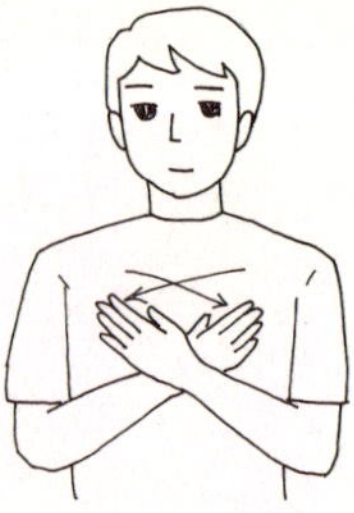

例 1 − 5

① 頭を振る	② 頭を横に振る	③ 頭を縦に振る
④ 頭を垂れる	⑤ 頭を伏せる	

手話表現は？

それぞれを，どんな手話で表しますか？

日本語の意味は？

問題 1 - 5

次の文章中の，「頭」はそれぞれ何と読みますか？　また，（ア）「はい」という意味，（イ）「いいえ」という意味，（ウ）（尊敬・感謝の気持ちから）頭を下げる意味のどれにあたりますか？

1）彼は，頭を振った。

2）彼は，頭を横に振った。

3）彼は，頭を縦に振った。

4）彼は，頭を垂（た）れた。

日本語の意味と答え

問題 1 - 5 の答え

1）かぶり　（イ）
2）あたま　（イ）
3）あたま　（ア）
4）こうべ　（ウ）

「頭（あたま）を横に振る」や「頭（かぶり）を振る」は，「いいえ」と答える意味です。一方，「頭（あたま）を縦に振る」は，頭を下げる意味ですから，「はい」と答える意味です。「首を縦に振る」と同じ意味です。

「頭（こうべ）を垂（た）れる」は，感謝や尊敬の気持ちから頭を下げる意味です。うなだれる意味は含まれないように思います。

「頭を振る」と「頭を垂れる」の「頭」について，「あたま」と読むのは間違いであるようです。なお，「正直の頭に神宿（やど）る」の「頭」は「こうべ」と読みます。

「頭（あたま）を伏せる」は，「カードを伏せる」のように，何かの上に表側（頭の表側は顔です）を下向きにして置く意味です。「頭を下（さ）げる」（例 1 − 4 参照）ということばも含めて，手話表現の仕方をそれぞれ工夫する必要があるでしょう。

手話表現の例

① 頭（かぶり）を振る　**② 頭（あたま）を横に振る**

(a) 実際に頭を横に振るしぐさ
(b) **認めない**

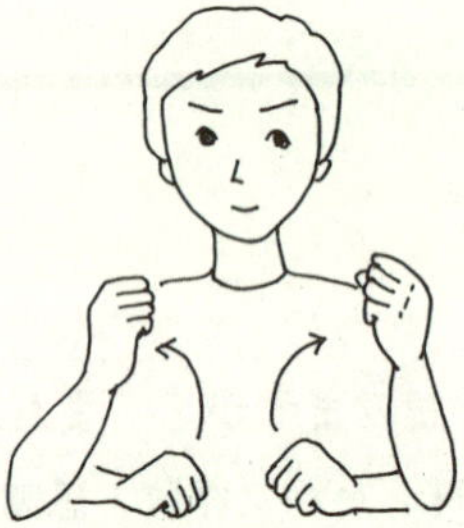

(c) **頭を横に振る**

③ 頭（あたま）を縦に振る

(a) 実際に頭を縦に振るしぐさ
(b) **認める**

(c) **頭を縦に振る（うなずく）**

④ 頭（こうべ）を垂（た）れる

(a) 頭／片手の親指を曲げる［同時にうつむくしぐさをつける］
(b) 首を縦に振る［敬う感じで，目を伏せながら］

⑤ 頭（あたま）を伏せる

机の上や地面に突っ伏したりするしぐさ

例1－6

① 頭を切る	② 頭が切れる
③ 頭を切り替（換）える	④ 先頭を切る

手話表現は？

「頭」と「切る・切れる」を使った表現です。どんな手話で表しますか？

日本語の意味は？

問題1-6

次の（　　）には，以下のどれが入るでしょうか？　文に合う形にして入れてください（問題によっては，複数回答可）。

頭を切る　　頭が切れる

頭を切り替（換）える　　先頭を切る

1）重篤（じゅうとく）な脳疾患に，以前は，（　　）手術（開頭（かいとう）手術）が多く行われていたが，最近は特殊な管を通して治療する方法が広まっている。

2）彼は，交通事故で，（　　）大けがをした。

3）「不況＝チャンス」と（　　）て，プラス思考で前向きに頑張りたい。

4）彼は（　　）ので，どんな難しい問題でも解いてしまう。

5）地球温暖化問題で，ヨーロッパの（　　）国は，ドイツである。

6）関西では，散髪することを，「（　　）」と言うことがある。

日本語の意味と答え

「頭を切る」は，通常，頭の皮が切れて出血する意味と，頭蓋骨（ずがいこつ）に穴をあける手術をする意味で使われます。また，関西では，「散髪する」という意味で，「頭を切る」と言うことがあります（他の地域でも，そのような言い方をするところがあるかもしれません）。

「頭が切れる」は，通常，頭の回転が速く，て

問題1-6の答え
1）頭を切る
2）頭を切る
3）頭を切り替(換)え
4）頭が切れる
5）先頭を切る
6）頭を切る

きぱきと事を処理する能力がある意味です。

「頭を切り替（換）える」は，今までの考え方や見方を別の考え方や見方に変える意味です。

「先頭（せんとう）を切る」は，一番先になる意味です。

手話表現の例

① 頭を切る

（a）頭／傷
（b）頭／手術
（c）（散髪する意味なら）理容 or 自分の髪の毛を切るしぐさ

② 頭が切れる

（a）賢い
（b）考える／はやい
（c）**頭の働き**

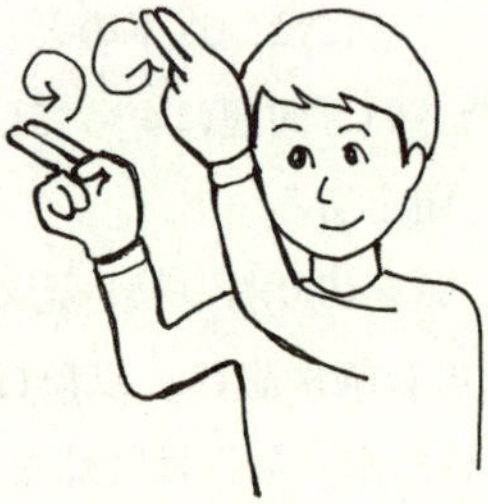

③ 頭を切り替（換）える

（a）頭／**差し替え**
（b）考える or 見る／方法／**差し替え**

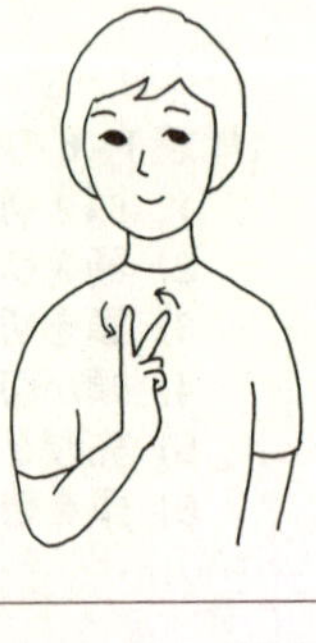

④ 先頭（せんとう）を切る

（a）最初 or 一番
（b）**リーダー**

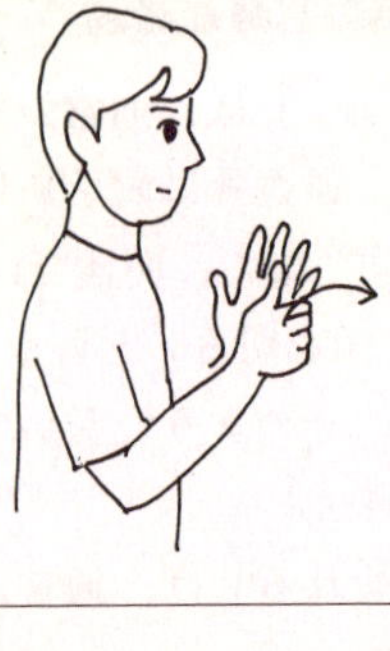

例1－7

①-1 頭を打つ	①-2 頭打ち	
②-1 頭を割る	②-2 頭で割る	②-3 頭割り（頭割）
③-1 頭を分ける	③-2 頭で（は）分かる	

手話表現は？

それぞれを，どんな手話で表しますか？

日本語の意味は？

問題1-7

次の各文章に適切なものを〔　〕の中から選んでください。

1）彼は，ころんで，建物の壁に〔（ア）頭を打った　（イ）頭を打たれた　（ウ）頭打ちをした〕。

2）彼は，がんばっているが，そろそろ〔（ア）頭を打っている　（イ）頭を打たれている　（ウ）頭打ちの〕状態だ。

3）その滝の水で〔（ア）頭を打つ　（イ）頭を打たれる　（ウ）頭打ちされる〕と，頭痛が治るという噂です。

日本語の意味と答え

問題1-7の答え
1）（ア）　2）（ウ）
3）（イ）

「『AはBをCする』と『BはAにCされる』は，Aが自分の意志でBに対してCする意味」とよく説明されますが，実際はAにその意志がなくても，「Aは壁に頭を打つ」と言います。逆に，自分の意志であっても，「滝の水で頭を打つ」とは言わず，「滝の水で頭を打たれる」と言います。

「頭打ち」は，限界に達してそれ以上の伸びが期待できない意味です。「頭を打つ（たたく）」意味ではありません。

「頭を割る」は，頭蓋骨（ずがいこつ）を割る意味です。「頭で割る」は，頭を瓦などにぶつけて割る意味です。「頭割り（あたまわ）（頭割）」は，人数に応じて平等に割り当てることです。

「頭を分ける」は，髪の毛を分ける意味です。「頭で（は）分かる」は，理屈の上で理解できる意味です。「頭では分かるんだけどね……」のように使われます。

手話表現の例

①-1 **頭を打つ**	②-2 **頭打ち**
頭／ばーんとぶつかる	（a）**頭打ち** 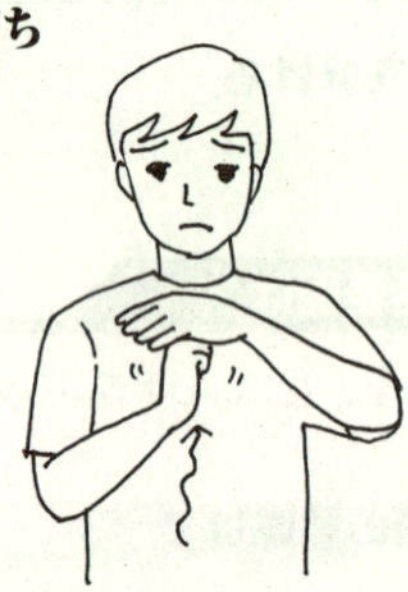 （b）**スランプ** 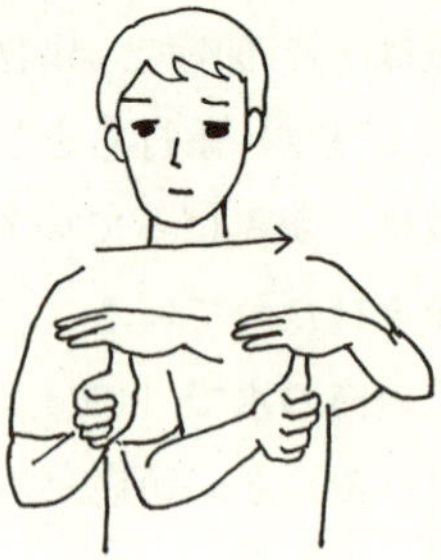

②-1 **頭を割る**	②-2 **頭で割る**	②-3 **頭割り（頭割）**
（a）頭／割るしぐさ （b）頭／割れる	（「瓦を頭で割る」場合）頭を瓦にぶつけるしぐさ／割れる	（a）頭／分ける （b）みんな／同じ／分ける／配る

③-1 **頭を分ける**	③-2 **頭で（は）分かる**
髪の毛を分けるしぐさ	頭／知る（わかる）

例 1 − 8

① 頭を悩ませる(悩ます)	② 頭をひねる	③ 頭をしぼる
④ 頭を抱える	⑤ 頭をおさえる・抑える	⑥ 頭をねじ伏せる
⑦ 頭ごなしに言う	⑧ 頭に来る	⑨ 頭を冷やす

手話表現は？

それぞれを，どんな手話で表しますか？

日本語の意味は？

問題 1 - 8

次の（　　）には，以下のどれが入るでしょうか？　文に合う形にして入れてください（問題によっては，複数回答可）。

頭を悩ませる	頭をひねる	頭をしぼる
頭を抱える	頭をおさえる	頭をねじ伏せる
頭ごなしに言う	頭に来る	頭を冷やす

1）たくさんの人に参加してもらおうと，彼は（　　）た。
2）「なぜなんだろう，はてな？」と，彼は（　　）た。
3）これでも，ない（　　）たんだよ。
4）彼は，犯人に飛びかかって，（　　）た。
5）彼女の話を聞いて（　　）彼は，近くにあったゴミ箱を蹴飛(けと)ばした。
6）かっとなった彼は，（　　）ために，外へ出て，深呼吸をした。
7）彼は，頼りにしていた部下がいなくなって，（　　）た。
8）彼は，嫁と姑の不和という問題に，長年（　　）ていた。

日本語の意味と答え

「頭を悩ませる（悩ます)」は，悩む意味です。解決策を考え出そうとするニュアンスは，「頭をひねる」や「頭をしぼる」ほど含まれていないと思います。

「頭をひね（捻）る」は，難しいことを懸命に考える意味で，「頭をしぼ（絞）る」は，苦心して工夫する意味です。なお，「ない頭を（　　）」では，「しぼる」が入りますが，これはひとつの慣用句として覚えるとよいでしょう。これには，「自分は賢くないが，がんばって工夫したよ」という気持ちがこめられています。

「頭を抱（かか）える」は，自分の手で頭を抱くようにすることで，転じて考えこんだり困り果てたりする意味です。

「頭をおさえる（押さえる・抑える）」は，他人の言動を制止する意味で，「頭をねじ伏せる」は，相手の頭をむりやり机の上などにおさえつける意味です。

「頭ごなしに言う」は，相手の言い分に耳を貸そうとせず，一方的にものを言う意味です。

「頭に来る」は，かっとしたり正常な判断力を失ったりする意味です。

「頭を冷（ひ）やす」は，気持ちを冷静にする意味です。「頭をあたためる」という言い方はあまり聞きません。

問題 1-8 の答え

1）頭をひねっ・頭をしぼっ
2）頭をひねっ・頭を悩ませ
3）頭をしぼっ
4）頭をねじ伏せ
5）頭に来た
6）頭を冷やす
7）頭を抱え
8）頭を悩ませ・頭を抱え

手話表現の例

① 頭を悩ませる（悩ます）	② 頭をひねる	③ 頭をしぼる
(a) 悩む（額に手を当てる） (b) 困る	(a) 一生懸命／考える (b) 意味（なぜ）／首をかしげるしぐさ	(a) 頭／しぼる (b) いろいろ／試みる（テスト）（工夫する意） (c) 一生懸命／考える

④ 頭を抱（かか）える	⑤ 頭を押（お）さえる・抑（おさ）える	⑥ 頭をねじ伏せる
(a) 頭を抱えるしぐさ (b) とても／困る	(a) 頭／押さえる (b) 止める	左手のこぶしを，右手でむりやりねじ伏せるしぐさ

⑦ 頭ごなしに言う	⑧ 頭に来る	⑨ 頭を冷やす
(a) **頭ごなし**	(a) 怒る (b) **ぶち切れる**	(a) 頭／**冷める**
	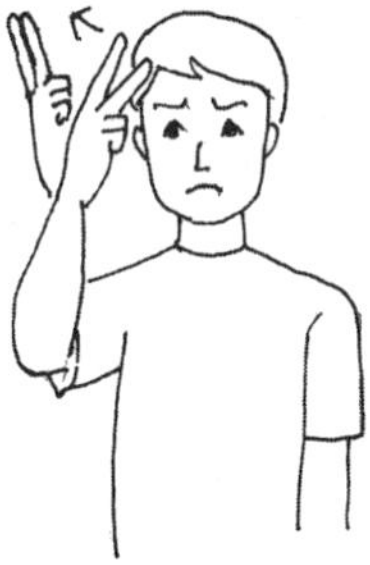	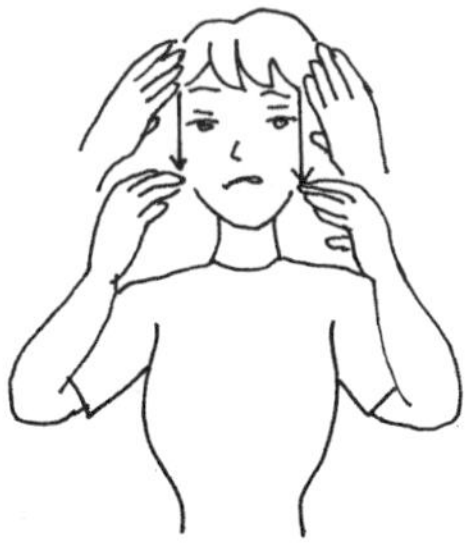
(b) 最初／から／ワーワー言う	(c) 頭／**刺激**	(b) **落ち着かせる**
	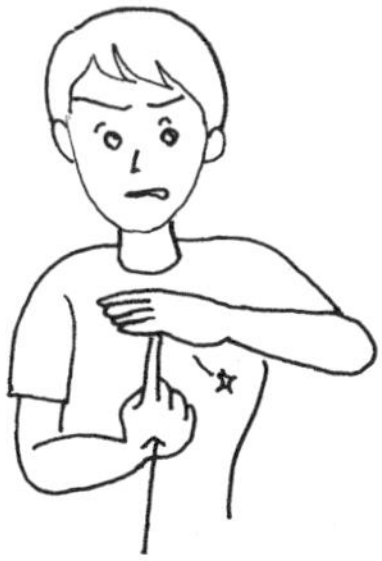	
		(c) 気持ち／静か

なお,「頭をはねる」は，他人の利益の一部をかすめ取る意味であり,「首をはねる」とは別の意味です。

また,「頭越し」は，頭を飛び越えてという意味ですので，そのような手話で表します。

例 1 − 9

① 頭から否定する	② 頭を丸める	
③-1 頭を入れる	③-2 頭が入る	③-3 頭に入る·入れる
④-1 頭を出す	④-2 頭が出る	④-3 出頭
⑤ 頭を持ち上げる	⑥ 頭をもたげる	⑦ 台頭
⑧ 頭角を現す	⑨ 一頭地を抜く	⑩ 出会い頭に

手話表現は？

それぞれを，どんな手話で表しますか？

日本語の意味は？

問題 1 - 9

次の下線部は，何と読みますか？　また，（　　）には，以下のどれが入るでしょうか？　文に合う形にして入れてください（問題によっては，複数回答可）。

頭から否定する　頭を丸める　頭を入れる　頭が入る
頭に入れる　頭を出す　頭が出る　出頭する
頭を持ち上げる　頭をもたげる　台頭する
頭角を現す　一頭地を抜く　出会い頭に

1）うつぶせにさせられた赤ちゃんが，一生懸命（　　）て，こちらを見ようとしている。
2）廊下の曲がり角で，（　　）先生とぶつかってしまった。
3）そのことをしっかり（　　）ておいてほしい。
4）山が雲の上に（　　）た。
5）太陽が山の上に（　　）た。

6）その時，窓から（　　）て「何？」と言った人は，誰でしたか？
7）彼は隠れたつもりだろうが，塀から（　　）ているのが見える。
8）裁判所から「8月末日までに（　　）ください」という連絡があった。
9）ふと，疑問が（　　）てきた。
10）それは，（　　）ぐらいの大きさの穴だった。
11）彼女は，壁の穴の中に（　　）て，何があるかを見ようとした。
12）春になり，つくしが（　　）季節となった。
13）才能豊かな彼は，たちまち（　　），数々のコンクールで優勝した。
14）彼の才能は，同期の中で（　　）ている。
15）彼は，その不祥事が起きた時，（　　）てわびた。
16）新人が(　　)てきているので，こちらもうかうかとしていられない。

日本語の意味と答え

「頭から否定する」は，最初から全てを否定する意味です。

「頭を丸める」は，髪を剃(そ)ることで，転じて僧や尼になる意味もあります。この意味は，「頭を下(お)ろす」や「髪を下ろす」にもあります。

「頭を入(い)れる」と「頭が入(はい)る」，「頭を出す」と「頭が出る」の違いは，他動詞と自動詞の違いですが，山は動かないにもかかわらず，「山が雲の上に頭を出す」は言えます。また，「太陽が頭を出した」のほうが，「太陽の頭が出た」より自然な言い方です。なお，「山が雲の下に頭を入れた・頭が入った」のような言い方はありません。

問題1-9の答え
しゅっとう，たいとう，とうかく，いっとうち，であ（い）がしら
1）頭を持ち上げ　2）出会い頭に
3）頭に入れ　4）頭を出し
5）頭を出し　6）頭を出し
7）頭が出　8）出頭して
9）頭をもたげ・頭を持ち上げ
10）頭が入る　11）頭を入れ
12）頭を出す　13）頭角を現し
14）一頭地を抜い　15）頭を丸め
16）台頭し・頭をもたげ・頭を持ち上げ

「頭に入(い)れる」は，記憶にとどめる意味です。

「出頭(しゅっとう)」は，役所などに出向くことなどを意味します。

「頭をもたげる」は，頭を持ち上げる意味ですが，「赤ん坊が頭をもたげる」よ

り「赤ん坊が頭を持ち上げる」のほうが自然な言い方であるように思います。なお，この場合，「持ち上げる」とありますが，通常，頭に手を添えて持ち上げるのではなく，首の力だけで持ち上げる意味です。

「出頭」「頭をもたげる」「頭を持ち上げる」には，他に，抜きんでて目立つ意味もあります。

「台頭（たいとう）」は，頭を持ち上げる意味もありますが，通常勢力を得ることです。

「頭角（とうかく）を現（あらわ）す」は，能力や才能が際（きわ）だって人よりすぐれることです。

「一頭地（いっとうち）を抜（ぬ）く」は，他の人より抜きんでる意味です。「一頭地」を「一等地」と書いてしまう人が多いようです。

「出会（であ）い頭（がしら）に」は，出会ったとたんに，という意味です。工事現場の近くなどで「出会い頭注意！」という張り紙をよく見かけるでしょう。

手話表現の例

① 頭から否定する	② 頭を丸める
最初／から／認めない	坊主（ぼうず）／変わる（～になる）

③-1 頭を入（い）れる	③-2 頭が入（はい）る	③-3 頭に入（はい）る・入（い）れる
（「箱の中に頭を入れる」の場合）箱／頭をその中に入れようとするしぐさ	（「頭が入るぐらいの大きさの穴」の場合）（ほとんど（約）／）頭の回りを描く／同じ／穴	(a) 頭／頭の中に入れるしぐさ (b) 思う／覚える

④-1 頭を出す	④-2 頭が出る	④-3 出頭（しゅっとう）
(a)（「布団から頭を出す」場合）布団／（布団を表した両手から）頭を出すしぐさ (b)（「つくしが頭を出す」場合）芽（芽生える）	（「塀から頭が出る」場合）塀／（塀を表した両手から）頭を出すしぐさ	(a) 単に「行く」とする (b) 自ら／行く (c) 目立つ

⑤ **頭を持ち上げる**	⑥ **頭をもたげる**	⑦ **台頭（たいとう）**
(a) 右手のこぶしを持ち上げるしぐさ (b) 実際に頭を持ち上げるしぐさ	(a) ⑤と同じ (b) **示される** 	(a) (力／) 盛り上がる (b)「**現れる**」手話を力強く行う 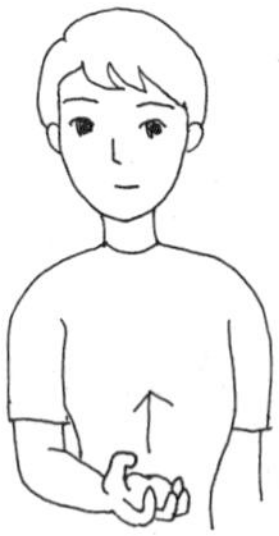

⑧ **頭角（とうかく）を現（あらわ）す**	⑨ **一頭地（いっとうち）を抜（ぬ）く**	⑩ **出会い頭（であいがしら）に**
(a) 角（つの）／示す（表す） (b) **目立つ** 	(a) (他／人／もっと) 立派（他人と比べてすぐれている意） (b) **代表**（抜きんでる意） 	会う（互いに）／**すぐに** 

例 1 −10

① 頭隠して尻隠さず	② 頭でっかち尻すぼみ	③ 徹頭徹尾
④ 頭から湯気を立てる	⑤ 怒り心頭に発す（る）	⑥ 頭寒足熱

手話表現は？

それぞれを，どんな手話で表しますか？

日本語の意味は？

問題 1 - 10

次の（ア）～（カ）に関して，下線部の読み方を書き，次の1）～3）に答えてください（複数回答可）。

（ア）頭隠して尻隠さず　　（イ）頭でっかち尻すぼみ

（ウ）徹頭徹尾　　（エ）頭から湯気を立てる

（オ）怒り心頭に発す　　（カ）頭寒足熱

1)「かんかんになって怒る」意味は，どれですか？　→（　　）

2)「竜頭蛇尾（りゅうとうだび）」と似た意味になるのは，どれですか？　→（　　）

3)「首尾一貫（しゅびいっかん）」と似た意味になるのは，どれですか？　→（　　）

日本語の意味と答え

「頭隠して尻隠さず（あたまかくしてしりかくさず）」は，自分では全部隠したつもりでも，そうではない愚かさを意味します。

「頭（あたま）でっかち尻（しり）すぼみ（すぼまり・すぼり）」は，初めは勢いが盛んだが，終わりになると勢いが衰えることです。「竜頭蛇尾（りゅうとうだび）」と同じ意味です。

「徹頭徹尾（てっとうてつび）」は，最初から最後まで，という意味です。「首尾一貫（しゅびいっかん）」と同じ意味です。

問題 1 - 10 の答え

（ウ）てっとうてつび

（エ）ゆげ

（オ）いか（り）しんとう（に）はっ（す）

（カ）ずかんそくねつ

1)（エ）・（オ）

2)（イ）　3)（ウ）

「頭から湯気を立てる」は，かんかんに怒る意味です。

「怒り心頭に発す（る）」は，激しく怒る意味です。

「頭寒足熱」は，頭を冷やし，足をあたためる状態のことで，この状態が健康や勉学に良いと言われています。

手話表現の例

① 頭隠して尻隠さず	② 頭でっかち尻すぼみ	③ 徹頭徹尾
頭／**隠す（保留）**／尻／**隠す（保留）**／ない 	（a）頭 or 上／大きい／尻 or 下／小さい （b）最初／盛り上がる or 向上／将来（～するあと）／衰える or **下る** 	（a）最初／から／**まで（終わる）**（最初から最後までの意）  （b）まで（ずーっと）

④ 頭から湯気を立てる	⑤ 怒り心頭に発す（る）	⑥ 頭寒足熱
（a）頭から湯気が立っている様子を示す （b）「怒る」手話を強調する	「怒る」手話を強調する	頭／寒い／足／暖かい

例 1 −11

① 念頭に置く			② 路頭に迷う		
③ 音頭を取る			④ 船頭		
⑤ 石頭		⑥ 没頭		⑦ 冒頭	
⑧ 頭金		⑨ 頭（を呼ぶ）		⑩ 頭文字	

手話表現は？

「頭」にはいろいろな読み方がありますが，正確に読み分けられるでしょうか？また，それぞれを，どんな手話で表しますか？

「念頭（ねんとう）」は，心や胸のうちを意味し，「念頭に置く」「まるで念頭にない」のように使われます。なお，「念頭に入れる」は誤用だそうです。

「路頭（ろとう）」は，道ばたのことで，多くは「路頭に迷う」のように使われます。生活の手段を失い，困り果てる意味です。

「音頭（おんど）」は，「音頭を取る」のような文章の中で使われ，これは大勢で歌う時など１人がまっ先に歌って調子をとることを意味する時と，人々の先に立って物事を始め，みなをまとめていくことを意味する時があります。

「船頭」は，船をこぐ人やその人達のリーダーを意味する場合は「せんどう」と読み，船の先を意味する場合は，「せんとう」と読みます。

「石頭（いしあたま）」は，石のように固い頭を意味する時と，頭が固くて融通（ゆうずう）がきかない人を意味する時があります。

「没頭（ぼっとう）」は，何もかも忘れてある物事に夢中になること・熱中することです。

「冒頭（ぼうとう）」は，文章や物事の初めの部分のことです。

「頭金（あたまきん）」は，契約申し込みの時に用意される一定の金額のことです。

「頭（かしら）を呼ぶ」の「頭（かしら）」は，みんなをまとめたり命令したりする立場にある人を意味します。

「頭文字（かしらもじ）」は，欧文で一番初めの文字のことです。

手話表現の例

① 念頭（ねんとう）に置く	② 路頭（ろとう）に迷う
(a) 覚える (b) 注意（気をつける）	生活／難しい（できない）

③ 音頭（おんど）を取る	④ 船頭（せんどう・せんとう）
(a) タクトを振るしぐさ (b) リーダー／立つ／活動（リーダーとして活動する意） (c) 責任	(a) 船／こぐ／人 or リーダー or ～長 (b) 船／船の先を指さす

⑤ 石頭（いしあたま）	⑥ 没頭（ぼっとう）	⑦ 冒頭（ぼうとう）
(a) 石／頭 (b) **がんこ** 	**一途（いちず）（集中）** 	(a) **冒頭**  (b) 最初／場所

⑧ 頭金（あたまきん）	⑨ 頭（かしら）（を呼ぶ）	⑩ 頭文字（かしらもじ）
頭／お金	～長	最初／文字（最初にある文字の意）

例 1－12

① 頭数をそろえて（野球をする）	② 羊の頭数を数える

手話表現は？

「頭数」を何と読みますか？　それぞれを，どんな手話で表しますか？

日本語の意味は？

問題 1 - 12

次のそれぞれの文章で，「頭数」は何と読みますか？

1）なんとか頭数をそろえて，野球の試合ができるようにしたい。

2）羊の頭数を数えてください。

日本語の意味と答え

「頭数」は，人の数を意味する時は「あたまかず」と読み，動物の数を意味する時は「とうすう」と読みます。象（ぞう）などは「3頭（とう）」などと言って数えます。

問題 1 - 12 の答え

1）あたまかず

2）とうすう

手話表現の例

① 頭数（あたまかず）をそろえて（野球をする）	② 羊の頭数（とうすう）を数える
（a）人々／**数（いくつ）**／（きちんと／）準備  （b）人々／集める	羊／数（いくつ）or **数える** 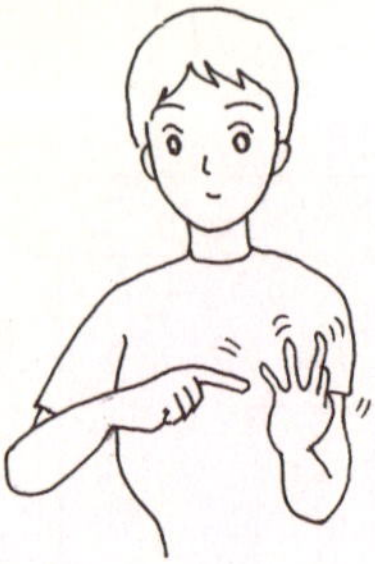

例2 顔・面

例2-1
① 顔が青い
② 涼しい顔
③ 大きな顔
④ 大きな顔をする
⑤ 小さな顔
⑥ 顔が広い
⑦ いい顔
⑧ いい顔をしない

例2-2
①（それについて）知らん顔をする
②（「あの人を見たことがあるか」と聞かれて）いや，知らない顔だね
③（自分は）彼の顔を知っているよ
④（自分は）彼を知っているよ

例2-3
① 顔を出す
② 顔に出す
③ 顔に出る

例2-4
① 顔が合う
② 顔を合わせる・顔合わせ
③ 面接
④ 顔を合わさない（ようにする）
⑤ 合わせる顔がない

例2-5
①-1 顔が立つ
①-2 顔を立てる
①-3 顔立ち
②-1 顔がきく
②-2 顔をきかす

例2-6
① 顔がそろう
② 顔を貸す
③ 顔が売れる
④ 顔を売る
⑤ 顔がつぶれる・顔をつぶす
⑥ 顔を直す

例2-7
① 赤ら顔
② 顔を赤らめる
③ 顔から火が出る
④ 顔に泥を塗る
⑤ 顔が曇る
⑥ 浮かぬ顔をする
⑦ 何食わぬ顔をする
⑧ 仏の顔も三度

例2-8
① 顔色が悪い
② 顔色をうかがう
③ 顔色を失う
④ 顔負け
⑤ 顔向け
⑥ 顔触れ
⑦ 顔なじみ
⑧ 真顔
⑨ 童顔
⑩ 破顔一笑
⑪ 厚顔無恥

例2-9
①-1 あの顔（を見ると）
①-2 あの面（を見ると）
② 拝顔

③ 顔付き・面付き
④ 面識がある
⑤ 面会
⑥ 対面
⑦ 赤面
⑧-1 地顔
⑧-2 地面
⑨-1 素顔
⑨-2 素面

⑦ 面汚し
⑧ 面長
⑨ 面影・面差し
⑩ 面映ゆい
⑪-1 彼女は，外面が良い
⑪-2 外面的な美しさ
⑫-1 父は，内面が悪い
⑫-2 彼は，内面描写がうまい

例2-10
① 面と向かって
② しかめっ面
③ 面食らう
④ 面食い
⑤ 面の皮が厚い
⑥ 鉄面皮

例2-11
① 面目ない
② 面目がつぶれる
③ 面目を失う
④ 面目が立つ
⑤ 面目を施す
⑥ 真面目

例2－1

① **顔が青い**	② **涼しい顔**
③ **大きな顔**	④ **大きな顔をする**
⑤ **小さな顔**	⑥ **顔が広い**
⑦ **いい顔**	⑧ **いい顔をしない**

手話表現は？

「顔」と形容詞を使った表現です。それぞれを，どんな手話で表しますか？

日本語の意味は？

問題2-1（1）

次の言い方は，ありますか？　ない時は，「×」を書き，ある時は，その意味を以下の（ア）～（サ）の中から選んでください（複数回答可）。

1）「顔が青い」　　2）「青い顔」
3）「顔が大きい」　　4）「大きな顔をする」
5）「顔が小さい」　　6）「小さな顔をする」
7）「顔が広い」　　8）「顔が狭い」
9）「いい顔をしない」　　10）「悪い顔をする」

（ア）顔の大きさが大きい。
（イ）顔の大きさが小さい。
（ウ）いばっている。平然としている。厚かましい態度である。
（エ）遠慮深い。慎（つつし）み深い。
（オ）交際範囲が広い。たくさんの人と知り合いである。
（カ）交際範囲が狭い。たくさんの人と知り合いではない。
（キ）顔色が良くない。
（ク）機嫌が良くない。

（ケ）顔の色が青い。青い色の顔。

（コ）賛成の意を示す。

（サ）賛成の意を示さない。

日本語の意味は？

問題 2-1（2）

1）次の（ア）～（エ）の中から，適切な言い方であるものを選んでください（複数回答可）。

（ア）彼は，涼しい顔をしていた。

（イ）彼は，涼しそうな顔をしていた。

（ウ）彼の顔は，涼しかった。

（エ）彼の顔は，涼しそうだった。

2）上記の（ア）～（エ）の中で，「自分とは無関係であるような顔や知らん顔をしていた・すまし顔をしていた」意味になるのは，どれですか？

日本語の意味と答え

問題 2-1（1）の答え

1）（キ）（ケ）　2）（キ）（ケ）

3）（ア）　4）（ウ）　5）（イ）

6）×　7）（オ）　8）×

9）（ク）（サ）　10）×

問題 2-1（2）の答え

1）（ア）（イ）（エ）

2）（ア）

「顔が青い」や「顔が赤い」は，文字通り顔の色を意味します。「青い顔」や「赤い顔」とも言います。

「涼しい顔」は，自分とは無関係であるような知らん顔・すまし顔のことで，「涼しいと感じている顔」は，「涼しそうな顔」と言います。

「大きな顔・顔が大きい」や「小さな顔・顔が小さい」は，顔の大きさを述べています。それに対して，「大きな顔をする」は，「いばる，態度が偉そうである，厚かましい，平然としている」ような意味があります。「小さな顔をする」という言い方は，通常ありません。

「顔が広い」は，交際範囲が広く，たくさんの人と知り合いであるという意味です。「顔が狭い」という言い方は，通常ありません。

「いい顔」は，整った顔，笑顔，機嫌がよい顔などの他に，各方面に顔がきくことを意味します。「いい顔をしない」は，不機嫌である意味や賛成しない意味があります。「悪い顔をする」という言い方は，通常しません。

手話表現の例

現実に見られる表現例を含む，以下同様

① 顔が青い

顔／青い

② 涼しい顔

(a) 涼しい／顔
(b)「知らん顔」と同じ（例 2 - 2 参照）
(c) すまし顔をする

③大きな顔

(a) 大きい／**顔**
(b) **顔**／大きい

④大きな顔をする

(a) 大きい／顔／示す（表す）
(b) **いばる(自慢)** or **うぬぼれる(自慢)**

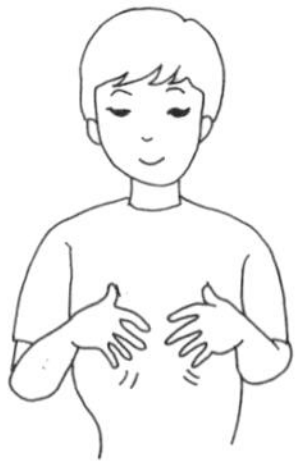

いばる（自慢）

うぬぼれる（自慢）

(c) **厚かましい**

(d) **平気**

⑤ **小さな顔**	⑥ **顔が広い**
「小さい／顔」または「顔／小さい」とする	(a) **顔が広い**  (b) 交流／広い or いろいろ

⑦ **いい顔**	⑧ **いい顔をしない**
(a) 良い／顔 (b) 笑顔 (c) 賛成 (d) **心**／良い／顔（機嫌良い顔の意）  (e) 顔が広い	(a) 良い／顔／**違う** or ない (b) 賛成／**違う** or ない  (c) 心／悪い／顔（不機嫌な顔の意）

「ない」について，「単なる打ち消し」の意味か「自分の意志」の意味かなどを考えて使い分ける必要があるでしょう（既刊『よく似た…』第2巻の文例15－2参照）。

例2－2

①（それについて）**知らん顔をする**	②（「あの人を見たことがあるか」と聞かれて）**いや，知らない顔だね**
③（自分は）**彼の顔を知っているよ**	④（自分は）**彼を知っているよ**

手話表現は？

「顔」と「知る」に関する表現を集めてみました。「知らん顔」と「知らない顔」，「彼の顔を知っている」と「彼を知っている」は，どう違うでしょうか？

日本語の意味は？

問題2-2

次の1）～3）の文章の答えとして，自然なものはどれですか？　以下の（ア）～（エ）から選んでください（複数回答可）。

1)「君，あの顔を見たことがあるか？」

（ア）「いや，知らん顔だね」

（イ）「いや，知らない顔だね」

（ウ）「いや，顔は知らないね」

2)「君，今度講演することになっている森さんの顔を知っているか？」

（ア）「いや，（森さんは）知らん顔だね。名前は知っているけど」

（イ）「いや，（森さんは）知らない顔だね。名前は知っているけど」

（ウ）「いや，（森さんの）顔は知らないね。名前は知っているけど」

（エ）「いや，（森さんは）知らないね。名前は知っているけど」

3) 彼に助けてほしかったのに，

（ア）彼は，知らん顔をした。

（イ）彼は，知らない顔をした。

（ウ）彼は，顔を知らなかった。

日本語の意味と答え

「知らん顔」は，本当は知っているのに知らないようにふるまう意味です。「知らない顔」は，顔を見かけたことがない意味です。「知らない顔に囲まれる」は，

「見知らぬ人に囲まれる」意味です。「A氏の顔を知らない」は，「A氏の名前は知っているが，顔を知らない」意味です。名前すらも知らない場合，「A氏を（は）知らない」と言います。

問題2-2の答え
1)（イ）　2)（ウ）（エ）
3)（ア）

手話表現の例

①（それについて）知らん顔をする

(a) 知らない／顔／示す（表す）
(b) **聞いていない・聞こえない**／ or **見えない（見ていない）**／ごまかす（だます）

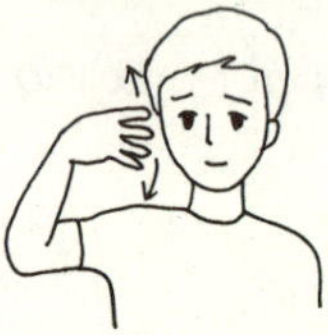
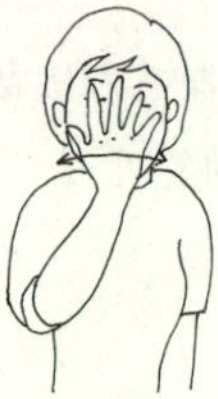

聞いていない·聞こえない　見えない(見ていない)

(c) **そ知らぬ顔**

(d) **知らん顔**

②（「あの人を見たことがあるか」と聞かれて）いや，知らない顔だね

(a) 顔／**知らない**

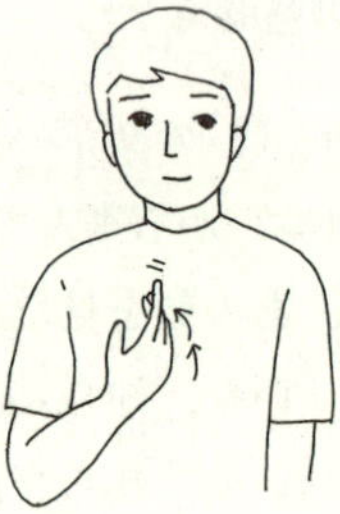

(b) **他人**

①の（d）の「知らん顔」は，『新しい手話Ⅳ』に載っていたもので，②の（b）の「他人」とは，頬の裏側に舌を当ててふくらませる点だけが異なります。「他人」の手話は，「誰」と投げ捨てるしぐさを混ぜたような表現で，顔は知っているが名前を知らない場合と，名は知っているが顔は知らない場合の両方で使えるかどうかについては，よくわかりませんでした。

なお，頬を舌でふくらませるしぐさは，「嘘」を意味する時に使われ，あめ玉があるかのように見せるところからきたものです。この動作を使ったものとして，他に「狸寝入り」（頬を舌でふくらませながら，「寝る」の手話をする），「猫をかぶる」（頬を舌でふくらませながら，「おとなしい」の手話をする）などがあります。それで，①の（c）の「そ知らぬ顔」の手話表現もできるのではないかと思います。②の（a）の「知らない」の手話と頬を舌でふくらませるしぐさを組み合わせたものです。

③（自分は）**彼の顔を知っているよ**	④（自分は）**彼を知っているよ**
（私）／彼／顔／**知っている**／（自分を指さす） 	（私）／彼／知っている／（自分を指さす）

④について，「（私は）彼を知っている」と「（それを）彼は知っている」の手話表現が同じになる人がかなり見られており，工夫が求められるでしょう（既刊『よく似た…』第2巻文例13－1の補足や14－12などを参照）。

なお，「顔がそろう」と「人がそろう」からもうかがえるように，「顔＝人」のような意味で使われることがありますが，「顔見知り」は，互いに顔を知り合っている関係のことで，「人見知り」は，知らない人を敬遠するような意味です。

例 2－3

① 顔を出す	② 顔に出す	③ 顔に出る

手話表現は？

「顔」と「出す」「出る」を使った表現を集めてみました。「顔を出す」と「顔に出す」が同じ手話表現になりませんでしたか？　それぞれを，どんな手話で表しますか？

日本語の意味は？

問題 2 - 3

次の（　　）には，以下のどれが入るでしょうか？　文に合う形にして入れてください（問題によっては，複数回答可）。

顔を出す　　　顔に出す　　　顔に出る

1）隠してもだめだよ。ちゃんと（　　）いるよ。
2）彼は，感情をすぐに（　　）ので，みな困っている。
3）彼は，感情がすぐに（　　）ので，みな困っている。
4）あいさつをしないのも何だから，ちょっとだけ（　　）てくるわ。
5）つくしが，土手に（　　）季節となった。

日本語の意味と答え

「顔を出す」は，会合などに参加・出席する意味です。あるいは，何かが頭を出す時にも使われます。

「顔に出す」は，感情などを表情に表す意味です。

「顔に出る」は，感情や体調が表情に表れる意味です。「顔に書いてある」と同じような意味です。

『日本語－手話辞典』では，「顔に出す」と「顔に書いてある」の手話表現は，ともに同じ「顔／示す（表す）」となっていました。

問題 2 - 3 の答え
1）顔に出て
2）顔に出す
3）顔に出る
4）顔を出し
5）顔を出す

手話表現の例

① 顔を出す	② 顔に出す	③ 顔に出る
(a) **顔**／示す（表す）	(a) 顔／**示す（表す）**	(a) 顔／示す（表す） (b) 表情／**示される**

(b) 参加 (c) 座る（出席の意） (d) あいさつ (e) **芽（芽生える）**	(b) **表情**／示す（表す） or 示される	(c) 顔／見る／（時）／**知る（わかる）**（顔を見ればわかる意）
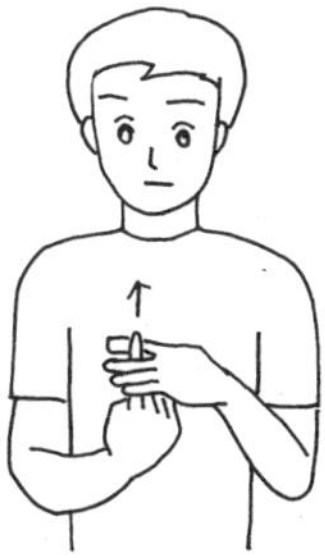		

例 2 − 4

① 顔が合う	**② 顔を合わせる・顔合わせ**	**③ 面接**
④ 顔を合わさない（ようにする）	**⑤ 合わせる顔がない**	

手話表現は？

「顔」と「合う」「合わせる」を使った表現を集めてみました。それぞれを，どんな手話で表しますか？　「顔合わせ」と「面接」はどう違うでしょうか？

日本語の意味は？

問題 2 - 4

次の（　　）には，以下のどれが入るでしょうか？　文に合う形にして入れてください（問題によっては，複数回答可）。

顔が合う　　顔を合わせる　　顔合わせをする
面接する　　合わせる顔がない

1）お願いだから，彼と（　　）てくれないか。
2）アメリカでは，街で（　　）と，面識がなくても，「ハーイ」と挨拶される。
3）みっともない負け方をしてしまい，監督に（　　）。
4）いわゆる結納（ゆいのう）はせず，来月ホテルで両家は，（　　）ことになった。
5）先生のそのことばを聞いて，彼と彼女は（　　）と，どちらからともなく，ふふっと笑い合った。
6）翌日，職場で，彼女は，さりげなく私と（　　）ないようにしていた。

日本語の意味と答え

「顔が合う」や「顔を合わせる」「顔合わせをする」は，いずれも人と人が会う意味ですが，微妙にニュアンスが異なり，使われる場面は同一ではありません。

「顔を合わせる・顔合わせ」は，会うことや，演劇などで共演すること，試合の組み合わせなどを意味しますが，会う意味の場合，「顔合わせ」のほうが，何かを目的として会合をもつ意味が強く含められているように思います。

問題の答えを考える時，自動詞と他動詞の違いなどもからんで，「『顔が合う』は入れられるが，『顔を合わせる』や『顔合わせをする』を入れると，少し不自然だ」などと感じるでしょうが，その理由を問われると，はっきり説明できないものもあるでしょう。

問題2-4の答え
1）顔を合わせ　　2）顔が合う
3）合わせる顔がない
4）顔合わせをする・顔を合わせる
5）顔を合わせる
6）顔が合わ・顔を合わさ（合わせ）

「合わせる顔がない」は，申し訳ない，面目（めんぼく）ない意味です。

なお，人と人が出会う時は，「会う」の漢字を使うので，「顔があう」や「あわせる顔がない」のところで，「会」の 漢字を使ってしまう人が多いようですが，「合」の漢字を使います。

手話表現の例

① 顔が合う	② 顔を合わせる・顔合わせ	③ 面接
(a)（顔）／**会う（互いに）**  (b) 顔合わせ (c) 試合	(a) 顔／会う（互いに） (b) **顔合わせ** 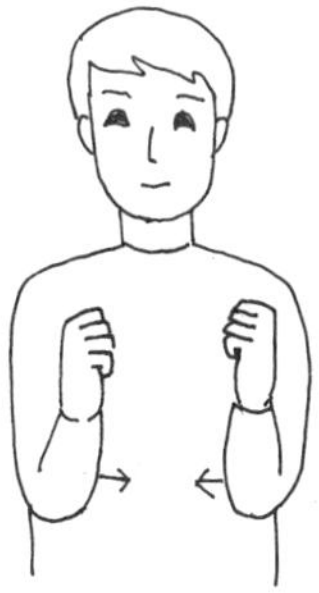 (c) 一緒／芝居（共演する意） (d) 試合	(a) **顔**／会う（互いに）  (b) 顔合わせ

①と②の「会う（互いに）」は，１対１で会う意味ですが，２対２で会う場合は左手の２本指と右手の２本指を使うなど，工夫する必要があります。

③について，『日本語－手話辞典』では，「面接」の手話表現は，「顔／会う（互いに）」になっています。じかに顔を合わせて話す意味だからだそうです。とすると，偶然会う意味合いが強い場合は，単に「会う」という手話にし，意図的に会って話す意味合いが強い場合は，「顔／会う」とする方が適切かもしれません。けれども，問題２－４の４）に関して，「両家は，顔を合わせる（顔合わせをする）ことになった」とは言えても，「両家は，面接することになった」には，不自然さを感じます。「面接」で会う両者の関係は，先生と生徒のように「対等」ではない場合が多いのに対し，「顔合わせ」で会う両者の関係は，「対等」である場合が多いように感じます。

④ **顔を合わさない**（ようにする）	⑤ **合わせる顔がない**
(a) 会う／ない (b) 視線が合う／ない（互いに視線をそらす意） (c) 会う／断る or 逃げる（会うことを避ける意） (d)「顔合わせ」の手話をして，それから両手のこぶしを互いにそむけ合うように動かす	(a) 会う／顔／ない (b) すまない（ごめんなさい） (c) **恥ずかしい**／会う／難しい（できない） 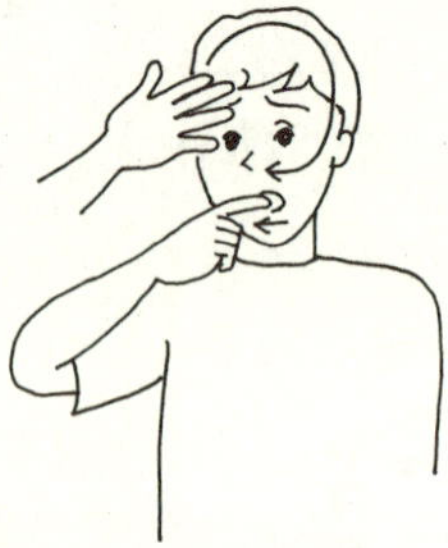

④の（b）や（d）で，お互いに避けている場合と，一方だけが避けている場合とで，手話表現の仕方が変わってくるでしょう。例えば，(d) で一方だけが避けている場合は，左手のこぶしをそのままにして，右手のこぶしだけをそむけるように動かす手話をする必要があるでしょう。

④と⑤の「ない」の手話表現についても，単なる打ち消しや否定の意志など，意味によって使い分ける必要があるでしょう（既刊『よく似た…』第２巻の15章を参照）。

例2-5

①-1 顔が立つ	①-2 顔を立てる	①-3 顔立ち
②-1 顔がきく	②-2 顔をきかす	

手話表現は？

それぞれを，どんな手話で表しますか？

日本語の意味は？

問題2-5

次の（　　）には，以下のどれが入るでしょうか？　文に合う形にして入れてください（問題によっては，複数回答可）。

顔が立つ　　顔を立てる
顔がきく　　顔をきかす

1）お願いだから，彼の（　　）てくれないか。
2）彼は，その方面に（　　）ので，我々としては，重宝（ちょうほう）している。
3）彼と会ってやって！　それで，私の（　　）んだから。
4）彼は，（　　）て，弟子（でし）を准教授（じゅんきょうじゅ）のポストにつけさせた。

日本語の意味と答え

「顔が立つ」は，面目（めんぼく）が立ったり名誉が保たれたりする意味であり，「顔を立てる」は，面目（めんぼく）が保たれるようにする意味です。

「顔立ち（かおだち）」は，顔の形や目鼻だちを意味します。「顔が立つ」や「顔を立てる」とは，意味が大きく違うことばです。

問題2-5の答え
1）顔を立て
2）顔がきく
3）顔が立つ
4）顔をきかせ（きかし）

「顔がき（利）く」や「顔をき（利）かす」は，知名度や権力があって，相手に便宜（べんぎ）をはかってもらうことができる意味です。

手話表現の例

①-1 顔が立つ

(a) 顔／立つ
(b) 顔／守る
(c) **表（おもて）**／守る
（面目を保つ意）

①-2 顔を立てる

(a) 顔／立つ or 敬う
(b) 立つ／敬う（立場を尊重する意）
(c) 表（おもて）／**そのまま**

①-3 顔立ち

(a) 顔／様子（状態）
(b) 顔／姿
(c) 顔／**形**

②-1 顔が利く

顔が広い

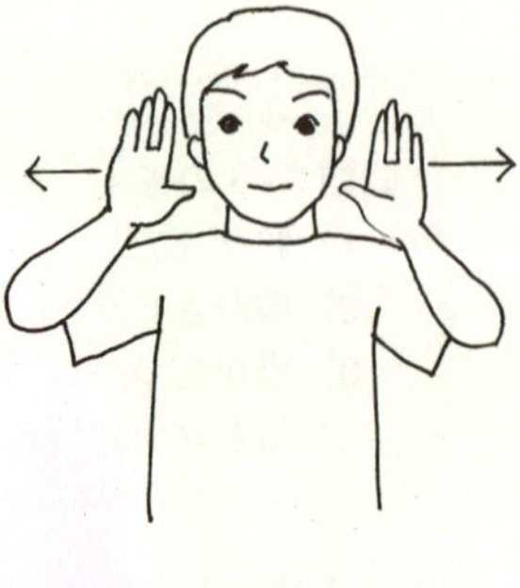

②-2 顔を利かす

広がる（影響）／できる or 与える

例2－6

① 顔がそろう	② 顔を貸す
③ 顔が売れる	④ 顔を売る
⑤ 顔がつぶれる・顔をつぶす	⑥ 顔を直す

手話表現は？

「顔」と「そろう」「貸す」などの動詞を使った表現を集めてみました。それぞれを，どんな手話で表しますか？

日本語の意味は？

問題 2-6

次の（　　）には，以下のどれが入るでしょうか？　文に合う形にして入れてください（問題によっては，複数回答可）。

顔がそろう　　顔を貸す　　顔が売れる
顔を売る　　顔をつぶす　　顔を直す

1）さて，（　　）たから，会議を始めましょうか。
2）あいつは，ちょっと（　　）と，すぐにいい気になる。
3）全国区で名前と（　　）チャンスだ。
4）息子の乱暴なふるまいは，父親の（　　）ことになりかねない。
5）ちょっと，化粧室へ行って，（　　）て来るわ。
6）頼みたいことがあるので，ちょっと（　　）てくれないか。

日本語の意味と答え

「顔がそろ（揃）う」は，出席する予定のメンバーが全員集まる意味です。

「顔を貸す」は，頼まれて，人に会ったり，話をしたりする意味です。

「顔が売れる」は，広く世間に知られる意味です。「顔を売る」は，広く世間に知られるようにする意味です。

「顔がつぶ（潰）れる」は，恥をかいたり面目を失ったりする意味です。「顔をつぶ（潰）す」は，恥をかかせたり面目を失わせたりする意味です。

「顔を直す」は，くずれた化粧などを直す意味です。「顔／直す」という手話を使うと，整形手術をする意味に取られるかもしれません。

問題2-6の答え

1）顔がそろっ　　2）顔が売れる
3）顔を売る　　4）顔をつぶす
5）顔を直し　　6）顔を貸し

手話表現の例

① **顔がそろう**	② **顔を貸す**
みんな／**集まる** 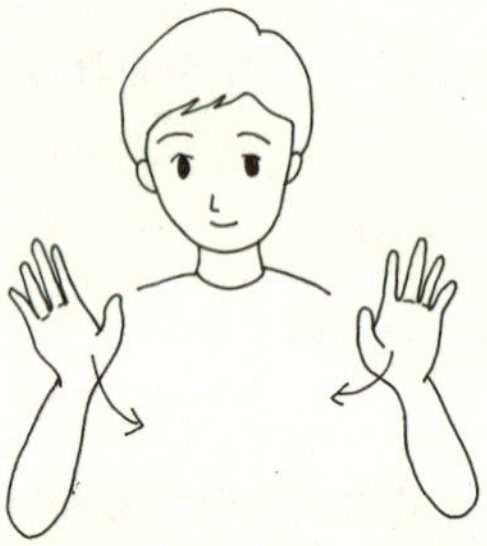	(a) 顔／貸す (b) 会う (c) 講演 (d)（b）と（c）で「〜に頼まれて，〜と会った」「〜のために，話をした」などと言い換える

③ **顔が売れる**	④ **顔を売る**
(a) 顔／売る (b) 顔／有名 (c) 有名／変わる（〜になる）	(a) 顔／売る (b) 有名／変わる（〜になる） (c) 自分／名前／知る（わかる）／もらう（自分の名前を知ってもらう意） (d) 自分／名前／広がる（影響）

⑤ 顔がつぶれる・顔をつぶす	⑥ 顔を直す
(a) 顔／**つぶす**（**つぶれる**）or 折る（障害）  (b) **恥**／与える 	**化粧** 

⑤の（b）の「恥」は，両手の人差し指を使っていますが，片手の人差し指だけを使った表現でもかまいません。いずれも，顔に傷がつく意味です。

例 ❷ − 7

① 赤ら顔	② 顔を赤らめる
③ 顔から火が出る	④ 顔に泥を塗る
⑤ 顔が曇る	⑥ 浮かぬ顔をする
⑦ 何食わぬ顔をする	⑧ 仏の顔も三度

手話表現は？

それぞれを，どんな手話で表しますか？

日本語の意味は？

問題 2 - 7

次の（　　）には，以下のどれが入るでしょうか？　文に合う形にして入れてください（問題によっては，複数回答可）。

顔を赤らめる　　顔から火が出る　　顔に泥を塗る
顔が曇る　　浮かぬ顔をする　　何食わぬ顔をする

1）彼女は，遅刻してきたのに，（　　）ている。
2）彼女は，自分のことをほめられて，（　　）た。
3）受話器を取った彼女の（　　）た。入院中の彼女のお父さんに，何かあったのかしら？
4）彼の乱暴なふるまいは，父親の（　　）ことになりかねない。
5）ずっと社会の窓が開（あ）いていたことに気づいて，（　　）そうだった。

日本語の意味と答え

「赤ら顔」は，赤い顔のことですが，筆者としては，「彼女は，思いを寄せている彼から声をかけられて，赤ら顔になった」とは言わないように思います。「赤い顔」が使える場面と「赤ら顔」が使える場面は，同一ではないように思います。

「顔を赤らめる」は，恥ずかしく思ったりして，顔を赤くする意味です。

「顔から火が出る」は，その人が何かを非常に恥ずかしく思い，赤面する意味です。

「顔に泥を塗る」は，面目を失わせる意味です。

「顔が曇る」は，心配事などのため暗い顔つきになる意味で，「浮かぬ顔をする」は，沈んだ顔，暗い顔をする意味です。何かを聞いて突然暗い顔になった場合は，「（突然）顔を曇らせた」と言うのが普通であって，「（突然）浮かぬ顔をした」はあまり言わないように思います。

> 問題 2 - 7 の答え
> 1）何食わぬ顔をし
> 2）顔を赤らめ・（顔から火が出）
> 3）顔が曇っ
> 4）顔に泥を塗る
> 5）顔から火が出

「何食わぬ顔をする」は，何も知らないようにふるまう様子です。

「仏の顔も三度」は，どんなに優しい人でも，むちゃなことを何回もされると，ついには怒り出す意味です。「仏の顔も三度撫でれば腹を立てる」を省略した言い方だそうです。

なお，問題２－７の５）について，「社会の窓が開いている」は，ズボンのファスナーが開いている意味です。今回，筆者も初めて知ったのですが，女子の場合，あるいはスカートのファスナーが開いている場合は，「理科の窓が開いている」という言い方を使う人がいるそうです（この言い方は，「俗語」でしょう）。

手話表現の例

① **赤ら顔**	② **顔を赤らめる**
(a) 赤い／顔 (b)「（日焼けして）赤い顔」と「赤ら顔（の治療）」を区別したい時は，「赤ら顔は，病気や体調不良などによって起こり，治療の対象とできる顔のこと」などと補足説明する	(a) 顔／赤い／変わる（～になる） (b) 恥ずかしい (c) **顔が赤らむ** 

③ 顔から火が出る	**④ 顔に泥（どろ）を塗（ぬ）る**
(a) 顔のところで「火」の手話をする (b) **恥ずかしい** 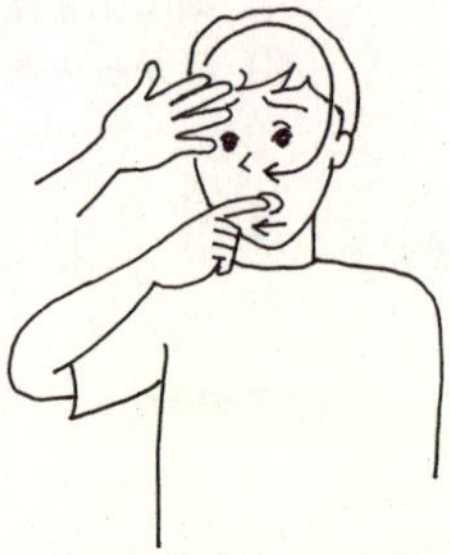 (c) 顔／赤い／変わる（～になる）	(a) **恥**／与える  (b) 顔／つぶす（つぶれる）

③の（b）の「恥ずかしい」は，顔を赤らめる意味で，④の（a）の「恥」は，顔に傷がつく意味です。両者の手話を使い分ける必要があるでしょう。

⑤ 顔が曇（くも）る	**⑥ 浮かぬ顔をする**
(a) 顔／暗い／変わる（～になる）［顔を曇らせながら］ (b) 迷惑（困る意）	暗い／顔／示す（表す）［沈んだ顔をしながら］

⑦ 何食（なにく）わぬ顔をする	**⑧ 仏（ほとけ）の顔も三度（さんど）**
(a)「知らん顔をする」と同じ（例 2-2 参照） (b) 普通／顔／示す（表す）	(a) 仏／顔／三度 (b) 最初／認める／しかし／繰り返す／怒る（「初めは許されても，度重なると相手を怒らせる」意）

例 2 − 8

① 顔色が悪い	② 顔色をうかがう	③ 顔色を失う
④ 顔負け	⑤ 顔向け	⑥ 顔触れ
⑦ 顔なじみ	⑧ 真顔	⑨ 童顔
⑩ 破顔一笑	⑪ 厚顔無恥	

手話表現は？

それぞれを，どんな手話で表しますか？

日本語の意味は？

問題 2 - 8

次の下線部は，それぞれ何と読みますか？

1）<u>顔色</u>をうかがう　2）<u>顔色</u>を失う　3）<u>顔触</u>れ　4）<u>真顔</u>

5）<u>童顔</u>　6）<u>破顔一笑</u>　7）<u>厚顔無恥</u>

日本語の意味と答え

問題 2 - 8 の答え

1）かおいろ　2）がんしょく・かおいろ

3）かおぶ　4）まがお　5）どうがん

6）はがんいっしょう　7）こうがんむち

「顔色」は，「かおいろ」と「がんしょく」の２通りの読み方があります。「顔色（かおいろ）をうかがう」は，相手の機嫌を気にする意味です。「顔色（がんしょく）を失う」は，圧倒され絶句する・意識を失わんばかりであるような意味です。

「顔負（かおま）け」は，一段上の者が下の者の予想外の力や図々（ずうずう）しさに圧倒される意味です。

「顔向（かおむ）け」は，他人と顔を合わせることです。

「顔触（かおぶ）れ」は，メンバーのことです。

「顔（かお）なじ（馴染）み」は，よく見知っている人のことです。

「真顔」は，まじめな顔つきのことです。

「童顔」は，子どもの顔や子どもっぽさのある顔のことです。

「破顔一笑」は，顔をほころばせて笑うことです。

「厚顔無恥」は，厚かましく，恥を知らないことです。「無恥」という字を見て，「恥ずかしくない・恥ではない」意味だと思う生徒がいるかもしれませんが，「恥を知れ」ということばからもうかがえるように，「常識がある人なら，恥がどういうものかを知っている」という意味がこめられています。

手話表現の例

① **顔色が悪い**	② **顔色をうかがう**	③ **顔色を失う**
(a) 顔／色／**悪い** (b) からだ／病気／見る or 思う（体調不良に見える意） 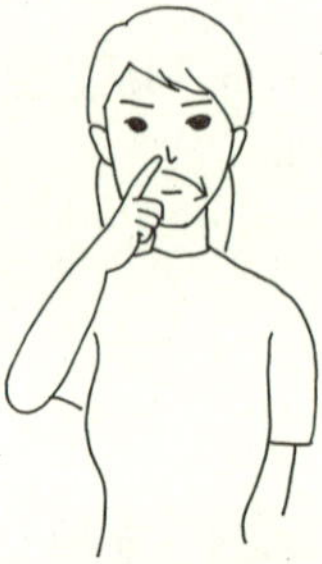	(a) 顔／色／うかがうしぐさ (b) 相手／**心**／うかがうしぐさ 	(a) 顔／色／**なくなる（消える）**  (b) とても／驚く

④ **顔負け**	⑤ **顔向け**	⑥ **顔触れ**
(a) 負ける (b) 顔／つぶす（つぶれる） (c) 圧倒される	「顔を合わせる」と言い換える（例2-4を参照）	メンバー（署名）

④「顔負け」について，上の者が圧倒される時に使われることばであることを説明するならば，最初に，両手で人を表してその上下関係を示し，それから，上の者が圧倒されることを表す必要があるでしょう。

⑦ **顔なじみ**	⑧ **真顔**	⑨ **童顔**
(a) 顔／経験 or 慣れる (b)「友達」「**知ってい る**／人」と言い換える 	**正しい（まじめ・素直）**／顔 	(a) 子ども／顔 (b) 子ども／**同じ**／顔（子どものような顔の意） 

⑩ **破顔一笑**	⑪ **厚顔無恥**
(a) 堅い表情から笑顔に変える (b) にこっと笑う	**厚かましい**／恥 

例 2－9

①-1 あの顔（を見ると）		①-2 あの面（を見ると）
② 拝顔	③ 顔付き・面付き	④ 面識がある
⑤ 面会	⑥ 対面	⑦ 赤面
⑧-1 地顔		⑧-2 地面
⑨-1 素顔		⑨-2 素面

手話表現は？

「面」という漢字は，「めん」「つら」などと読めます。「面」が「顔」を意味する場合は，「顔」という手話が使えると思います。では，「顔」と「面」は，どのように使い分けられているのでしょうか？　また，手話でどう区別して表しますか？

日本語の意味は？

問題 2 - 9

次の各組み合わせの中で，通常使われることばを選んで，読み方を書いてください。ただし，両方とも言えるもの（意味は同じになっても異なってもよい）も混じっています。

1)「拝顔」と「拝面」　2)「顔付き」と「面付き」
3)「顔識」と「面識」　4)「顔会」と「面会」
5)「対顔」と「対面」　6)「赤顔」と「赤面」
7)「地顔」と「地面」　8)「素顔」と「素面」

日本語の意味と答え

「顔」と「面（つら）」について，両者はほぼ同じ意味ですが，「面（つら）」は，「顔」と比べると，ぞんざいな感じを受けることが多いです。「あの面（つら）を見るたびに，胸くそが悪くなる」とか「どの面（つら）下げて来た!?」などのように使われます。

ですから，人に面会することをへりくだって言う時，「拝顔」と言い，「拝面」とは言いません。

また，「顔付き」と「面付き」「面構え」は，同じ意味ですが，「上品な顔付きのお姫様」とは言えても，「上品な面構えのお姫様」とは言えないと思います。「顔付き」「面付き」「面構え」「顔」「顔形」「容貌」「形相」などの微妙な違いを，短い手話で表すのは難しいです。

「面識がある」は，顔見知り・知り合いである意味です。「顔識」ということばはありません（「眼識」や「鑑識」ならありますが）。

「面会」や「対面」は，顔を合わせることです。

問題2-9の答え

1）拝顔（はいがん）
2）顔付き（かおつき）
　　面付き（つらつき）
3）面識（めんしき）
4）面会（めんかい）
5）対面（たいめん）
6）赤面（せきめん）
7）地顔（じがお）
　　地面（じめん）
8）素顔（すがお）
　　素面（しらふ）

「赤面」は，恥ずかしく思い，顔を赤くする意味です。「赤顔」という言い方はありませんが，「赤ら顔」という言い方はあります（例2－7参照）。

「地顔」と「素顔」は，ありのままの顔や化粧をしていない顔を意味しますが，「地面」は，土地の表面を意味します。

また，「素面」は，酒に酔っていない状態のことです。この「素面」は，「白面」とも書けるようです。なお，「素面」は，「すめん」とも読めますが，筆者はあまり聞いたことがありません。

それから，「おもしろい」をなぜ「面白い」と書くのかを調べてみると，以下の説があるのだそうです。「面」は目の前を意味し，「白い」は明るくてはっきりしていることを意味していたことから，目の前が明るいことを意味し，転じて「楽しい」「心地よい」などの明るい感情を意味することになったのだそうです。

手話表現の例

①-1 **あの顔**（を見ると）	①-2 **あの面**（を見ると）
あれ／顔［普通の表情で］ （文章によっては，①-2と同じになる）	あれ／顔［軽蔑や憎悪の混じった表情で］（文章によっては，①-1と同じになる）

② **拝顔**	③ **顔付き・面付き**	④ **面識がある**
(a) 会う（相手を敬うようにていねいに） (b) 顔／見る	顔／様子（状態）［普通の表情や憎々しい表情などを使い分けながら］	顔／知っている

⑤ **面会**	⑥ **対面**	⑦ **赤面**
(a) 会う (b) 顔／会う (c) **顔合わせ** 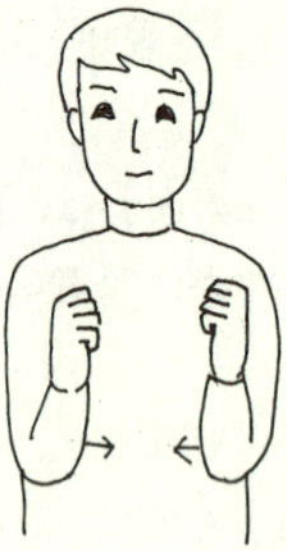	(a) ⑤と同じ (b)（「対面式キッチン」の場合）顔／**目が合う**／できる／料理／場所 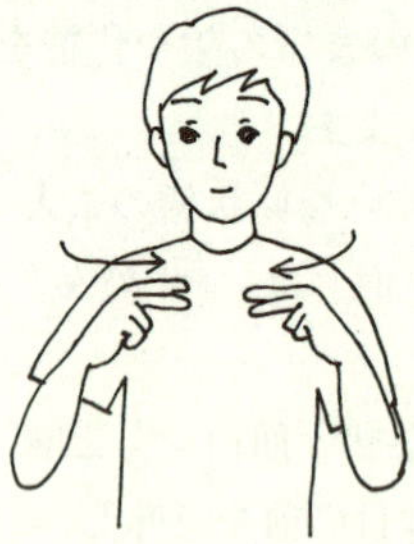	「顔を赤らめる」と同じ（例 2-7 を参照）

⑧-1 **地顔**	⑧-2 **地面**
(a) 本当／顔 (b) 化粧／ない／顔	(a) 土 (b) 土／場所

⑨-1 **素顔**	⑨-2 **素面**
⑧-1 と同じ	酒／飲む／ない／様子（状態）

例2－10

① 面と向かって	② しかめっ面	
③ 面食らう	④ 面食い	
⑤ 面の皮が厚い	⑥ 鉄面皮	⑦ 面汚し
⑧ 面長	⑨ 面影・面差し	⑩ 面映ゆい
⑪-1 彼女は，外面が良い	⑪-2 外面的な美しさ	
⑫-1 父は，内面が悪い	⑫-2 彼は，内面描写がうまい	

手話表現は？

「面」にはいろいろな読み方がありますが，正確に読み分けられるでしょうか？例えば，「外面」や「内面」は，文章によって読み方が異なってきますが，読み分けられるでしょうか？　また，それぞれを，どんな手話で表しますか？

「面と向かって」は，相手と顔を直接合わせてという意味です。

「しかめっ面」は，しかめた顔のことです。

「面食らう」は，不意のことで驚きあわてることです。

「面食い」は，顔の美しい人ばかりを好む人のことです。

「面の皮が厚い」は，厚かましいことです。

「鉄面皮」は，恥を恥とも感じず，厚かましいことです。厚顔無恥と同じような意味です。

「面汚し」は，「顔を汚す」と同じで，不名誉なことをして，世間に対する体面を傷つけることです。

「面長」は，縦に長い顔のことです。

「面影」や「面差し」については，「彼女には母親の面影がある」「彼女は面差しが祖母に似ている」のように使います。

「面映ゆい」は，恥ずかしい，きまりが悪い意味です。

「外面（そとづら）が良い」は，家族や身内ではない人に見せる態度が良い意味で，「内面（うちづら）が悪い」は，家族や身内の人に見せる態度が悪い意味です。

「外面（がいめん）的」などの場合は，表側に現れる面のことです。「内面（ないめん）描写」は，心の動きを描写することです。

手話表現の例

① **面（めん）と向かって**	② **しかめっ面（つら）**
会う	しかめる／顔

③ **面食（めんく）らう**	④ **面食（めんく）い**
驚く／あわてる	美しい／人／だけ／好き（～たい）

⑤ **面（つら）の皮が厚い**	⑥ **鉄面皮（てつめんぴ）**	⑦ **面汚（つらよご）し**
(a) 顔／厚い (b) **厚かましい** 	(a) 顔／鉄／同じ (b) 厚かましい／**恥**／知らない 	(a) **顔**／汚い 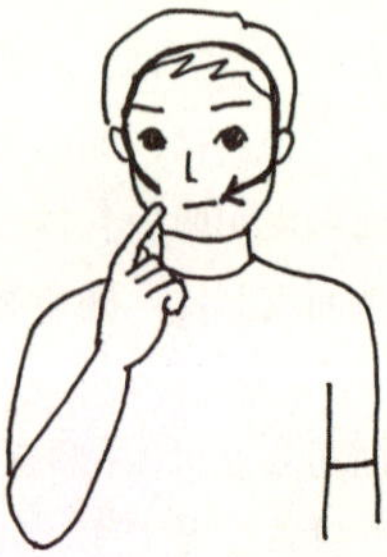 (b) 例 2-6「顔がつぶれる・顔をつぶす」と同じ

⑧ 面長(おもなが)	⑨ 面影(おもかげ)・面差し(おもざし)	⑩ 面映ゆい(おもはゆい)
顔／縦に長い円を描く	(a) 単に「顔」とする (b)「似ている」という手話を使う (c) 予想(想像・夢)／姿	恥ずかしい

⑪-1 彼女は，外面(そとづら)が良い	⑪-2 外面(がいめん)的な美しさ
彼女／表（おもて）／良い	表（おもて）／示す（表す）／美しい

⑫-1 父は，内面(うちづら)が悪い	⑫-2 彼は，内面(ないめん)描写がうまい
(a) 父／中（内）／顔／悪い (b) 父／近い／人々／会う／失礼（非常識）（身近な人に対して失礼の意）	彼／心／描く／上手

なお，「臆面(おくめん)もなく」は，気後れする様子もなく，という意味です。

また，「人面獣心(じんめんじゅうしん)」ということばがありますが，これは，顔は人間でも心は獣の人，つまり，人間らしい心をもたない人のことです。

その他，「八面六臂(はちめんろっぴ)」や「三面六臂(さんめんろっぴ)」ということばがあり，これは，8つまたは3つの顔と6つの腕をもつ仏像のことで，転じて，1人で何人分もの働きをすることです。

それから，「面当て(つらあて)」ということばについて，「それ，私への面当て？」は，「それ／［相手が私を］いじめる？」としてよいでしょうが，「彼は，私への面当てに，私の娘を叱った」のような文の手話表現は難しいです。なぜなら，「いじめる」の手話を「面当て」のところで使うと，「彼は私をいじめて，それから私の娘を叱った」という意味にとらえられかねないからです。

「顔」を意味する「面」を使ったことばは，他にも「面子(めんつ)」「面談」「面詰(めんきつ)」「満面」などがあります。

例 2 − 11

① 面目ない	② 面目がつぶれる	③ 面目を失う
④ 面目が立つ	⑤ 面目を施す	⑥ 真面目

手話表現は？

「面目」は，「めんぼく」「めんもく」と読みます（「めんぼく」と読む人のほうが多いように思います)。「世間に合わせる顔」を意味します。

「面目ない」「面目がつぶ（潰）れる」「面目を失う」は，世間に合わせる顔がない・なくなる意味です。

「面目が立つ」や「面目を施(ほどこ)す」は，体面が保たれたり顔を立てたりする意味です。

「真面目」は，「まじめ」と読みます。

他，「面目躍如(めんぼくやくじょ)」ということばがあり，これは，その人の本来の姿が生き生きと現れている様子や名声などが高まる様子を意味します。

それぞれを，どんな手話で表しますか？

手話表現の例

① 面目(めんぼく)ない	② 面目(めんぼく)がつぶれる	③ 面目(めんぼく)を失う
例 2-4 の「合わせる顔がない」と同じ	例 2-6 の「顔がつぶれる」と同じ	例 2-6 の「顔をつぶす」と同じ

④ 面目(めんぼく)が立つ	⑤ 面目(めんぼく)を施(ほどこ)す	⑥ 真面目(まじめ)
例 2-5 の「顔が立つ」と同じ	例 2-5 の「顔を立てる」と同じ	正しい（まじめ・素直）

例 3 耳

例 3 - 1
①- 1　耳が良い
①- 2　良耳
②　耳が悪い
③　耳が早い
④　耳が遠い
⑤- 1（中耳炎で）耳が痛い
⑤- 2（弱点を指摘され）耳が痛い

例 3 - 2
①　耳に入れる
②　耳に入る
③　耳にする
④　耳にはさむ
⑤　耳をすます
⑥　耳を傾ける
⑦　初耳
⑧　耳を貸す
⑨　お耳を拝借
⑩　耳打ち（を）する
⑪　耳をふさぐ
⑫　聞く耳を持たない

例 3 - 3
①　耳につく
②　耳に残る
③- 1（おできが気になって）耳をさわる（耳にさわる）
③- 2（彼の言い方は）耳にさわる
④　耳を疑う
⑤　耳慣れる
⑥　耳新しい
⑦　耳が肥える
⑧　耳をそろえて（借金を返す）
⑨　耳鳴りがする
⑩　耳よりな話
⑪　耳学問

例 3 - 4
①　パンの耳
②　寝耳に水
③　壁に耳あり障子に目あり
④　忠言耳に逆らう
⑤　耳目を引く
⑥　地獄耳

例 3 − 1

①-1 **耳が良い**		①-2 **良耳**		② **耳が悪い**	
③ **耳が早い**			④ **耳が遠い**		
⑤-1（中耳炎で）**耳が痛い**			⑤-2（弱点を指摘され）**耳が痛い**		

手話表現は？

「耳」と形容詞を使った表現を集めてみました。それぞれを，どんな手話で表しますか？

日本語の意味は？

問題 3 - 1

次の（　　）には，以下のどれが入るでしょうか？　文に合う形にして入れてください（問題によっては，複数回答可）。

耳が良い　　耳が悪い　　耳が早い

耳が遠い　　耳が痛い

1）もうそんなことまで知っているの!?　君は（　　）なあ!!

2）父は年を取って（　　）なったので，大きな声で話してあげて。

3）そんな大きな音を長時間聞き続けると，（　　）なるよ。

4）彼は，（　　）から，立派な音楽家になれるだろう。

5）君の忠告は，いつも（　　）ですが，自分のためになります。

日本語の意味と答え

「耳が良い」については，「一般に動物は，人間と比べると，耳が良い」や「彼は，耳が良い。音楽家になれるだろう」のように使われます。聴力や音に対する感受性が良い意味です。

「良耳（りょうじ）」について，例えば，右耳が80dB（デシベル），左耳が100dBの時（数値が大きいほど，聴覚障害が重度であることを意味します），「良耳は80dB」と言います。つまり,「良い耳」という意味でもなく,また,「調子が良い時の聴力」という意味でもなく,「聴力が良いほうの耳」という意味になります。手話表現に工夫が求められるでしょう。

問題3-1の答え
1) 耳が早い
2) 耳が遠く・耳が悪く
3) 耳が悪く
4) 耳が良い
5) 耳が痛い

「耳が悪い」は,通常,よく聞こえない・聴覚障害がある意味です。

「耳が早い」は,情報を素早くキャッチする意味です。「耳が遅い」という言い方はありません。

「耳が遠い」は,加齢などにより,話を聞き取る力が弱くなった状態を意味します。生まれつき聴覚障害がある人の場合,「私は耳が遠い」と言うことはないように思います。それから,「耳が近い」という言い方は,通常しません。

「耳が痛い」は,文字通り中耳炎などの病気によって耳が痛む意味や,弱点を指摘されたりしてそれを聞くのがつらい意味があります。

なお,「耳を聾(ろう)する」という言い方があります。耳が聞こえなくなるかと思うぐらい大きな音がする意味です。「爆発音(おん)が耳を聾した」のように使われます。

聴覚障害児には,「耳が遅い」や「耳が近い」という言い方は一般的な言い方かと聞かれて,すぐに答えられるようになってほしいと思います。「耳が早い」や「耳が遠い」という言い方があると知ると,「耳が遅い」や「耳が近い」という言い方もできると思ってしまう例が見られます。

手話表現の例

現実に見られる表現例を含む,以下同様

「耳」の手話として,耳を指さす手話(耳1)と耳たぶをつまむ手話(耳2)があります。

筆者としては,聞こえや耳の奥と関係する時は,耳1の手話を使い,耳の形や「耳の日」などの場合は,耳2の手話を使うことが多いように思います。

以下,単に「耳」としますが,どちらを使うかは,各自で判断してください。

耳1

耳2

①-1 耳が良い

(a) 耳／**良い**

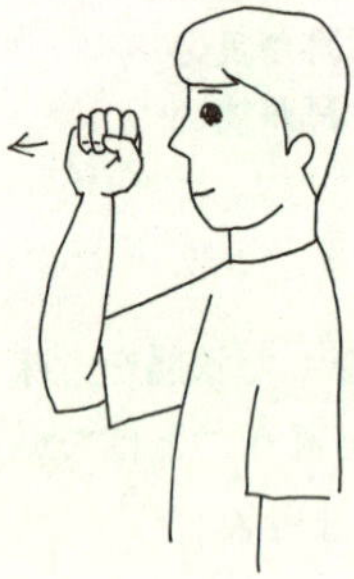

(b) **聞く（聞こえる）**／力／良い or 立派（聞き取る力がすぐれている意）

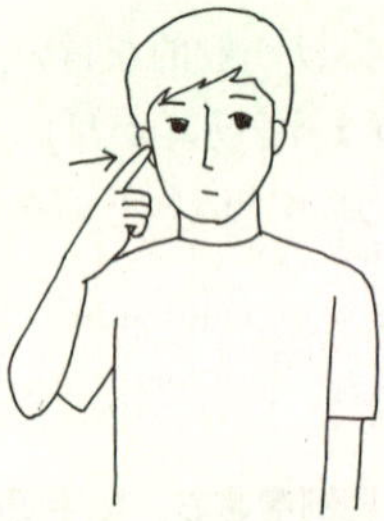

(c) 音楽／判断／力／良い or **立派** or 得意（音楽を聞き分ける力がすぐれている意）

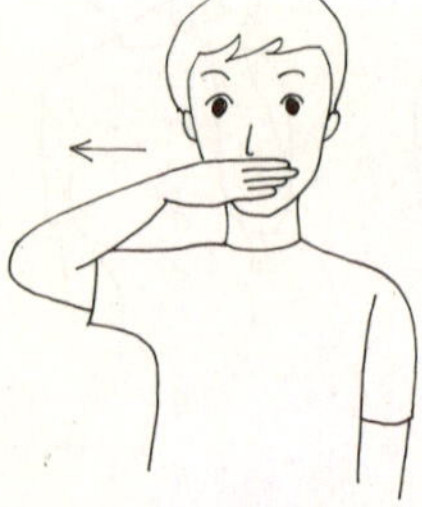

①-2 良耳（りょうじ）

(a) 良い／耳
(b) 良い／**もっと**／耳
（良いほうの耳の意）

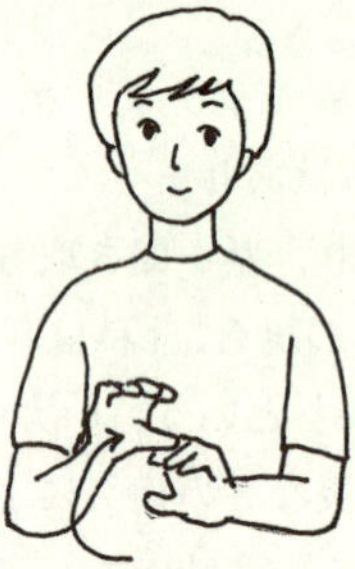

(c) 比べる／良い／耳
(d) **まし**／耳

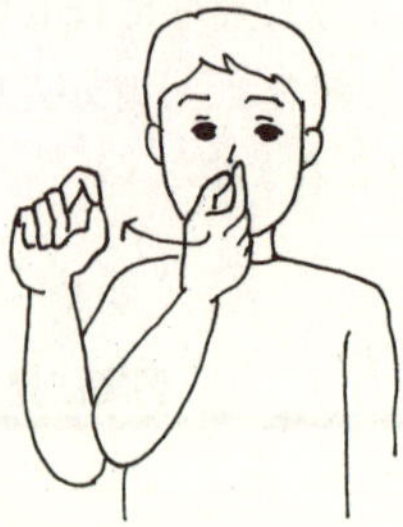

(e) (a)～(d) で，「耳」を「聞く（聞こえる）／力」に変える

② 耳が悪い

(a) 耳／**悪い**

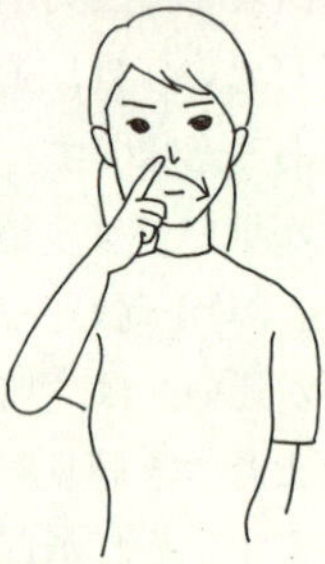

(b) 聞く（聞こえる）／**障害（折る）**

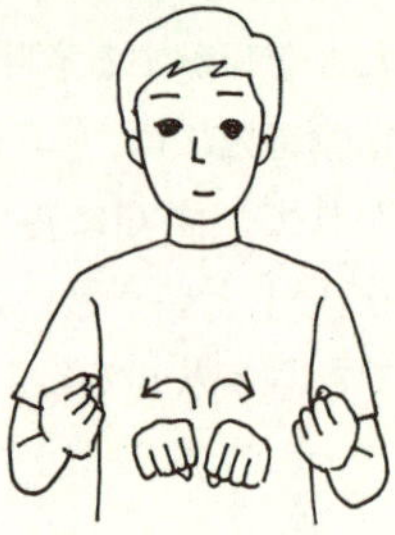

(c) **聾**

(d) 難聴
(e) ④と同じ

③ 耳が早い

（a）耳／**はやい**

（b）知る（わかる）or **つかむ**／はやい

（c）**得意**（「よく知っているね！」「耳が早いね！」という意味）

④ 耳が遠い

（a）耳／遠い
（b）聞く（聞こえる）／**聞こえなくなる（だんだんと）**

（c）聞く（聞こえる）／**難しい（できない）**

（d）**難聴**

⑤-1（中耳炎で）耳が痛い	**⑤-2（弱点を指摘され）耳が痛い**
耳／痛い（耳のところで「痛い」の手話をするだけでも良い）	(a) 耳／痛い (b) 言われる／痛い（からだの前で） (c) 言われる／苦しい or 悲しい or ショック

【差別的な表現になっていないかを日頃から考える】

筆者が子どもの時は，「私は，耳が悪い」や「あの子は，お耳が悪い」のような言い方がかなり使われていたように思いますが，筆者個人としては，「聴覚障害者」や「視覚障害者」を意味するものとして，「耳が悪い人」や「目が悪い人」のような言い方は使いたくないと思います。

けれども，「聴力の低下」や「視力の低下」という意味で，「長時間大音量（だいおんりょう）で聞き続けると，耳が悪くなるよ」や「長時間テレビを見続けていると，目が悪くなるよ」という言い方はよく見られますし，筆者個人としては，「このような言い方もすべきではない」と主張するつもりはありませんが，なるべく「聴力低下」や「視力低下」の言い方のほうを使うように心がけたいと思っています。

例3－2

① 耳に入れる	② 耳に入る	③ 耳にする
④ 耳にはさむ	⑤ 耳をすます	⑥ 耳を傾ける
⑦ 初耳	⑧ 耳を貸す	⑨ お耳を拝借
⑩ 耳打ち（を）する	⑪ 耳をふさぐ	⑫ 聞く耳を持たない

手話表現は？

それぞれを，どんな手話で表しますか？

日本語の意味は？

問題3-2

次の（　　）には，以下のどれが入るでしょうか？　文に合う形にして入れてください（問題によっては，複数回答可）。

耳に入れる　耳に入る　耳にする　耳にはさむ
耳をすます　耳を傾ける　耳を貸す　耳打ちする
耳をふさぐ　聞く耳を持たない

1）彼は，そのニュースに心を奪われ，私の話が(　　)ないようだった。
2）静かにじっと（　　）と，鈴虫の鳴き声が聞こえてきた。
3）ちょっと君の（　　）たいことがあるんだが，今日会えるか？
4）彼の話はためになる話だったので，みな熱心に（　　）聞いた。
5）彼女は，自分にとって都合の悪い話になると，（　　）ので，困る。
6）彼は，先輩の忠告に（　　）としなかった。
7）（　　）ところでは，近いうちに社長が変わるらしい。
8）秘書が首相になにやら（　　）た時，首相の顔色が変わった。

日本語の意味と答え

「耳に入（い）れる」は，何かを相手に知ってもらうために伝える・話す意味です。

「耳に入る」は，何かが自然に聞こえてくる意味ですが，文字通り水などが耳に入る意味もあります。

「耳にする」や「耳にはさ（挟）む」は，「耳に入る」と似ています。しかし，鳥の鳴き声の場合，通常「耳に入る」と「耳にする」を使い，「耳にはさむ」は使わないのに対し，噂話や情報の場合，「耳に入る」「耳にする」「耳にはさむ」のいずれも使えるように思います。なお，「小耳にはさ（挟）む」という言い方もあります。「耳にはさむ」とほぼ同じ意味と思ってよいように思います。

問題 3 - 2 の答え
1）耳に入ら
2）耳をすます
・耳を傾ける
3）耳に入れ
4）耳を傾けて
5）耳をふさぐ・聞く耳を持たない
6）耳を貸そう・聞く耳を持とう
7）耳にした・耳に入った
8）耳打ちし・耳に入れ

「耳をす（澄）ます」と「耳を傾ける」は，いずれも「音や話を意識的に聞こうとする」意味ですが，「耳をすます」は，小さな音を集中して拾おうとする感じです。「耳を傾ける」は，熱心に集中して聞こうとする意味です。講演の場合は，「耳をすます」ではなく，「耳を傾ける」を使います。

なお，「耳をそばだてる」は，「耳を傾ける」や「耳をすます」と同じような意味ですが，「隣室での会話に，耳を（　　）」では，「傾ける」よりは「そばだてる」や「すます」のほうが自然な気がします。また，内緒話を盗み聞きしようとする時は，「耳を傾ける」よりも「耳をそばだてる」のほうが自然な気がします。さらに，「聞き耳を立てる」という慣用句もあります。

「初耳」は，初めて聞く意味です。

「耳を貸す」は，話を聞いてやる意味や相談にのる意味です。

「耳を借りる」という言い方も時々見られます。「ちょっと，お耳を拝借」という言い方もありますが，これは，上司などに向かって，「大きな声では言えないので，ちょっと私のところにからだを寄せて聞いてください」というように小さく手招きして，周囲の目をはばかるようにこっそりとささやく意味です。

「耳打ち（を）する」は，相手の耳に口を近づけてこっそりささやくことです。

「耳をふさ（塞）ぐ」は，文字通り耳に手をあてる意味や相手の話を聞こうとしない意味があります。

「聞く耳を持たない」には，相手の話を聞こうとしないことで，鼻も引っかけない意味も含まれています。

手話表現の例

① 耳に入れる	② 耳に入る	③ 耳にする
(a) **言う（私から相手へ）** 	(a) **聞く（聞こえる）** 	②と同じ
(b) **話す（一方的に）** 	(b) **つかむ** 	
(c) 連絡（私から相手へ）	(c) **知る（わかる）** 	

④ 耳にはさむ

(a) ②と同じ
(b) (a) に「偶然」などを意味する手話を補う

⑤ 耳をすます

聴く［かすかな音を拾おうとする表情で］

⑥ 耳を傾(かたむ)ける

(a) 聴く［熱心に聞こうとする表情で］
(b) **一途(いちず)**（**集中**）／聴く

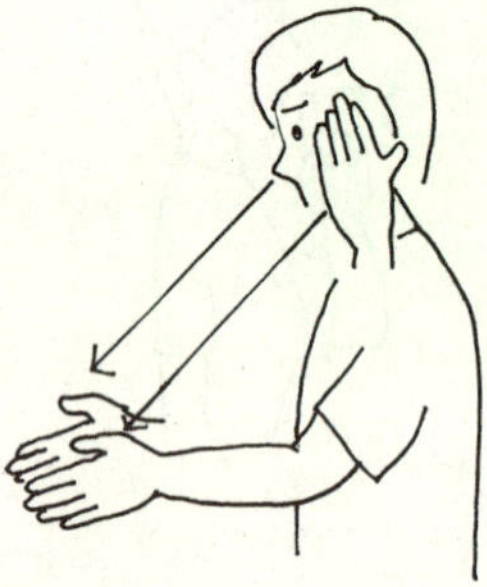

⑦ 初耳(はつみみ)

(a) 最初／聞く（聞こえる） or 知る（わかる）
(b) (本当／) **初耳**（**へえ！**）

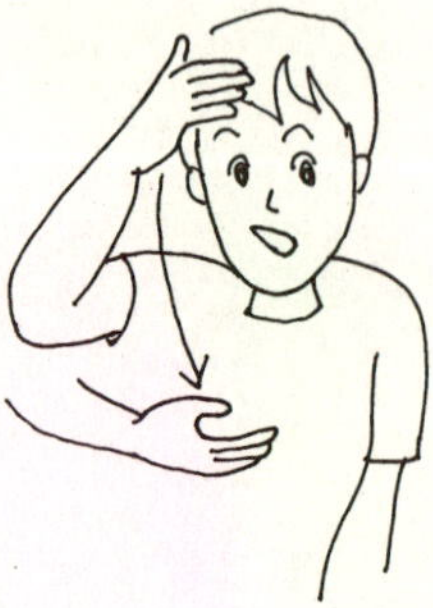

⑧ 耳を貸す

(a) 聴く［恩を売っている表情をつけながら］
(b) 聴く／与える（あげる）
(「耳を貸さない」であれば，「無視」の手話表現が使えるだろう)

⑨ お耳を拝借(はいしゃく)

控えめに，またていねいに，相手を小さく手招きして，それから，やや周囲の目をはばかるように口に手を当てながら，相手の耳に口を近づけてささやくしぐさをする

⑩ 耳打ち（を）する	⑪ 耳をふさぐ	⑫ 聞く耳を持たない
口に手を当てながら，ささやくしぐさ	(a) 耳を手でふさぐしぐさ (b) **無視** 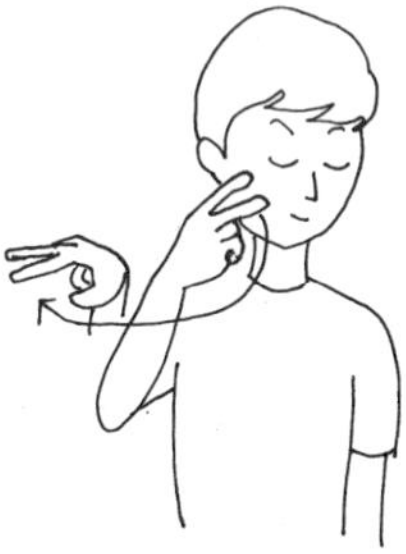 (c) 聴く／ない（自分の意志）	(a) 聴く／耳／持つ／ない (b) 聴く／態度／**ない** **(一切)**  (c) ⑪と同じ (d) 鼻も引っかけない

【助詞が適切に使えるかを確認する】

聴覚障害児は，助詞を適切に使えない例が多いと昔からよく言われています。

「良くない噂(うわさ)を耳にはさむ」の文章を見て，意味を説明できても，「『良くない噂を耳（　　）はさむ』の（　　）には，どんな助詞が入るか」を尋ねられると答えられない例が時々見られるので，聾教育現場では，日頃から助詞を意識させるように働きかけることが大切だと言われています。例えば，以下の文章の（　　）に，適切な助詞（が・を・に・へ・で，など）を正しく入れられるようになってほしいと思います。

1）彼女の良くない噂を耳（　　）はさんだんだけど，君は知っているか？

2）このピアスは，２つのパーツで耳（　　）はさむタイプのピアスです。

3）更衣室で，彼女の良くない噂を耳（　　）した。

4）彼女の良くない噂が，社長の耳（　　）入った。

1）の答えは「に」，2）は「を」，3）は「に」，4）は「に」です。

例 3 — 3

① **耳につく**	② **耳に残る**	
③-1（おできが気になって）**耳をさわる（耳にさわる）**	③-2（彼の言い方は）**耳にさわる**	
④ **耳を疑う**	⑤ **耳慣れる**	
⑥ **耳新しい**	⑦ **耳が肥える**	⑧ **耳をそろえて**（借金を返す）
⑨ **耳鳴りがする**	⑩ **耳よりな話**	⑪ **耳学問**

手話表現は？

それぞれを，どんな手話で表しますか？

日本語の意味は？

問題 3 - 3

次の（　　）には，以下のどれが入るでしょうか？　文に合う形にして入れてください（問題によっては，複数回答可）。

耳につく　　耳に残る　　耳にさわる
耳を疑う　　耳慣れる　　耳が肥える
耳をそろえる　　耳鳴りがする

1）川に落ちた子どもの悲鳴が，今でも（　　）ているんです！
2）彼の温かい助言が，今でも（　　）ている。
3）私の忠告が彼の（　　）たらしく，彼は不機嫌そうな顔をしている。
4）彼女は，クラシック音楽に（　　）ている。
5）（　　）て，借金を返した。
6）彼のことばに，思わず（　　）てしまった。
7）この変拍子は難しいが，何度も聞いて，（　　）しかない。

日本語の意味と答え

問題3-3の答え
1) 耳につい・耳に残っ
2) 耳に残っ
3) 耳にさわっ
4) 耳が肥え
5) 耳をそろえ
6) 耳を疑っ
7) 耳慣れる

「耳につ（付）く」は，聞こえた音が気になっている状態や，同じことを何回も聞かされて聞き飽きている状態を意味します。他，「ゴミが耳に付いている」の言い方もあるでしょう。

「耳に残る」は，「耳につ（付）く」と同じような意味ですが，「耳に付く」は，「耳に残ってほしくないのに，耳に残っている」というようなニュアンスがあるように思います。ですから，「子どもの悲鳴が今でも耳につく」と言えるのに対し，「彼の温かい助言が今でも耳についている」と言うことはあまりないように思います。

「（彼の言い方は）耳にさわる」は，「耳にさわ（障）る」と書くのに対し，「（彼の）耳にさわる」は，「耳にさわ（触）る」と書きます。「耳障り」ということばにもあるように，「耳に障る」は，聞いていて不愉快な気持ちである，聞き流すことができない，気にかかる意味です。

「耳を疑う」は，聞いた内容が信じられない意味です。

「耳慣れる」は，聞いていて違和感などを感じなくなる意味です。

「耳新しい」は，今まで聞いたことがなく，新奇・新鮮な感じがすることです。「耳が新しい」とは言いません。また，「耳古い」という言い方もありません。

「耳が肥える」は，音などを弁別したり味わったりする能力が豊かな意味です。

「耳をそろ（揃）える」は，お金を不足なく全額そろえる意味です。「耳をそろえて，10万円を渡す」という場合は，単に「10万円全額を準備する」意味ですが，「（10万円の）紙幣の端をきちんとそろえて渡す」というイメージを抱いている人がいるかもしれません。

「耳鳴りがする」は，実際には音がしていないのに，耳の奥で何かが鳴っているように感じることです。多くの人が，「ジージーとセミの鳴き声みたい」と言います。体調が悪い時などに起こる症状です。

「耳よ（寄）りな話」は，もっと知りたいと思うようなうれしい話や聞く価値がある話のことです。

「耳学問」は，自分で学んだのではなく，他人の話を聞いて知識を得ることやその知識を意味します。「目学問」という言い方はありません。

なお，筆者は，「日常生活での情報の約80%が視覚から」という言い方と，特に聾教育現場で言語指導の困難さが指摘されていることの間に，矛盾を感じています。

手話表現の例

① 耳に付く

（a）「聞く（聞こえる）」の手話をずっと続ける［不愉快な表情をつけながら］
（b）耳／残る［不愉快な表情をつけながら］
（c）「忘れられない」と言い換える［不愉快な表情をつけながら］
（d）（「ゴミが耳に付いている」意味の場合）ゴミ／［耳のところで］ある or くっつける

② 耳に残る

（a）耳／**残る**（必ずしも不愉快とは限らない）

（b）「忘れられない」と言い換える（必ずしも不愉快とは限らない）

③-1 （おできが気になって）耳を触る（耳に触る）

耳／さわる（手で耳をさわる）

耳2

③-2 （彼の言い方は）耳に障る

（a）**むかつく**

（b）**いらだつ**

④ 耳を疑う

(a) 耳／**疑う**

(b) 嘘／思う
(c) **信じられない**

(d) **まさか**

⑤ 耳慣れる

(a) 聞く（聞こえる）／**経験**

(b) 聞く（聞こえる）／**慣れる**

⑤について，京都の近辺では，「慣れたわ」と言う時，「経験」の手話（前ページのイラスト参照）を使う人が多いです。また，「助平・いやらしい」の手話として，小指を目や口の横でこするようにする手話を使う人が多いので，筆者は，旅行先で前ページの「慣れる」の手話を初めて見た時，「これは，『助平な女』を表す手話だろうか」と一瞬思いましたが，口形を見て「慣れる」を意味しているとわかりました。

⑥ **耳新(みみあたら)しい**	⑦ **耳が肥(こ)える**	⑧ **耳をそろえて**（借金を返す）
(a) 耳／新しい (b) 聞く(聞こえる)／新しい or 珍しい (c) 聞く(聞こえる)／経験 or 慣れる／ない	「音楽に耳が肥える」なら，「音楽が得意。聞いてすぐに理解する」などと言い換える	全部／準備

⑨ **耳鳴(みみな)りがする**	⑩ **耳よりな話**	⑪ **耳学問(みみがくもん)**
(a) 耳／中（内）／あやしい（変）／聞く(聞こえる) (b) **耳鳴り** 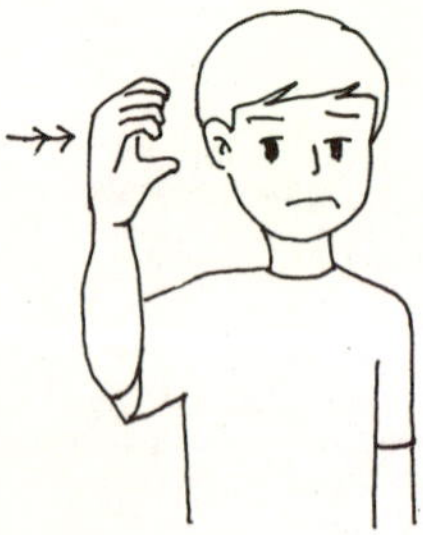	(a) 聞く(聞こえる)／うれしい／話 (b) **聴く**／良い／話 	(a) **耳**／勉強 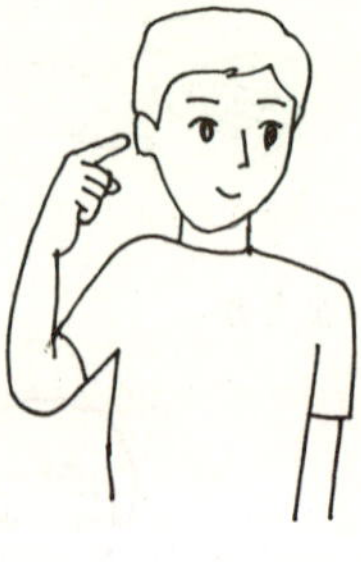 耳1 (b) ［少しずつ場所をずらしながら］聴く／聴く／勉強 or 学び取る or 知識

例3－4

① パンの耳	② 寝耳に水
③ 壁に耳あり障子に目あり	④ 忠言耳に逆らう
⑤ 耳目を引く	⑥ 地獄耳

手話表現は？

それぞれを，どんな手話で表しますか？

日本語の意味は？

問題3-4

「食パンの耳」とは，どの部分(黒くぬりつぶしたところ)を言いますか？

日本語の意味と答え

問題3-4の答え
(イ)

「パンの耳」は，パンの縁(ふち)の硬い部分を意味します。

「寝耳(ねみみ)に水」は，全く予想もしていなかった出来事に大変驚くことです。

「壁(かべ)に耳あり障子(しょうじ)に目あり」は，どこで誰に聞かれたり見られたりしているかわからない，つまり，秘密はばれやすいことのたとえです。

「忠言(ちゅうげん)耳に逆(さか)らう」は，忠告のことばはとかく気にさわり，素直に聞き入れることが難しい意味です。「良薬は口に苦し」と似た意味です。「忠言耳に障(さわ)る」とは言いません。

「耳目(じもく)を引く」は，人々の目や注意を引く意味です。

「耳目(じもく)」を使ったことばとしては，他に「耳目(じもく)となって働く」があり，上の人の意を受けて，見聞したことを伝えたりその人の補佐をしたりする意味です。

「地獄耳（じごくみみ）」は，一度聞いたら忘れないことや，他人の秘密などをすばやく聞きつけることを意味します。

手話表現の例

① パンの耳	**② 寝耳に水（ねみみにみず）**
パン／**パンの縁** 	(a) 寝る／耳／水 (b) とても／驚く (c) **寝耳に水** 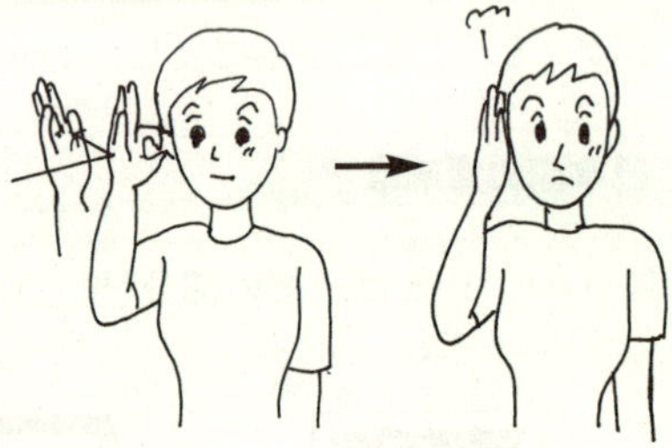

③ 壁（かべ）に耳あり障子（しょうじ）に目あり	**④ 忠言（ちゅうげん）耳に逆（さか）らう**
(a) 壁／耳／ある／障子／目／ある (b) 秘密／広がる（影響）	「忠告を素直に認めることができない」と言い換える

⑤ 耳目（じもく）を引く	**⑥ 地獄耳（じごくみみ）**
注目する or 注目される	(a) 聞く（聞こえる）／覚える (b) 秘密／［すばやく］つかむ／耳

例 4 眉

例 4
① 眉に唾を塗る
② 眉唾物
③ 眉をひそめる
④ 眉（愁眉）を開く
⑤ 白眉
⑥ 眉目秀麗
⑦ 眉毛
⑧ 眉間

例 4

① 眉に唾を塗る	② 眉唾物	
③ 眉をひそめる	④ 眉（愁眉）を開く	⑤ 白眉
⑥ 眉目秀麗	⑦ 眉毛	⑧ 眉間

手話表現は？

「眉（まゆ）」を使った表現について，それぞれをどんな手話で表しますか？

日本語の意味は？

問題4（1）

次の単語はそれぞれ何と読みますか？

1）眉唾物　2）愁眉　3）白眉
4）眉目秀麗　5）眉毛　6）眉間

日本語の意味は？

問題4（2）

次のそれぞれの意味を，下記の（ア）～（キ）から選んでください（複数回答可）。

1）眉に唾を塗る　2）眉唾物　3）眉をひそめる
4）眉を開く・愁眉を開く　5）白眉　6）眉目秀麗

（ア）顔立ちが端正で整っていること。
（イ）眉と眉の間が離れていること。
（ウ）心配事があったり，嫌なものを見たりして，顔をしかめること。
（エ）心配事がなくなったりして，晴れやかな顔になること。
（オ）だまされないように気をつけること。
（カ）信用できない物のこと。
（キ）とてもすぐれている人のこと。

日本語の意味と答え

> 問題4（1）の答え
> 1）まゆつばもの　2）しゅうび
> 3）はくび　4）びもくしゅうれい
> 5）まゆげ　6）みけん
>
> 問題4（2）の答え
> 1）（オ）　2）（カ）　3）（ウ）
> 4）（エ）　5）（キ）　6）（ア）

それぞれの意味は，答えを見てください。

「眉に唾を塗る」は，「眉に唾を付ける」とも言います。

なお，「眉をしかめる」という言い方を時々見ますが，これは誤用であり，正しくは「眉をひそめる」か「顔をしかめる」と言うべきでしょう。

「眉目秀麗」は，多くの場合は男性に対して使われることばです。なお，「眉目良い」は「みめよい」と読み，器量が良いことや美人を意味します。

「眉間」は，眉と眉の間のことであり，「眉間のしわ」のように使われます。

他に，さしせまった危険や急務という意味の「焦眉の急」ということばもあります。

手話表現の例

現実に見られる表現例を含む，以下同様

① 眉に唾を塗る

（a）**眉**／唾／［眉のところで］塗る
（b）だまされる／ない or 防ぐ／目的（当たる）／注意（気をつける）

② 眉唾物

（a）眉に唾をつけるしぐさ／**物**
（b）頼る（信じる）／難しい（できない）／**物**

③ **眉（まゆ）をひそめる**	④ **眉（まゆ）（愁眉（しゅうび））を開く**	⑤ **白眉（はくび）**
眉／眉をひそめるしぐさ	(a) 眉と眉の間を，右手の親指と人差し指で示す／それを広げる (b) **ほっとする**  (c)「気分が明るくなる」と言い換える	(a) 白／眉 (b)「**最高**／立派」or 目立つ／人（男 or 女）・絵・作品など 

⑥ **眉目秀麗（びもくしゅうれい）**	⑦ **眉毛（まゆげ）**	⑧ **眉間（みけん）**
(a) 顔／良い or **きれい（美しい）**  (b) 美しい（ハンサム）	**眉**／「ケ」 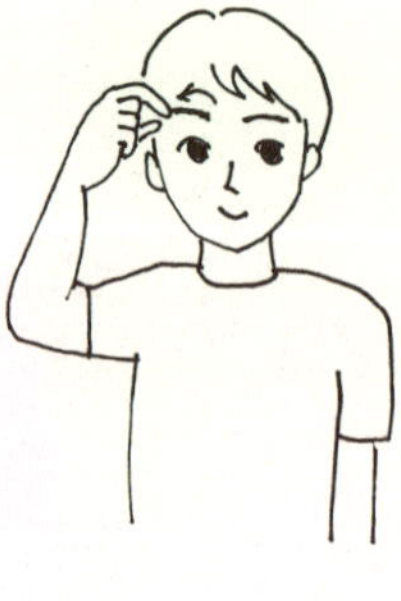	眉と眉の間を指さす

例 5 目・眼

例 5 - 1
① 目が良い
② 目に良い

例 5 - 2
① 目がある
② 目がない
③ 目が高い
④ （8割を）目安とする
⑤ 目があらい（布地）
⑥ 目が細かい（板）
⑦ 目が早い
⑧ 遠い目をする
⑨ 目新しい
⑩ 目覚ましい

例 5 - 3
① 大きな目で見る
② 大目に見る

例 5 - 4
① 目を細める
② 目を丸くする・目が丸くなる
③ 目が点になる・目を点にする
④ 目を皿（のよう）にする
⑤ 目を三角にする・目が三角になる
⑥ 目に角を立てる・目角を立てる
⑦ 目をつり上げる・つり目になる・つり目をする

例 5 - 5
① 白目（白い眼）で見る・白眼視する
② 目白押し
③ 目を白黒させる
④ 目の黒いうち
⑤ 目の前が暗くなる
⑥ 目の色を変える

例 5 - 6
① 目をあける
② 目があく
③ 目がさめる・目をさます
④ 目がさえる
⑤ 目をひらく
⑥ 目を見開く
⑦ 目を閉じる
⑧ 目をつぶる・つむる
⑨ 目をつぶす
⑩ 目がつぶれる

例 5 - 7
① 目が見える
② 目に見える
③ 見る目
④ 見た目
⑤ お目見え
⑥ 日の目を見る
⑦ 痛い目を見る
⑧ 長い目で見る
⑨ 目を見張る
⑩ 見目うるわしい・見目好い
⑪ 二目と見られない
⑫ 目に物（を）見せる
⑬ 目に物言わす

例 5 - 8
① 目をつける
② 目につく
③ 目付き
④ 目付（役）

⑤ 付け目
⑥ 目の付け所
⑦ 目処が付く・立つ
⑧ 目星を付ける

例 5 - 9
① 目にかける
② お目にかける
③ 目をかける
④ 目にかかる
⑤ お目にかかる
⑥ 目がける

例 5 -10
①-1 目に当たる
①-2 目も当てられない
①-3 目の当たり
①-4 目当て
②-1 目があう・目をあわせる
②-2 ひどい目にあう

例 5 -11
① 目をやる
②-1 目をくれる
②-2 目もくれない
③-1 目に入る
③-2 目に入れる
③-3 目を入れる
④-1 目にする
④-2 （悲しい）目をする
④-3 目する

例 5 -12
①-1 目をむける
①-2 目がむく
①-3 目をむく
②-1 目を配る
②-2 目配り
②-3 目配せ
③-1 目を抜く
③-2 目抜き
③-3 抜け目
④-1 目をうつす
④-2 目がうつる・目うつり
④-3 目にうつる

例 5 -13
①-1 目を引く
①-2 引け目
②-1 目を落とす
②-2 落ち目
③-1 目を通す
③-2 目通り
④-1 目がくらむ
④-2 目をくらます
④-3 目くらまし
④-4 めまい（目眩・眩暈）
⑤-1 目ざす
⑤-2 目ざし

例 5 -14
① 目がきく
② 目にきく
③ 目できく
④ 目利き
⑤ 利き目・効き目
⑥ （君の）利き目（は右と左のどちらか）
⑦ 目先がきく
⑧ 目端がきく

例 5 -15
①-1 目にふれる
①-2 （手で）目にさわる
①-3 （電柱が）目にさわる・目ざわり
②-1 目にとまる
②-2 目がとまる
②-3 目をとめる
③-1 目を疑う
③-2 疑いの目で

例 5 -16
① 目立つ
② 目を盗む
③ 目をかすめる
④ 目隠しをする
⑤ 目を奪われる
⑥ 目をそらす
⑦ 目をそむける
⑧ 目を伏せる・伏し目
⑨ 目がかすむ
⑩ 目が曇る

例5-17
① 目に浮かぶ
② 目が回る
③ 目に余る
④ 目が光る・目を光らす
⑤ 目を離す
⑥ 目が届く
⑦ 目（目玉）が飛び出る
⑧ 大目玉を食らう・食う
⑨（減税を）目玉にする

例5-18
① 目は心の窓（鏡）
② 目は口ほどに物を言う
③ 目から火が出る
④ 目顔で知らせる
⑤ 目くじらを立てる
⑥ 目の上のたんこぶ
⑦ 目からうろこが落ちる
⑧ 目が節穴（節穴同然の目）
⑨ 傍目八目（岡目八目）

例5-19
① 人目がうるさい
② 人目にさらす
③ 人目に付く・人目を引く
④ 人目を忍ぶ・人目をはばかる・人目を避ける

例5-20
①-1 一目会いたい
①-2 一目置く
①-3 一目瞭然
①-4 一目散
②-1 目にいっぱい（の涙）
②-2 目いっぱい（水をためる）
③-1 目色
③-2 色目

例5-21
①-1 目上の人
①-2 上目遣い
②-1 目下の人
②-2 目下検討中
②-3 下目に見る
③-1 目先
③-2 目前・目の前
④ 横目
⑤ 流し目
⑥ 傍目・よそ目
⑦ ひが目
⑧ ひいき目
⑨ 欲目
⑩ 奥目
⑪ 出目
⑫ 上がり目・つり目
⑬ 下がり目・垂れ目
⑭ 切れ目
⑮ 裏目（に出る）

例5-22
① 目頭が熱くなる
② 目頭を押さえる
③ 目尻を下げる
④ まなじりを決する

例5-23
① 目と鼻の先
② 目鼻立ち
③ 目鼻がつく・目鼻をつける
④ 目から鼻へ抜ける

例5-24
① 針の目
② 針目
③ 割れ目
④ 台風の目
⑤ のこぎりの目
⑥ 勝ち目
⑦（さいころの）5の目
⑧ 5つ目
⑨ 目減り
⑩ 駄目を押す・駄目押し
⑪ 目の敵
⑫ 目の毒
⑬ 目の保養
⑭ 目の薬
⑮ 目薬
⑯ 目印
⑰ 目次

⑱ 名目

例 5 -25
① 開眼（手術）
② （大仏）開眼
③ 眼をつける
④ 眼中にない
⑤ 眼力
⑥ 血眼
⑦ 寝ぼけ眼
⑧ 近眼・近視眼・近視
⑨ 遠眼・遠視眼・遠視
⑩ 乱視

例5－1

① 目が良い	② 目に良い

手話表現は？

「目」と「良い」を使った表現です。両方が同じ手話になりませんでしたか？

日本語の意味は？

問題5-1

次の（　　）には，「が」と「に」のどちらが入りますか？

1）パイロットになる条件の1つに，「目（　　）良い」ことがあげられる。

2）ブルーベリーは，目（　　）良いらしい。

日本語の意味と答え

「目が良い」は，「視力が良い」意味であり，「目に良い」は，「目の健康に良い」という意味です。「目に良い」を「目／良い」という手話で表すと，「目が良い」という意味に取られる可能性があるでしょう。

問題5-1の答え
1）が　　2）に

手話表現の例

現実に見られる表現例を含む，以下同様

「目」の手話として，目のところで円を描く手話（目1）と，目を指さす手話（目2）があります。

筆者としては，「目の形」や「目玉」全体などの場合は，目1の手話を使い，視力に関する場合は，目2の手話を使うことが多いように思います。

以下，単に「目」としますが，目1と目2のどちらを使うかは，それぞれで判断してください。

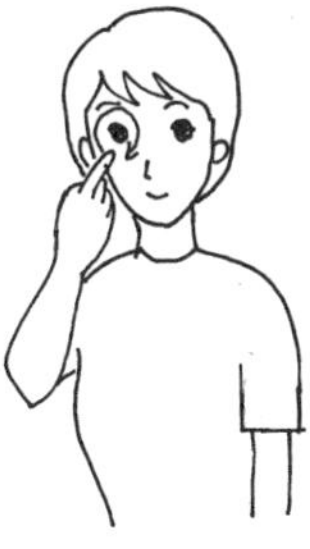
目1

目2

① 目が良い	② 目に良い
(a) 目／**良い** 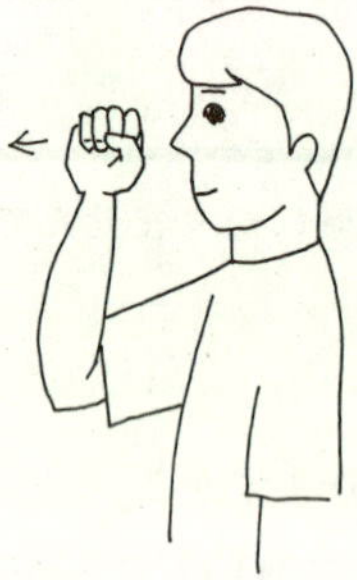	(a) 目／**向上** 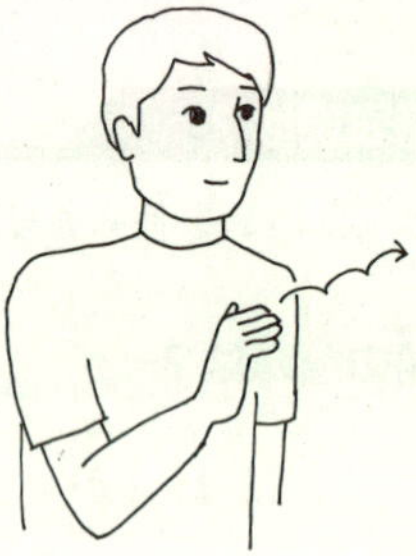
(b) 遠い／**はっきり**／見る／できる 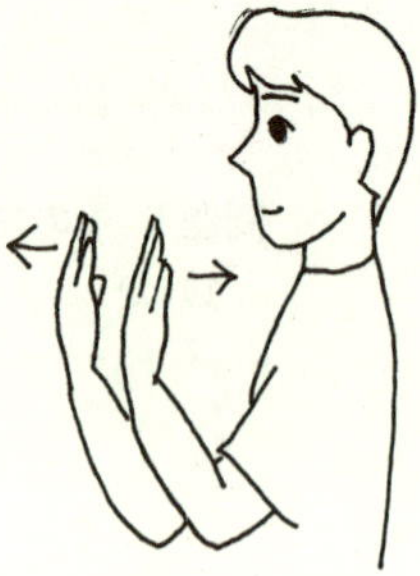	(b) 目／**元気**／変わる（～になる）  (c) 目／良い／広がる（影響）［自分の目に向かって］ (d) 目／効果

なお，「良耳」の言い方があるので，視力が良い方の視力を「良目1.0」というような言い方があるかと思って調べたら，「良眼」という言い方が見られました。

例5－2

① **目がある**	② **目がない**
③ **目が高い**	④（8割を）**目安とする**
⑤ **目があらい**（布地）	⑥ **目が細かい**（板）
⑦ **目が早い**	⑧ **遠い目をする**
⑨ **目新しい**	⑩ **目覚ましい**

手話表現は？

それぞれを，どんな手話で表しますか？

日本語の意味は？

問題5-2

次の言い方は，ありますか？　ない時は，「×」を書き，ある時は，その意味を以下の（ア）～（タ）の中から選んでください（複数回答可）。

1)「目がある」　　2)「目がない」
3)「目が高い」　　4)「目が安い」
5)「目があらい」　　6)「目が細かい」
7)「目が早い」　　8)「目が遅い」
9)「遠い目をする」　　10)「近い目をする」
11)「目新しい」　　12)「目古い」
13)「目覚ましい」

（ア）そのからだに，「目」（目の働きをする器官）がある。
（イ）そのからだに，「目」（目の働きをする器官）がない。
（ウ）良し悪しを判別する能力がある。良いものがわかる。
（エ）良し悪しを判別する能力がない。良いものがわからない。

（オ）すぐに見つける。見つけるのに時間がかからない。

（カ）すぐに見つけられない。見つけるのに時間がかかる。

（キ）目が覚める思いがするほどすばらしい。

（ク）考え事をしたり，何かを思い出したりしている様子である。

（ケ）隙間（穴）が大きい。

（コ）隙間（穴）が小さい。

（サ）見て，珍しいと思う。

（シ）見ても，珍しいと思わない。

（ス）大好きである。

（セ）大嫌いである。

（ソ）可能性がある。

（タ）可能性がない。

日本語の意味と答え

それぞれの意味については，答えを見てください。

問題 5 - 2 の答え

1)（ア）　2)（イ）(エ)(ス)(タ)
3)（ウ）　4) ×　5)（ケ）
6)（コ）　7)（オ）　8) ×
9)（ク）　10) ×　11)（サ）
12) ×　13)（キ）

「目がない」は，「彼は，刀を見る目がない（＝刀の良し悪しを判断する能力がない)」,「彼は甘いものに目がない（＝甘いものが大好き)」,「逆転の目がなくなった（＝逆転の可能性がなくなった)」のように使います。

「目が高い」は，見る目がある意味です。「目が低い」や「目が安い」という言い方は，通常ありません。「目安（めやす）」には，いろいろな意味がありますが，ここでは，目当てや目標の意味としておきます。

「目があら（粗）い」と「目が細（こま）かい」の「目」は，感覚器官としての目ではなく，「布の目」や「網の目」，すなわち隙間（すきま）を意味します。なお，「きめ細かい」の「きめ」は「木目」から来ているそうです。

「目が早い」は，すぐに見つける意味です。「目が速い」と書くことはあまりないように思います。また，「目が遅い」という言い方はありません。

「遠い目をする」は，何かを考えている目つき（心ここにあらず，というような目つき）をする意味です。なお，「目が遠い」は，遠視を意味します。

「目新（めあたら）しい」は，見て珍しく思う，今まで見たことがない新しさがある意味です。「目古い」という言い方はありません。

「目覚（めざ）ましい」は，「目を覚（さ）ます」と関連があることばです。目が覚めるような思いがするほどすばらしい時などに使われます。

なお，「目が堅い」について，「これは初耳」と言う人がいるかもしれませんが，夜なかなか寝ない・寝つけない意味であり，筆者にとっては耳慣れた言い方です。「目が柔らかい」という言い方は，通常ありません。

手話表現の例

① 目がある

目／ある

目1

ある

② 目がない

(a) 目／**ない（単なる打ち消し）**

(b) 判断／力／ない

(c) **好き（～たい）**／とても

(d) できる／**性質**／ない（可能性がない意）

③ 目が高い

(a) 目／**目が高い**

(b) 見る／**得意**

④（8割を）目安（めやす）とする

(a) **目的（目標）**

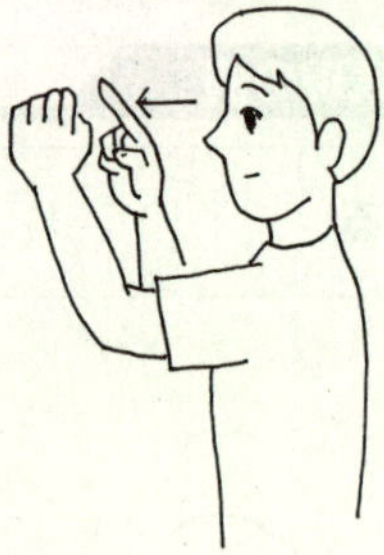

(b) **目標**

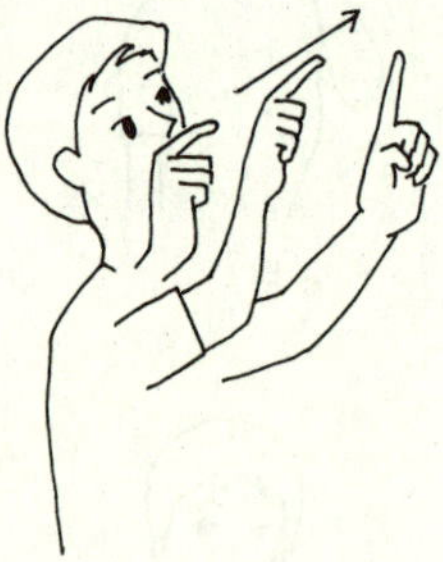

(c)（「この薬の１日の目安は２錠」のような文では）**普通**

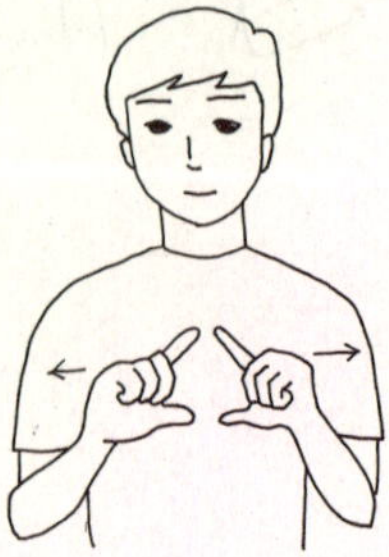

⑤ 目があらい（布地）	⑥ 目が細(こま)かい（板）
(a)「メ」／荒い (b) 穴／大きい	(a)「メ」／細かい (b) 穴／小さい

⑦ 目が早い	⑧ 遠い目をする
(a) 目／はやい (b) 見つける／はやい (c) 見る／得意 (d) 見つける／**あっけない（あっという間）** 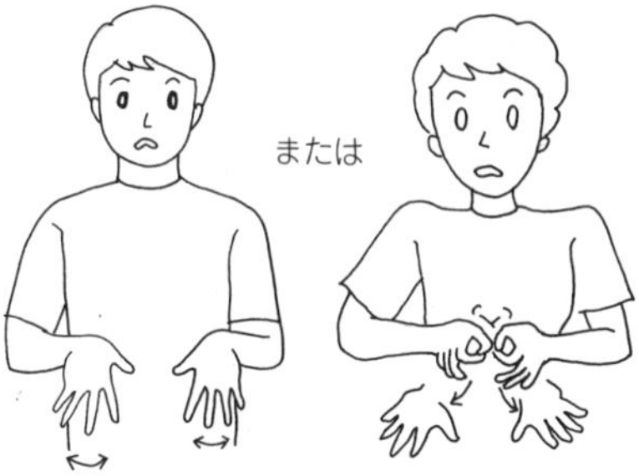	(a) 遠くを見る／目／示す（表す） (b) 考え事をしているような目つき，心ここにあらずといった目つきをする

⑨ 目(め)新(あたら)しい	⑩ 目(め)覚(ざ)ましい
珍しい	(a) 立派 (b)「目が覚めるぐらいすばらしい」「立派なので驚く」などと言い換える

例 5－3

① 大きな目で見る	② 大目に見る

手話表現は？

両方が同じ手話になりませんでしたか？

日本語の意味は？

問題 5 - 3

「大目に見る」の意味は，次のどれですか？（複数回答可）

（ア）目を大きくして見る

（イ）小さな事は厳しくとがめずに，寛大に扱う

（ウ）大雑把(おおざっぱ)に見積もる

（エ）分量がやや多くなるぐらいに加減する

日本語の意味と答え

分量がやや多くなるぐらいに加減して入れる意味の「少し（　　）に入れる」には，普通「大目(おおめ)」ではなく「多め」のほうを使うように思います。

問題 5 - 3 の答え
（イ）（ウ）

手話表現の例

① 大きな目で見る	② 大目(おおめ)に見る
(a) 大きい／目／見る (b) 目を見開く／見る	(a) 少し／目をつむる／認める（片目をつむりながら「認める」の手話をしても良い） (b) かまわない／そのまま (c) 寛大 or 親切（優しい）or 適当に／考える (d) ほとんど（約）／予想（想像・夢）

例 5－4

① 目を細める	② 目を丸くする・目が丸くなる
③ 目が点になる・目を点にする	④ 目を皿（のよう）にする

⑤ 目を三角にする・目が三角になる	⑥ 目に角を立てる・目角を立てる	⑦ 目をつり上げる・つり目になる・つり目をする

手話表現は？

「目」の様子を表すことばを使った表現を集めてみました。それぞれを，どんな手話で表しますか？

日本語の意味は？

問題5-4

次の（　　）には，以下のどれが入るでしょうか？　文に合う形にして入れてください（問題によっては，複数回答可）。

目を細める　　目を丸くする　　目が丸くなる
目が点になる　　目を点にする　　目を皿のようにする
目を三角にする　　目が三角になる　　目に角を立てる
目をつり上げる

1）母親は，（　　）て，子どもたちを叱った。
2）彼女は，（　　）て，指輪を捜し回った。
3）屋根のない家を見て，彼女は（　　）た。
4）祖母は，よちよち歩きを始めた孫を見て，（　　）た。

日本語の意味と答え

「目を細（ほそ）める」は，文字通り目を細める意味や，満面に笑みをたたえる意味があります。

「目を丸くする・目が丸くなる」は，驚いて目を見開く意味です。

「目が点になる・目を点にする」は，驚いてあきれたり絶句したりしている様子を表します。マンガで，驚いた人の表情を描く時，目を点にする例が見られますが，これから「目が点になる・目を点にする」という言い方が広まったそうです。

問題5-4の答え
1）目を三角にし・目に角を立て・目をつり上げ
2）目を皿のようにし
3）目が丸くなっ・目を丸くし・目が点になっ・目を点にし
4）目を細め

「目を皿（のよう）にする」は，物を探し回る時に，目を大きく見開くことです。

「目を三角にする・目が三角になる」「目に角(かど)を立てる・目(め)角(かど)を立てる」「目をつ（吊）り上げる・つ（吊）り目になる・つり目をする」は，いずれも怒ることを意味します。これらの間に違いがあるかどうかについては，本書では検討できませんでした。

手話表現の例

① 目を細(ほそ)める	② 目を丸くする・目が丸くなる
(a) 目／**目を細める**／（変わる（～になる））  (b) うれしい［目を細めながら］	(a) 目を見開くしぐさ［驚きの表情をつけながら］ (b) 驚く (c)「目が飛び出る」と同じ（例5-17参照）

③ 目が点になる・目を点にする	④ 目を皿（のよう）にする
(a) 驚く (b) あきれる (c) **目が点になる** 	(a) 目を大きく見開くしぐさ (b) 両目の前で，両手で小さな○を作り，その○を大きくするしぐさ

⑤ 目を三角にする・目が三角になる	⑥ 目に角（かど）を立てる・目（め）角（かど）を立てる	⑦ 目をつり上げる・つり目になる・つり目をする
(a) 怒る (b) 目／三角／変わる（～になる）	(a) 怒る (b) 目をつり上げるしぐさ	⑥と同じ

「～にする」について，「変わる（～になる）」や「する（実行）」という手話を使う人が多いようですが，「～になる」と「～にする」の違いについては，既刊『よく似た…』第2巻の19章も参考にしてください。

例 5 − 5

① 白目(白い眼)で見る・白眼視する	② 目白押し
③ 目を白黒させる	④ 目の黒いうち
⑤ 目の前が暗くなる	⑥ 目の色を変える

手話表現は？

それぞれを，どんな手話で表しますか？

日本語の意味は？

問題 5 - 5

次の（　　）には，以下のどれが入るでしょうか？　文に合う形にして入れてください（問題によっては，複数回答可）。

白目で見る　　目白押し　　目を白黒させる

目の黒い　　目の前が暗くなる　　目の色を変える

1）学生が（　　）に並んでいた。

2）父が倒れたと聞いて，（　　）た。

3）非行に走った彼は，近所の人から（　　）ている。

4）祖父は，餅（もち）をのどにつまらせて，（　　）た。

5）僕の（　　）うちは，そんなことを許すものか。

6）おおぜいの中年女性が，（　　）て，バーゲン会場へ走って行った。

7）屋根のない家を見て，彼女は（　　）た。

8）今年は，洋画の話題作が（　　）だ。

日本語の意味と答え

「白目（しろめ）（白い眼）で見る・白眼視（はくがんし）する」は，冷淡な，または憎しみのこもった目で見る意味です。

「目白押（めじろお）し」は，おおぜいが並ぶ様子や物事が集中して起きる様子などを意味します。

「目を白黒(しろくろ)させる」は，驚いたり苦しんだりして，せわしなく目を動かす意味です。

「目の黒いうち」は，生きている間という意味です。

「目の前が暗くなる」は，希望を失う意味や，めまいがする意味があります。

「目の色を変える」は，怒ったり驚いたり熱中したりして目つきが変わる意味です。

問題5-5の答え
1）目白押し
2）目の前が暗くなっ
3）白い目で見られ
4）目を白黒させ
5）目の黒い
6）目の色を変え
7）目を白黒させ
8）目白押し

手話表現の例

① 白目(しろめ)（白い眼）で見る・白眼視(はくがんし)する	② 目白押(めじろお)し
(a) 白い／目／見る (b) 寒い／見る［冷たい表情で］	(a) 満員／並ぶ (b) 一途(いちず)（集中）／現れる or 示される／現れる or 示される［少し位置をずらしながら］

③ 目を白黒(しろくろ)させる	④ 目の黒いうち
(a) 目／白／黒／変わる（〜になる） (b) あわてる (c) 両手で○を作り，両目の前に置いて左右に激しく動かす	(a) 目／黒い／間 (b) 生きる or 元気／間

⑤ 目の前が暗くなる	⑥ 目の色を変える
(a) 目／前方／暗い (b) 希望（願う）／なくなる（消える） (c)「どうしたらよいかわからなくなって，大変困る」などと言い換える	(a) 目／色／変わる（〜になる） (b)「それまでと違って」「突然がんばり始める」などと補足する

例 5 −6

① 目をあける	② 目があく
③ 目がさめる・目をさます	④ 目がさえる
⑤ 目をひらく	⑥ 目を見開く
⑦ 目を閉じる	⑧ 目をつぶる・つむる
⑨ 目をつぶす	⑩ 目がつぶれる

手話表現は？

「目」と「あく・あける・ひらく」「とじる・つむる・つぶる」「つぶす・つぶれる」などを使った表現を集めました。それぞれを，どんな手話で表しますか？

日本語の意味は？

問題 5 - 6

次の（　　）には，以下のどれが入るでしょうか？　文に合う形にして入れてください（問題によっては，複数回答可）。

目をあける	目があく	目をさます
目がさえる	目をひらく	目を見開く
目を閉じる	目をつぶる	目をつぶす
目がつぶれる		

1）彼女は，高所恐怖症なので，思わず（　　）た。

2）夫が交通事故で死んだと聞いて駆けつけた妻は，夫のからだをゆすって，「あなた，（　　）てよ。お願い！」と叫んだ。

3）君のやったことは違法だが，今回だけは（　　）てやろう。

4）朝（　　）と，あたり一面雪景色だった。

5）「もういいよ」と言われて，おそるおそる（　　）てみたら，目の前に以前からほしかった犬がいた。

6）病気で長期入院中の彼は，「妻や子をよろしく」と言うと，静かに（　　）た。

7）その子どもは，怪物の（　　）うと，石を投げた。

8）編み物をしていた彼女は，突然の訪問者に，（　　）て，「驚いたわ。でも，よく来てくれたわね」と言った。

9）夜中に目が覚め，「明日のために睡眠時間を確保しなければ」と焦るほど，（　　）てしまって，困った。

10）留学していろいろなことを学び，（　　）れる思いだった。

11）彼は最近まじめに仕事をしている。母親の死が彼の（　　）たようだ。

日本語の意味と答え

「目をあ（開）ける」や「目があ（開）く」は，まぶたを開ける・まぶたが開く意味です。

「目がさ（覚）める・目をさ（覚）ます」は，眠りから覚める意味や，迷っている状態から迷っていない状態になる意味，抑えられていた感情などが何かをきっかけに動き始める意味などがあります。

「目がさ（冴）える」は，眠気がなくなったり眠れなくなったりする意味です。

「目をひら（開）く」は，目をあける意味や，何か知識を得たりして新しい境地を知る意味があります。

問題 5 - 6 の答え

1）目をつぶっ・目を閉じ
2）目をあけ・目をひらい
3）目をつぶっ
4）目をさます・目をあける
5）目をあけ・目をひらい
6）目を閉じ
7）目をつぶそ
8）目を見開い
9）目がさえ
10）目がひらか
11）目をさまし

「目を見開く」は，何かに驚いたりして，目を大きく開ける意味です。

「目を閉じる」は，まぶたを閉じる意味や眠る意味，息を引き取る意味があります。

「目をつぶ（瞑）る・つむ（瞑）る」は，まぶたを閉じる意味や，死ぬ意味，何かを見て見ぬふりをする意味などがあります。

筆者としては，「閉じる」は，まぶたを静かに閉じるイメージであり，「つぶる」はまぶたを静かに閉じるだけでなく，まぶたをぎゅっと引き締めるようにするイメージを抱いていますが，「目を閉じる」と「目をつぶる・つむる」は，「見て見ぬふりをする」意味があるかどうかという点を除くと，まぶたの閉じ方に違いはないと言う人も見られます。

「目をつぶ（潰）す」は，誰かの目を見えなくする意味です。「目つぶ（潰）し」は，砂などを投げて，相手が物を見られないようにすることです。「目つぶしを食らわす」などと言います。

「目がつぶ（潰）れる」は，目の病気などにかかって，目が見えなくなる意味ですが，筆者としては，この言い方は視覚障害者にとって不愉快な表現だろうと思うので，今後は使われてほしくないと思います。

手話表現の例

① 目を開(あ)ける	② 目が開(あ)く
目覚める 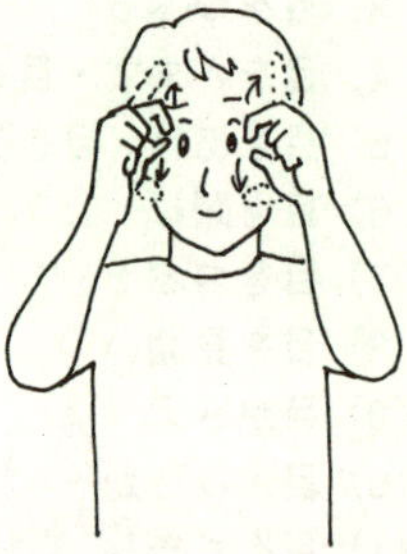	(a) 目覚める (b) **朝（起きる）** 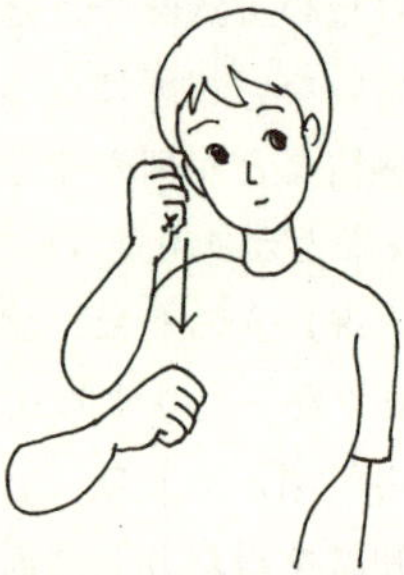

③ 目が覚(さ)める・目を覚(さ)ます	④ 目が冴(さ)える
(a) 目覚める (b) 朝（起きる） (c) 迷う／なくなる（消える） (d) 始める（始まる）	(a) 目覚める (b) 眠い／なくなる（消える） (c) 眠る／難しい（できない）

⑤ 目を開く（ひら）	⑥ 目を見開く（みひら）
(a) 目覚める (b) **視野が広がる** 	(a) 目を大きく開けるしぐさ (b) 驚く

⑦ 目を閉じる（と）	⑧ 目をつぶる・つむる
(a) **目を閉じる** 	(a) 目を閉じる (b) **目をつぶる**  (c) ［顔をそむけながら］認める

(b) **眠る**

(c) 死ぬ

(d) **見えない（見ていない）**［わざと無視する表情で，あるいは舌で頬を突き出しながら］

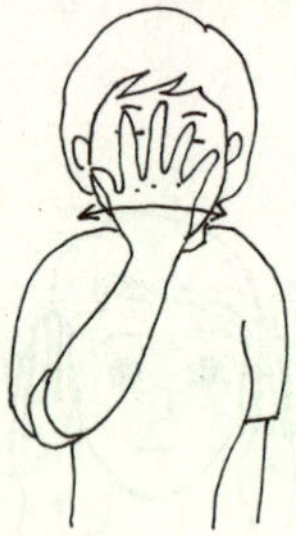

(e)「知らんぷりをする」などと言い換える（例2－2の「知らん顔をする」を参照）
(f) 死ぬ

⑨目をつぶす

(a) 目／つぶす（つぶれる）
(b) 目／**障害（折る）**

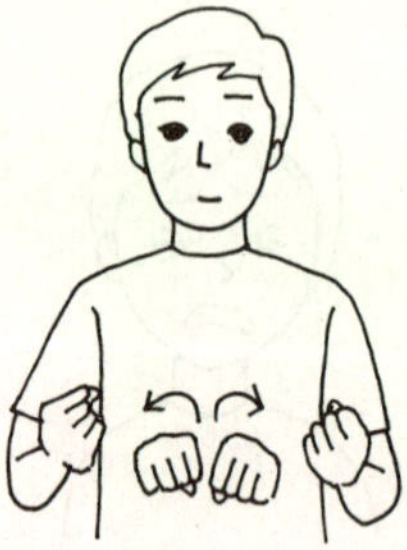

⑩ 目がつぶれる

(a) 目／障害（折る）
(b) **盲**／変わる（～になる）

自動詞と他動詞の違いを表したい時は，既刊『よく似た…』第２巻の文例17－８などを参照してください。

例 5 − 7

① 目が見える	② 目に見える	
③ 見る目	④ 見た目	
⑤ お目見え	⑥ 日の目を見る	⑦ 痛い目を見る
⑧ 長い目で見る	⑨ 目を見張る	⑩ 見目うるわしい・見目好い
⑪ 二目と見られない	⑫ 目に物（を）見せる	⑬ 目に物言わす

手話表現は？

「目」と「見る・見える」を使った表現などを集めてみました。それぞれを，どんな手話で表しますか？

日本語の意味は？

問題 5 - 7

次の（　　）には，以下のどれが入るでしょうか？　文に合う形にして入れてください（問題によっては，複数回答可）。

目が見える	目に見える	見る目
見た目	お目見え	日の目を見る
痛い目を見る	長い目で見る	目を見張る
二目と見られない	目に物見せる	目に物言わす

1）彼が採用した新人は，よく働いてくれる。彼は，人を（　　）があるね。

2）その法案は，国会で審議されたが，（　　）ことはなかった。

3）彼の病気は，（　　）て良くなってきた。

4）このお菓子は，（　　）は悪いが，とてもおいしいね。

5）彼の日頃の言動から，彼が落選することは，（　　）ている。

6）人の（　　）が気になって仕方がない。

7）これが，今春（　　）した新車だよ。

8）その花は，（　　）も鮮やかな色をしている。

9）（　　）ようになったら，まず，母の顔が見たい。

10）今は高く感じるけれども，（　　）たら，お得な買い物だと思うよ。

11）そんなことをすると，いつかは，（　　）よ。

12）戦地は，（　　）状況であった。

13）あいつには，腹が立つ。いつか，（　　）てやるぞ。

14）私は，その絵の美しさに，（　　）た。

日本語の意味と答え

問題5-7の答え

1）見る目
2）日の目を見る
3）目に見え
4）見た目
5）目に見え
6）見る目
7）お目見え
8）見る目・見た目
9）目が見える
10）長い目で見
11）痛い目を見る
12）二目と見られない
13）目に物見せ
14）目を見開い・目を見張っ

「目が見える」は，「目が見えるようになったら」のように使います。物を見ることができる意味です。

「目に見える」は，見てはっきりわかる意味や，確実に予想できる意味があります。

「見る目」は，他人の目や物事を見抜く能力，物事の見方などのことです。

「見た目」は，外部から見た姿や様子のことです。

「お目見え」は，身分の高い人に会うことや，初登場・初出演などを意味します。

「日の目（ひのめ）」は，「日の光」を意味し，「日の目を見る」は，実現したり，今まで世間に知られていなかったことが明るみに出たりする意味です。

「痛い目を見る」は，つらい思いをさせられる意味です。「痛い目に遭（あ）う」のほうが一般的な言い方だと思います。

「長い目で見る」は，その時の様子だけを見て判断するのではなく，気長に長期間見守る意味です。

「目を見張（みは）る」は，目を大きく見開く意味です。

「見目（みめ）うるわ（麗）しい」や「見目好（みめよ）い」は，顔形（かおかたち）が美しい意味です。

「二目（ふため）と見られない」は，あまりに不快で二度と見る気にならない意味です。

「目に物（を）見せる」は，ひどい目にあわせる，思い知らせてやる意味です。これは，小学校 5 年の国語の教科書にも出ていました。

「目に物言わす」は，目つきで感情を知らせる意味です。ひどい目にあわせる意味で「目に物言わせる」を使う人が見られますが，これは誤用です。

手話表現の例

① 目が見える

(a) **見る**／できる

(b) 目／障害（折る）or 病気／なくなる（消える）
(c) 目／回復

② 目に見える

(a) 見る／はっきり／知る（わかる）
(b) 予想（想像・夢）／**絶対**

③ 見る目

(a) 人々／見られる
(b) 良い／悪い／区別 or 見抜く／力
(c) 見る／**感じる**

④ 見た目

(a) 単に「見る」とする
(b) 見られる／**表（おもて）**（外見の意）
(c) **表（おもて）**／見る／思う

⑤ **お目見え**	⑥ **日の目を見る**	⑦ **痛い目を見る**
(a) 会う（目通り） (b) 最初／示される or 参加 or **現れる** 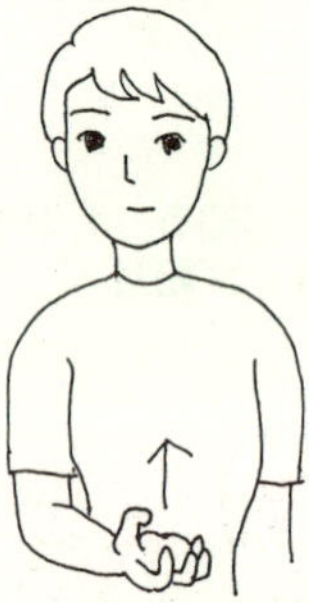 (c) 最初／一緒／芝居	(a) 日 or 太陽／目／見る (b) 太陽／光／見る (c) 本当／する（実行） (d) 有名／変わる（～になる）	(a) 痛い／目／会う (b) 痛い（or 悲しい or 厳しい）／**経験** 

⑧ **長い目で見る**	⑨ **目を見張る**	⑩ **見目うるわしい・見目好い**
(a) 長い／目／見る (b) 長い／間／見る／守る	目を大きく開くしぐさ	顔／きれい（美しい）

⑪ **二目と見られない**	⑫ **目に物（を）見せる**	⑬ **目に物言わす**
(a) 2／目／見る／難しい（できない） (b) 目を覆うしぐさ	(a) 目／物／示す（表す） (b) やっつけてやるしぐさ（人によってこの表現方法はさまざまだろう）	目／連絡（目で伝える意）

例5－8

① 目をつける	② 目につく

③ 目付き	④ 目付（役）	⑤ 付け目
⑥ 目の付け所	⑦ 目処が付く・立つ	⑧ 目星を付ける

手話表現は？

「目」と「つける・つく」を使った表現などを集めてみました。それぞれを，どんな手話で表しますか？

日本語の意味は？

問題5-8

次の（　　）には，以下のどれが入るでしょうか？　文に合う形にして入れてください（問題によっては，複数回答可）。

目をつける　　目につく　　目付き　　目付（めつけ）

付け目　　目の付け所　　目処（めど）が付く　　目星を付ける

1）人々は「残りわずか」ということばに弱い。そこが（　　）だ。

2）さすが，課長は（　　）がシャープですね。

3）やっと，解決の（　　）て，ほっとした。

4）今日は，空席がやたらと（　　）ね。

5）あの人は，いやらしい（　　）をしている。

6）彼は，ヘンリー王子の（　　）役に選ばれた。

7）彼は，犯人の（　　）た。

8）君，意外なところに（　　）たね。

日本語の意味と答え

「目をつ（付）ける」は，特別な関心をもって見たり注視したり着目したりする意味です。小学校3年の国語の教科書にも出ていました。

「目につ（付）く」は，目立つ・はっきりと目に入る意味や，見た物が目に焼き付いて忘れられなくなる意味があります。

「目付き」（「目付」とだけ書く人もいます）は，物を見る時の目の様子を意味します。

「目付（役）」は，「めつけ（やく）」と読み，きちんと仕事や生活をしているかどうかを監視することや，その人を意味します（武士の時代にそういう名前の役職がありましたが，今はありません）。

「付け目」は，つけこむ所や目的などを意味します。「目の付け所」は，着眼点を意味します。

「目処が付く・立つ」は，見通しがつく意味です。

「目星を付ける」は，だいたい見当をつける意味です。

問題5-8の答え

1）付け目・目の付け所
2）目の付け所
3）目処が付い
4）目に付く
5）目付き
6）目付・お目付
7）目星を付け
8）目を付け

手話表現の例

① 目を付ける

(a)「メ」を目の前で作る／その「メ」をねらうものに持っていく
(b) **見つめる**

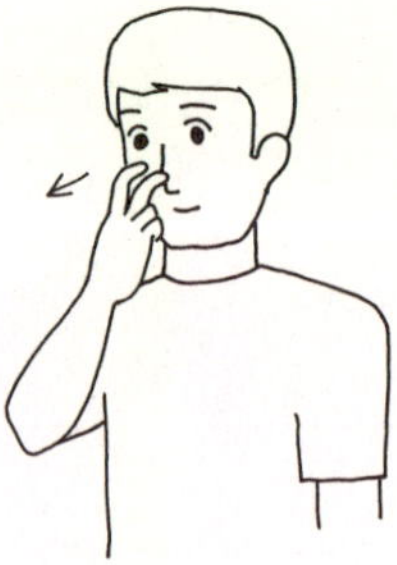

(c) 注目する

② 目に付く

(a) 目立つ
(b) **はっきり**／見る or 示される

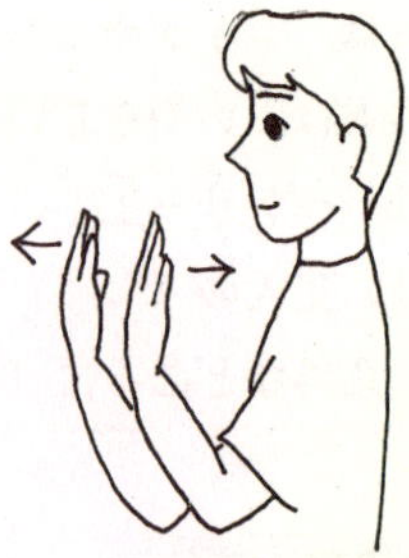

(c) 忘れる／難しい（できない）

③ **目付き**	④ **目付（役）**	⑤ **付け目**
目／様子（状態）	調べる／（人）（監視する人の意）	目標（目的）（ねらう意）

⑥ **目の付け所**	⑦ **目処が付く・立つ**	⑧ **目星を付ける**
(a)「メ」を目の前で作る／その「メ」をねらうものに持っていく／場所 (b) **アイデア** 	(a) **目処**／できる  (b) **見通す**／できる or 終わる 	(a) **予想（想像・夢）**  (b) **ほとんど（約）**／知る（わかる） 

例 5－9

① 目にかける	② お目にかける
③ 目をかける	④ 目にかかる
⑤ お目にかかる	⑥ 目がける

手話表現は？

「目」と「かける・かかる」を使った表現などを集めました。これらの「かける」や「かかる」は，「掛」や「懸」という漢字が使えるようですが，以下では，ひらがなで記します。それぞれを，どんな手話で表しますか？

日本語の意味は？

問題 5 - 9

次の（　　）には，以下のどれが入るでしょうか？　文に合う形にして入れてください（問題によっては，複数回答可）。

目にかける　　お目にかける　　目をかける
目にかかる　　お目にかかる　　目がける

1) 昨日，山田先生に（　　）たが，お元気そうだった。
2) 相手の胸を（　　）て，ボールを投げるようにしなさい。
3) 先日，意外なところで（　　）ましたね。
4) 前髪が（　　）ていて，見苦しい。
5) 彼は，（　　）ていた部下に裏切られた。
6) 見苦しいところを（　　）て，申し訳ありませんでした。

日本語の意味と答え

「目にか（懸）ける」は，目にとめる意味や，お見せする意味，ひいきにする意味などがあります。お見せする意味の場合は，「お（御）目にかける」の言い方のほうがよく使われているように思います。

「目をか（掛）ける」は，ひいきにする・かわいがる意味，目をつける意味，注目する意味などがあります。

「目にか（懸）かる」は，あまり使われませんが，使われるとすれば，「目にする」意味と，「前髪が目にかかる」意味で使われることが多いように思います。

「お（御）目にか（掛）かる」は，目上（めうえ）の人に会う意味です。

問題5-9の答え
1）お目にかかっ
2）目がけ
3）お目にかかり
4）目にかかっ
5）目をかけ
6）お目にかけ

「目が（掛）ける」は，何かを目指したりねらったりする意味です。ですが，「目がける」「目指す」「ねらう」は，また微妙に使われ方が異なります。例えば「入賞を（　　）」では「目指す」と「ねらう」が入り，「相手の胸を（　　）てボールを投げる」では「目がける」と「ねらう」が入り，「本塁（　　）て疾走した」では「目がける」が入ると思います。このような日本語の微妙な使い分けも，聴覚障害児にはできるようになってほしいと思います。

手話表現の例

① 目にかける

（a）見る
（b）示す（表す）（相手に見せる意）
（c）かわいい（かわいがる意）
（d）特別／**世話**

② お目にかける

（a）**示す（表す）**（相手に見せる意，ていねいな動作で）

（b）見る／与える（あげる）

③ **目をかける**	④ **目にかかる**
(a) かわいい (b) 大切（愛） (c) 特別／世話 (d) 注目する	(a) 会う (b) 見る (c) 長い前髪が目にかかっている様子

⑤ お目にかかる

(a) 会う（互いに）
(b) **会う（目通り）**

⑥ 目がける

(a) **目的（当たる）**［ねらいを定めるような表情をつけながら］

(b) **目的（目標）**

(c) 目標

例5-10

①-1 目に当たる	①-2 目も当てられない
①-3 目の当たり	①-4 目当て
②-1 目があう・目をあわせる	②-2 ひどい目にあう

手話表現は？

「目」と「当てる・当たる」「あう・あわせる」を使った表現を集めてみました。それぞれを，どんな手話で表しますか？

日本語の意味は？

問題5-10

次の（　　）には，以下のどれが入るでしょうか？　文に合う形にして入れてください（問題によっては，複数回答可）。

目に当たる　　目も当てられない　　目(ま)の当たり
目当て　　目があう　　目をあわせる
目にあう

1）やれやれ，自転車がパンクして，ひどい（　　）たよ。
2）彼の投げたボールが，彼女の（　　）た。
3）彼が私に近づいてくるのは，私の財産が（　　）だと思う。
4）危険なので，子猿とは，絶対に（　　）ないようにしてください。
5）彼と彼女は，（　　）と，すぐに口論になる。
6）惨状を（　　）にして，彼はことばを失った。
7）（　　）惨状だね。

日本語の意味と答え

「目に当たる」は，何かが目に当たる意味です。
「目も当てられない」は，あまりにもひどいので，見ていられない意味です。

「目の当たり」の「目」は「ま」と読み，主には，目の前で・すぐそばでという意味です。「目」を「ま」と読む例としては，他に，「目映(まばゆ)い」，「目深(まぶか)」などがあります。

「目当(めあ)て」は，ねらいや目的，標準や基準，などの意味があります。

「目があ（合）う」は，互いに視線が合う意味です。「目があう」と「目をあわせる」の違いは，他動詞と自動詞の違いです。なお，「見あわせる」は，お互いに目を合わせる意味や，ある事情を考えて，実行するのをやめる意味などがあります。

「ひどい目にあ（遭）う」（「会う」の漢字を使う人もよく見られます）は，ひどい体験をする意味です。

問題 5-10 の答え

1）目にあっ
2）目に当たっ
3）目当て
4）目をあわせ
5）目があう・目をあわせる
6）目の当たり
7）目も当てられない

手話表現の例

①-1 目に当たる	①-2 目も当てられない
目／ぶつかる	(a) 見る／難しい（できない） (b) 目を覆うしぐさ

①-3 目(ま)の当たり	①-4 目当(めあ)て
(a) **迫る（もうすぐ）**／見る 	(a) **目的（当たる）** 

(b) 近い／(場所)／見る (c) 本当／見る(実際に見る意)	(b) **目的(目標)**  (c) 目標

「目当て」「目的」「目標」という日本語について，「入賞を（　　）とする」では「目標」が入り，「（　　）を果たす」では「目的」が入り，「持参金（　　）の結婚」では「目当て」が入るというように，使われ方は微妙に異なるでしょう。さらに，「ねらい」や「意図」という日本語との違いを説明するのは難しいです。

②-1 目が合う・目を合わせる	**②-2 ひどい目にあう**
目が合う 	悪い／**経験** 

②-2について，「ひどい目にあわせる」の手話表現は，さらに工夫が求められるでしょう。日常生活では，「殴る」「袋だたき」などの手話を使って表すことが多いでしょう。

例 5 −11

① 目をやる	②-1 目をくれる	②-2 目もくれない
③-1 目に入る	③-2 目に入れる	③-3 目を入れる
④-1 目にする	④-2 (悲しい)目をする	④-3 目する

手話表現は？

「目」と「やる」「くれる」「入る」「入れる」「する」の動詞を使った表現を集めてみました。それぞれを，どんな手話で表しますか？

日本語の意味は？

問題 5 - 11

次の（　　）には，以下のどれが入るでしょうか？　文に合う形にして入れてください（問題によっては，複数回答可）。

目をやる	目をくれる	目もくれない
目に入る	目に入れる	目を入れる
目にする	目をする	目する

1) コンタクトを（　　）と，違和感がある。
2) 彼女は，彼に（　　）こともなく，通り過ぎた。
3) 彼女は，彼に（　　）ず，通り過ぎてしまった。
4)「孫は（　　）ても痛くない」とよく言われる。
5)「選挙の当選祝いに，だるまに（　　）のは，やめていただきたい」という申し入れが，ある視覚障害者から各政党になされた。
6) 時計に（　　）と，もう八時だった。
7) そこで彼が（　　）ものは，見たこともない赤ん坊だった。
8) そのイルカたちは，優しい（　　）ていた。
9) 彼は，将来を（　　）れている男だ。
10) 彼は，その男をその謀反の首謀者と（　　）た。

日本語の意味と答え

> 問題 5 - 11 の答え
> 1) 目に入れる
> 2) 目をくれる・目をやる
> 3) 目もくれ
> 4) 目に入れ
> 5) 目を入れる
> 6) 目をやる
> 7) 目にした
> 8) 目をし
> 9) 目さ
> 10) 目し

「目をやる」の「やる」は，「遣る」と書きます。視線をそこへ向ける意味です。なお，「目のやり場に困る」は，視線をどこに向けたらよいのかわからなくて困る意味です。

「目をく（呉）れる」は，視線を向ける意味ですが，この「くれる」には，「そんなもんくれてやる」の「くれる」に似ています。

「目もくれない」は，視線を向けない，特に意識しない意味です。

「目に入（はい）る」は，自然に視野に入る意味です。

「目に入（い）れる」は，例えば「コンタクトを目に入れる」というように使います。なお，「目（の中）に入れても痛くない」は，幼児などがかわいくてたまらないことです。

「目を入れる」は，達磨（だるま）に目を描き入れたり，ひいきにしたりする意味です。

「目にする」は，単に見る意味です。

「（悲しい）目をする」は，悲しそうな顔つきをする意味です。

「目する」は，「もくする」と読み，注目する意味や評価したりみなしたりする意味などがあります。

手話表現の例

① 目をやる	②-1 目をくれる	②-2 目もくれない
(a) 単に「見る」とする (b)（「目にする」などとの違いを説明するためには）「見る」の手話をわざわざどこかに向けるしぐさを強調する	(a) 単に「見る」とする (b)（「目をやる」との違いを説明するために）「見る」の手話を，軽蔑のまなざしでやや下向きにするなど工夫する	(a) 見る／ない (b) 見えない（見ていない） (c) 無視［鼻も引っかけない雰囲気で］ (d) 鼻も引っかけない

②-2について，『わたしたちの手話』では，「無視」と「目もくれない」の手話表現が異なっていました（右図参照）が，「見る」を表す2本指をむりやり投げ捨てるようにしたり明らかに無視する表情をつけたりした時は，「無視する」の意味になり，「見る」を表す2本指を鼻も引っかけない表情でぽいと投げるようにした場合は，「目もくれない」の意味になるという意見が見られました。

無視　　目もくれない

③-1 目に入(はい)る	③-2 目に入(い)れる	③-3 目を入れる
(a) 単に「見る」とする (b)（「目をやる」などとの違いを説明するために）**眺める** 	目に何か（コンタクトレンズなど）を入れるしぐさ	(a) 目／［別のところへ］入れる (b) 目／描く (c) かわいい (d) **特別**／世話  (e) えこひいき

③－3の（e）の「えこひいき」の手話は，左手の5本指を上に向け，その人差し指の上で，右手を「かわいい」と言うように水平に回すしぐさです。

④-1 目にする	④-2 （悲しい）目をする	④-3 目(もく)する
単に「見る」とする	（「彼女は悲しそうな目をした」の場合）彼女／悲しい／表情 or 様子（状態）	(a) 考える or 思う (b)「注目する・される」と言い換える

例5－12

①-1 目をむける	①-2 目がむく	①-3 目をむく
②-1 目を配る	②-2 目配り	②-3 目配せ
③-1 目を抜く	③-2 目抜き	③-3 抜け目
④-1 目をうつす	④-2 目がうつる・目うつり	④-3 目にうつる

手話表現は？

「目」と「むける・むく」「配る」「抜く」を使った表現を集めてみました。それぞれを，どんな手話で表しますか？

日本語の意味は？

問題5-12

次の（　　）には，以下のどれが入るでしょうか？　文に合う形にして入れてください（問題によっては，複数回答可）。

目をむける	目がむく	目をむく
目を配る	目配り	目配せ
目を抜く	目抜き	抜け目
目をうつす	目うつり	目にうつる

1) あいつは，自分の利益になることに（　　）がない。
2) 悪い点より，良い点に（　　）ようにしたいものだ。
3) 安全や健康にみんなの（　　）のは，良いことだ。
4) 彼女は，教室でいじめが起きないよう，（　　）している。
5) そのお店は，町でも（　　）通りに面している。
6) 彼女は，子どもに，その場から出て行くよう，（　　）して知らせた。
7) （　　）もの全てが，新鮮だった。
8) 新しい品に（　　）して，どれを買うかなかなか決められない。

日本語の意味と答え

問題 5 -12の答え

1）抜け目
2）目をむける・目がむく
3）目がむく
4）目配り
5）目抜き
6）目配せ
7）目にうつる
8）目うつり

「目をむ（向）ける」は，視線をそちらへやる意味や，関心をもつ意味があります。「目がむ（向）く」と「目をむ（向）ける」の違いは，自動詞と他動詞の違いです。

「目をむく」の「むく」は，「向く」ではなく，「剥く」と書きます。「皮をむく」の「むく」に近い意味であり，怒って，目を大きく見開く意味です。

「目を配る」「目配り」は，いろいろな所に注意を向けることです。

「目配せ」は，目で合図をしたりすることです。

「目を抜く」は，あまり見かけないと思いますが，人をだましたりごまかしたりする意味です。他，「生き馬の目を抜く」のように，文字通り目玉を引き抜く意味の時もあるでしょう。「目抜き」は，目立つ・目を引く意味です。「抜け目」は，手抜かりのような意味です。「抜け目がない」は，よく気がついて，手抜かりなくずる賢く立ち回る様子を表します。

「目をうつ（移）す」は，視線を別の所へ意図的に移すことです。

「目がうつ（移）る・目うつ（移）り」は，他のものを見てそれに心がひかれることです。「目にうつ（映）る」は，目にものが映じること，つまり見えることです。

手話表現の例

①-1 目を向ける	①-2 目が向く	①-3 目をむく
(a) ある方向へ視線を向けるしぐさ (b)「見る」の手話を，ある方向へ動かす (c) 魅力（関心）		怒って，目を大きく見開くしぐさ

②-1 目を配る	②-2 目配り	②-3 目配せ
(a) 注意（気をつける） (b) 調べる (c) 見渡す（「眺める」の手話をしながら首を回す） (d) 見る／見る／見る［方向を少しずつずらす］		(a) 目／言う (b) 目／連絡

③-1 目を抜く	③-2 目抜(めぬ)き	③-3 抜(ぬ)け目(め)
ごまかす（だます） 	（a）**目立つ**  （b）**中心** 	（a）心／**ゆるむ**（気がゆるむ意） 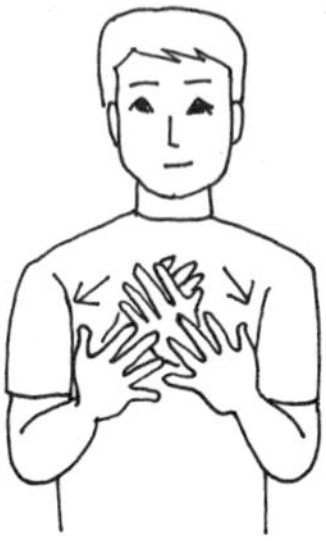 （b）**手落ち** 

④-1 目を移(うつ)す	④-2 目が移(うつ)る・目移(うつ)り	④-3 目に映(うつ)る
2本指をわざわざ別の方向へ移すしぐさ［意図的な雰囲気で］	（a）魅力（関心） （b）2本指をいろいろな方位へ向ける［迷う表情をつけたりしながら］	単に「見る」とする

例 5 −13

①-1 目を引く	①-2 引け目
②-1 目を落とす	②-2 落ち目
③-1 目を通す	③-2 目通り
④-1 目がくらむ	④-2 目をくらます
④-3 目くらまし	④-4 めまい（目眩・眩暈）
⑤-1 目ざす	⑤-2 目ざし

手話表現は？

それぞれを，どんな手話で表しますか？

日本語の意味は？

問題 5 - 13

次の（　　）には，以下のどれが入るでしょうか？　文に合う形にして入れてください（問題によっては，複数回答可）。

目を引く　　引け目　　目を落とす
落ち目　　目を通す　　目通り
目がくらむ　　目をくらます　　目ざす

1）首相への（　　）を希望したが，かなわなかった。
2）その俳優は，最近人気が（　　）になっているよ。
3）その奇抜な建物が，道行く人の（　　）た。
4）彼は，携帯電話に（　　）たまま，彼女に「何の用事？」と聞いた。
5）私は，自分の親のことで，（　　）を感じることがあった。
6）悪いけど，今日中にこの書類に（　　）ておいてくれないか。
7）欲に（　　）で，ついサインしてしまった。

日本語の意味と答え

「目を引く」は，人の注意を向けさせる意味で，「引け目」は，劣等感や気後れ，やましいところや弱み，などのことです。

「目を落とす」は，視線を下に向ける意味ですが，「落ち目」は，商売や勢力，人気などが下り坂になることを意味します。

問題 5 - 13 の答え

1）目通り　2）落ち目
3）目を引い　4）目を落とし
5）引け目　6）目を通し
7）目がくらん

「目を通す」は，さっと見たり読んだりする意味やひと通り見る意味があります。「目通り」は，身分の高い人に面会する意味などがあります。

「目がくら（眩）む」は，めまいがする意味や，心を奪われて正常に判断できなくなる意味などがあります。「目をくら（眩）ます」は，他人の目をだましたりわからないようにしたりする意味です。「目くら（眩）まし」は，相手の目を欺くことやその方法のことです。「『○△問題』は，厳しい状況にある与党が繰り出した『目くらまし』か？」のように使われます。「めまい」は，平衡感覚の異常などによって目が回るように感じることで，「目眩・眩暈」と書きます。

「目ざ（指）す」（「目差す」と書く例も見られる）は，目標とすることです。

「目ざ（刺）し」は，いわしなどの魚の目にわらなどを通して干した物を意味します。

手話表現の例

①- 1　目を引く	①- 2　引け目
(a) **魅力（関心）**  (b) 注目する or 注目される	(a) **コンプレックス**  (b) 遠慮

②-1 目を落とす

目を落とす

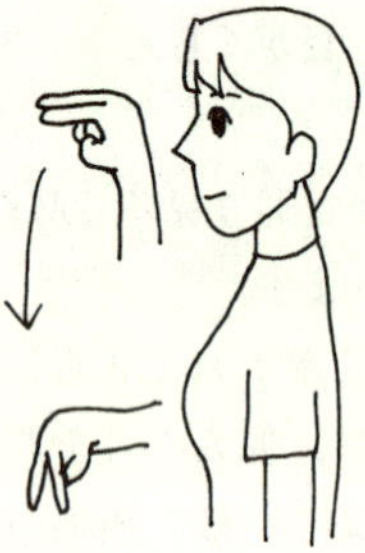

②-2 落ち目

下る

③-1 目を通(とお)す

(a) ぱーっと読むしぐさ
(b) **調べる** ［軽く調べる雰囲気で］

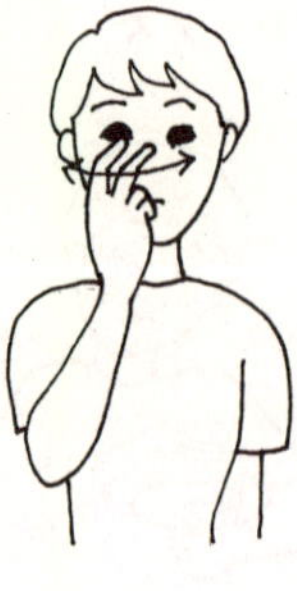

③-2 目(め)通(どお)り

会う（目通り）

④-1 目がくらむ	④-2 目をくらます
(a) 酔う（めまい） (b) まぶしい／見えない（見ていない） (c) 正しい（まじめ・素直）／判断／難しい（できない）	[自分から離れた所で] 他（別・以外）／人々／目／[「人々」を表した所へ向かって] ごまかす（だます）

④-3 目くらまし	④-4 めまい（目眩・眩暈）
(a) 目つぶしを投げるようなしぐさ (b) 手／品 (c) 魔法	酔う（めまい）[気分悪そうにからだをふらふらさせながら]

⑤-1 目指す（めざ）	⑤-2 目刺し（めざ）
(a) 目的（目標） (b) **目標** 	(a)「メザシ」 (b) 魚／左手で「メ」を作り，そこに右人差し指を差し込む (c) 目刺し（指を開いて立てた左手に，右手の人差し指を右から左へ通していくしぐさ）

例 5 −14

① 目がきく	② 目にきく	③ 目できく
④ 目利き	⑤ 利き目・効き目	⑥（君の）利き目（は右と左のどちらか）
⑦ 目先がきく	⑧ 目端がきく	

手話表現は？

「目」と「きく」を使った表現について，それぞれをどんな手話で表しますか？

日本語の意味は？

問題 5 - 14（1）

次の文章の「きく」のところには，「聞」「利」「聴」「効」「訊」のどの漢字が使えるでしょうか？（複数回答可）

1）彼は，古書に目がきく。 →（　　）

2）この薬は，目にきく。 →（　　）

3）「目できくテレビ」という番組がある。 →（　　）

4）「どうするの？」彼女は，彼に目できいた。 →（　　）

日本語の意味は？

問題 5 - 14（2）

次の（　　）には，以下のどれが入るでしょうか？　文に合う形にして入れてください（問題によっては，複数回答可）。

目がきく　目にきく　目できく　目利き

利き目　効き目　目先がきく　目端がきく

1）この薬は，（　　）が早く現れる。

2）手と同じように，目にも（　　）というのがある。それを調べる方法は，いろいろある。

3）あの店主は，古書画の（　　）で有名だ。

4）彼は，絵のことには（　　）。彼に任せておけ。
5）人の話は，耳で聞くだけでなく，（　　）ようにしなさいと言われた。
6）英国のマガークが1976年に発表した実験結果から，「聴者も声を（　　）ている」ことが明らかになった。
7）彼女は，（　　）女性だから，任しておこう。
8）祖父は，（　　）た人で，それをいち早く商品化し，大もうけした。

日本語の意味と答え

問題 5 - 14 （1）の答え

1）利　2）効
3）聞・聴　4）聞・訊

問題 5 - 14 （2）の答え

1）効き目・利き目　2）利き目
3）目利き　4）目がきく
5）目できく　6）目できい
7）目端がきく　8）目先がきい

「目がき（利）く」は，鑑識する力がすぐれていることです。

「目にき（効）く」は，目に効果がある意味です。

「目でき（聞・聴）く」は，目を使って話を聞く意味や，目で尋ねる意味があります。この言い方は，一般的ではないと思いますが，聴覚障害者を念頭に置いて作られた「目で聞くテレビ」という番組があります。筆者も，「私は話を目で聞いています」という言い方をよく使います。

「目利き（めきき）」は，刀剣や書画などの価値や人の性質・才能などを見分けること，あるいはそれがすぐれている人を意味します。「利き目（ききめ）・効き目（ききめ）」は，効果のことです。それから，「利き目（ききめ）」は，利き手・利き足と同じように，中心的な働きをする目を意味することもあります。

「目先（めさき）がき（利）く」は，ちょっとした先の見通しがよく利く意味です。

「目端（めはし）がき（利）く」は，目配りがよくできている，抜け目がない意味です。

なお，問題 5 －14（2）の 6）に関して，英国のマガークが1976年に発表した実験結果というのは，こうです。「ガ」と発声している人の画像に，「バ」という声を付けたビデオテープを作成し，それを聴者に見せたところ，「ダ」と聞こえたと答えた人の割合が最も高かったそうです。目を閉じて聞いてもらうと，はっきり「バ」と聞き取れるにもかかわらず，です。聴者であっても，唇の動きを見ると，明らかに「バ」ではないので，結果として中間の音「ダ」に聞こえてしまうようです。これらのことから，聴者であっても，唇の動きと耳から聞こえる音声を総合して話を聞き取っていることがうかがえるでしょう。

手話表現の例

① 目が利く	② 目に効く	③ 目で聞く
(a) 判別／力／良い (b) 目／**目が高い** 	(a) 目／効果 (b) 目／**向上** 	(a) 目／聞く(聞こえる) or 聴く (b) 目／**尋ねる（質問）** 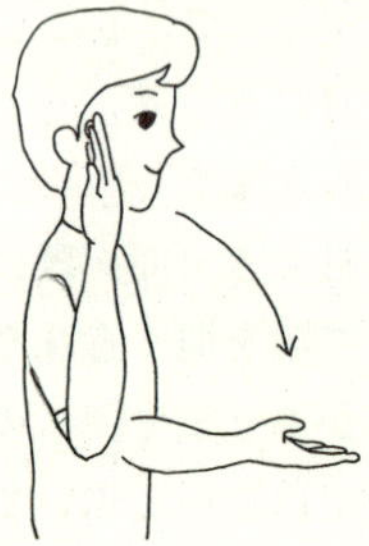

④ 目利き	⑤ 利き目・効き目	⑥（君の）利き目（は右と左のどちらか）
①と同じ	効果	(a) ～長（「主に」の意）／使う／目 (b) 使う／多い（たくさん）／目

⑦ 目先が利く	⑧ 目端が利く
(a) 将来（～するあと）／見る（視線を表す２本指を遠くに動かす） (b) 将来（～するあと）／知る（わかる）or 見通す	(a)「調べる」という手話をていねいにするしぐさ (b)「見る」手話を全方位にするしぐさ

例5−15

①-1 目にふれる	①-2 （手で）目にさわる	①-3 （電柱が）目にさわる・目ざわり
②-1 目にとまる	②-2 目がとまる	②-3 目をとめる
③-1 目を疑う	③-2 疑いの目で	

手話表現は？

「目」と「ふれる・さわる」「とまる・とめる」「疑う」を使った表現を集めてみました。それぞれを，どんな手話で表しますか？

日本語の意味は？

問題5-15

次の（　　）には，以下のどれが入るでしょうか？　文に合う形にして入れてください（問題によっては，複数回答可）。

目にふれる　目にさわる　目にとまる　目がとまる
目をとめる　目を疑う　疑いの目で

1）汚い手で（　　）ないようにしましょう。
2）彼は，新聞を読んでいて，ふとある記事に（　　）た。
3）多くの人の（　　）ものだから，デザイン性の良い物を選びたい。
4）スカウトマンは，良い選手がいないかを捜していた。ふと，グラウンドの隅っこで投げていた選手が，（　　）た。
5）彼は，（　　）で彼女を見ながら，「何をしていたのか？」と尋ねた。
6）本ギャラリーに（　　）てくださり，ありがとうございます。
7）実際に存在する，思わず（　　）ような奇抜な昆虫の写真です。

日本語の意味と答え

「目にふ（触）れる」は，通常は見る意味ですが，「目にさわ（触）る」意味もります。「目にさわる」の「さわる」は，「触る」であれば，文字通り手で目に触れる意味ですが，「障る」であれば，目障り・見ていて不愉快になる意味です。

「目にと（留）まる」は，見える，目につく，注目される意味で，「目がと（留）まる」は，ある物に注意が向くことです。「目をと（留）める」は，注意して見ることです。自動詞と他動詞の使い分け方の説明は難しいですが，「物が人の目にとまる」「物が人の目をとめる」「人が物に目をとめる」「人は，物に目がとまる」のように覚えるとよいでしょう。

「目を疑う」は，見間違いかと思うほど見ている内容が信じられない意味です。ここで疑われているのは，自分の目です。「疑いの目で」は，疑心暗鬼になりながら見る意味です。

問題5-15の答え

1）目にさわら・目にふれ
2）目をとめ・目がとまっ
3）目にふれる　4）目にとまっ
5）疑いの目　6）目をとめ
7）目を疑う

手話表現の例

①-1 目に触れる	①-2（手で）目に触る	①-3（電柱が）目に障る・目障り
(a) **見る（1本指で）**  (b) 目／手で目を触るしぐさ	**目**／手で目を触るしぐさ  目2	(a) 見る／嫌い (b) 見る／いらだつ or むかつく (c) **邪魔** 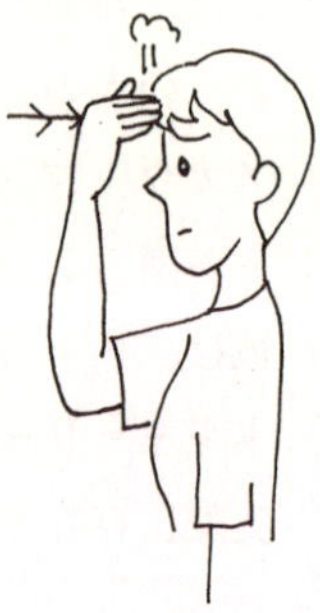 (d) 見る／追い払うしぐさ

②-1 目に留(と)まる	②-2 目が留(と)まる	②-3 目を留(と)める

(a) いずれも，視線を動かして，ふとある物に視線が釘付けになり，そこで「注意して見る」表情に変えるしぐさ
(b) 見つめる

③-1 目を疑う

(a) 目／疑う
(b) 自分の目を疑うようにこするしぐさ
(c) 頼る（信じる）／難しい（できない）
(d) **まさか**

(e) **信じられない**

③-2 疑いの目で

(a) 不審そうな目つきをする
(b) **疑う**／目

(c) **あやしい（変）**／思う

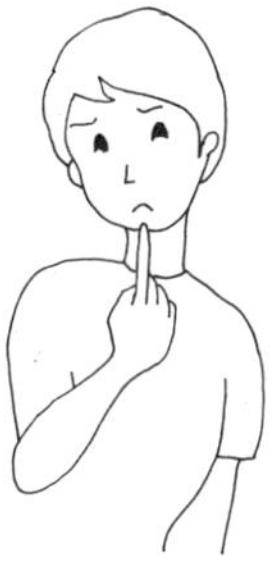

【補足】

「AはBに目をとめる」「AはBに目がとまる」「AはBが目にとまる」「BがAの目にとまる」「BがAの目をとめる」について，「A」は「見る人」で，「B」は「物」あるいは「見られる人」ですが，「注目度」の点で少し異なるものがあるように感じます。以下の文章を読み比べてください。

・彼は，今日庭に出た。（彼は）～をしていて，バラについたアブラムシに目をとめた。彼は，手でアブラムシを取ろうとした。
・彼は，今日庭に出た。（彼は）～をしていて，バラについたアブラムシに目がとまった。彼は，手でアブラムシを取ろうとした。
・彼は，今日庭に出た。（彼は）～をしていて，バラについたアブラムシが目にとまった。彼は，手でアブラムシを取ろうとした。
・彼は，今日庭に出た。彼が～をしていると，バラについたアブラムシが彼の目にとまった。彼は，手でアブラムシを取ろうとした。
・彼は，今日庭に出た。彼が～をしていると，バラについたアブラムシが彼の目をとめた。彼は，手でアブラムシを取ろうとした。

・彼は，いろいろな花を育てている。散策の人々は，彼が丹誠こめて育てたバラの花に目をとめている。今日も，彼は，庭の手入れをしている。
・彼は，いろいろな花を育てている。散策の人々は，彼が丹誠こめて育てたバラの花に目がとまっている。今日も，彼は，庭の手入れをしている。
・彼は，いろいろな花を育てている。散策の人々は，彼が丹誠こめて育てたバラの花が目にとまっている。今日も，彼は，庭の手入れをしている。
・彼は，いろいろな花を育てている。彼が丹誠こめて育てたバラの花は，散策の人々の目にとまっている。今日も，彼は，庭の手入れをしている。
・彼は，いろいろな花を育てている。彼が丹誠こめて育てたバラの花は，散策の人々の目をとめている。今日も，彼は，庭の手入れをしている。

接続詞などの使い方や文のつながり方にもよりますが，正しい言い方だなと感じる度合に差があるのではないでしょうか。これらの文章からも，「自動詞は自然にその行為が行われる意味で，他動詞は主語の意図によってその行為が行われている意味である」というような説明だけでは，自動詞と他動詞の使い分け方を習得するのは難しいと言わざるを得ないでしょう。

例5－16

① 目立つ	② 目を盗む	③ 目をかすめる
④ 目隠しをする	⑤ 目を奪われる	⑥ 目をそらす
⑦ 目をそむける	⑧ 目を伏せる・伏し目	
⑨ 目がかすむ	⑩ 目が曇る	

手話表現は？

それぞれを，どんな手話で表しますか？

日本語の意味は？

問題5-16

次の（　　）には，以下のどれが入るでしょうか？　文に合う形にして入れてください（問題によっては，複数回答可）。

目立つ　目を盗む　目をかすめる　目隠しをする
目を奪われる　目をそらす　目をそむける　目を伏せる
目がかすむ　目が曇る

1）あの赤ちゃんは，笑いかけたりあやしたりしても，すぐに（　　）ので，それが気になっているんだ。
2）（　　）原因は，老眼や近眼だけではない。何か病気の場合もある。
3）うれし涙で，（　　）てしまった。
4）その紙は，先生の（　　）ようにしてこっそりと渡されたものです。
5）彼女は，（　　）て涙を流しながら，やっと語ってくれた。
6）思わず（　　）ほどの惨状だった。
7）幻想的な光景に，（　　）た。
8）先入観をもつと，人を見る（　　）よ。
9）これらの写真は，監視員の（　　）て撮ったものである。

10）家の内部が見られないように，すだれで（　　）たい。
11）その見事な桜の花は，通りすがりの人々の（　　）た。
12）その見事な桜の木は，校庭の木々の中でひときわ（　　）ている。
13）現実から逃げるな。現実から（　　）な。

日本語の意味と答え

問題５-１６の答え
1）目をそらす
2）目がかすむ
3）目が曇っ
4）目を盗む・目をかすめる
5）目を伏せ
6）目をそむける
7）目を奪われ
8）目が曇る
9）目をかすめ
10）目隠しをし
11）目を奪っ
12）目立っ
13）目をそらす・目をそむける

「目立（めだ）つ」は，きわだつこと，人の注意をひくことです。

「目を盗む」や「目をかす（掠）める」は，相手に見つからないように行動する意味です。

「目隠（めかく）しをする」は，目を覆って見えないようにしたり，家の内部などが見えないように覆ったりすることです。

「目を奪われる」は，何かに見とれたりして他の物が目に入らなくなる意味です。「魅力（関心）」の手話は，「目が奪われる」ことからきている手話です。

「目をそ（逸）らす」は，視線を他の所へ向けて見ないようにする意味です。「AがBから目をそらす」は，Aの視線がBから別の方向に行く意味ですが，「目が移る」などとの違いは，Aに「Bを見ないようにしたい気持ち」があることです。

「目をそむ（背）ける」は，「目をそらす」と同じような意味ですが，「見たくない」と目を覆う意味がこめられています。「思わず目を（　　）ほどの惨状だった」では，「そらす」より「そむける」が適切でしょう。

「目を伏（ふ）せる」は，視線を相手からそらし，下を向く様子を表します。「伏（ふ）し目（め）がちに」という言い方もあります。「目を落とす」と似ていますが，下にある物を見ようとする意図は，「目を落とす」にはあっても，「目を伏せる」にはありません。

「目がかす（霞）む」は，ぼんやりと見える意味です。なお，「かすめる」と「かすむ」は，「休める」と「休む」のように，他動詞と自動詞の関係にあると思う人がいるかもしれませんが，無関係の動詞です。

「目が曇（くも）る」は，涙などで見えにくくなる意味や，正常な判断力がなくなる意味があります。「人を見る目が（　　）」には，「曇る」は入れられても，「かすむ」は入れられません。

手話表現の例

① 目立つ

(a) 目／芽（芽生える）
(b) はっきり
(c) **目立つ**

② 目を盗む

(a) 目／盗む
(b) 隠れる
(c) **ごまかす（だます）**

③ 目をかすめる

(a) **隠れる**

(b) ごまかす（だます）

④ 目隠しをする

(a) 目／覆う
(b) 見られる／防ぐ／目的（当たる）／覆う（見られないように覆う意）

⑤ 目を奪われる

魅力（関心）

⑥ 目をそらす

(a) 目／別の方向を見る
(b) **目をそらす**

⑦ 目をそむける	⑧ 目を伏せる・伏し目
(a) 目／別の方向へ見る［「見たくない」というように，顔を横に向ける］ (b) 手で目を覆う	見る／「見る」を表した2本指を，少し下へ下ろす［目を伏せる時の表情をつけながら］

⑨ 目がかすむ

(a) 見る／あいまい（目の前で，両手で「もやもや」している様子を表す）
(b) はっきり／見る／難しい(できない)
(c) 目／**ぼうっとする**

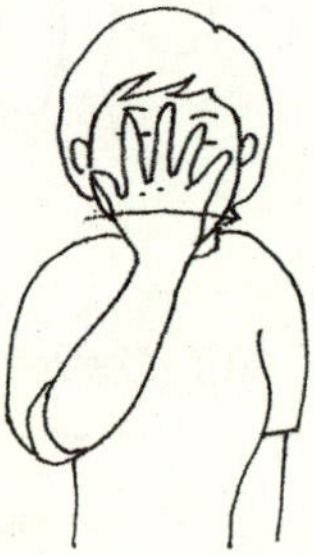

(d) 目／**かすむ**

⑩ 目が曇る

(a) ⑨と同じ
(b) **正しい（まじめ・素直）**／判断／難しい（できない）

⑨の（d）の「かすむ」の手話イラストは，『手話で必見！医療のすべて〈外来編〉』に載っていたものです。その本では「見にくい」の手話は，手のひらを相手側に向けていますが，『日本語－手話辞典』では，手のひらを手前に向けています。筆者は，後者の手話を用いているので，「目がかすむ」の手話について，⑨の（c）の「ぼうっとする」の手話でもかまわないのではないかと思っています。

例5−17

① 目に浮かぶ	② 目が回る	③ 目に余る
④ 目が光る・目を光らす	⑤ 目を離す	⑥ 目が届く
⑦ 目(目玉)が飛び出る	⑧ 大目玉を食らう・食う	⑨ (減税を)目玉にする

手話表現は？

それぞれをどんな手話で表しますか？

日本語の意味は？

問題5-17

次の（　　）には，以下のどれが入るでしょうか？　文に合う形にして入れてください（問題によっては，複数回答可）。

目に浮かぶ　　目が回る　　目に余る
目が光る　　目を離す　　目が届く
目が飛び出る　　大目玉を食らう　　目玉にする

1）その事件があったので，今，警察の（　　）ているよ。
2）道草を食ったことがばれて，先生から（　　）た。
3）誘拐（ゆうかい）事件が相次ぎ，「親は子から（　　）な」と言われた。
4）そのカップルの行動には，（　　）ものがあった。
5）毎日忙しくて，（　　）そう。
6）あなたのあきれ顔が（　　）ようだわ。
7）その品物の値段を聞いて，（　　）た。
8）一人ひとりに（　　）少人数クラス編成で，徹底指導する。

日本語の意味と答え

「目に浮かぶ」は，実際に見ているように想像できる意味です。

「目が回る」は，めまいがする意味や，非常に忙しい意味があります。

「目に余る」は，程度がひどすぎて見過ごすことができない意味です。なお，「目が余る」を，「目に余る」と同じ意味で使っている人が見られますが，これは誤用だと思います。

「目が光る・目を光らす」は，不正や過ちを見逃さないよう監視したり見張ったりする意味です。ですから，「不心得者がいないか目を光らす」は自然な言い方ですが，「逸材がいないか目を光らす」は不自然な言い方であるように感じます。

> **問題5-17の答え**
> 1）目が光っ
> 2）大目玉を食らっ
> 3）目を離す
> 4）目に余る
> 5）目が回り
> 6）目に浮かぶ
> 7）目が飛び出
> 8）目が届く

「AがBから目を離す」は，AがBから視線を別の物に移す意味です。

「目が届く」は，注意や監督が行き届く意味です。

「目（目玉）が飛び出る」は，目玉が飛び出るぐらいひどく驚く意味です。

「大目玉（おおめだま）を食（く）らう・食（く）う」は，目上の人からひどく叱られる意味です。

「（減税を）目玉にする」は，「減税」を人を引きつけることがらとすることです。

手話表現の例

① 目に浮かぶ	② 目が回る	③ 目に余る
予想（想像・夢） 	(a) **酔う（めまい）**  (b) とても／忙しい	(a) 目／残る (b) 悪い／過ぎる（遅刻） (c) 悪い／超える（オーバー）／見る／難しい（できない）（ひどすぎて正視できない意） (d) 目をそむけるしぐさ (e) がまん／難しい（できない）

④ **目が光る・目を光らす**	⑤ **目を離す**	⑥ **目が届く**
(a) 目／光る (b) 調べる (c) 調べる／「リ」(管理の意) (d) **見つめる** 	(a) 見る／**止める**  (b) **ぼうっとする**  (「目を離さない」であれば，「見つめる」という手話が使えるだろう)	(a) 見る／**きちんと**  (b)「見る」という手話を全方位に少しずつずらしながらする

⑦ **目(目玉)が飛び出る**	⑧ **大目玉を食らう・食う**	⑨ **(減税を)目玉にする**
両目が飛び出るしぐさ	とても／叱られる	注目される or 集める／目的（当たる）／使う

⑨について，現実には，たとえば「その化石を博覧会の目玉にした」は，「博物館は，化石を展示して，人々を集めようとした」のように言い換えて手話通訳することが多いですが，「～を目玉にする」という日本語表現もすらすら使えるようになってほしいと思います。

例 5 −18

① 目は心の窓（鏡）	**② 目は口ほどに物を言う**	**③ 目から火が出る**
④ 目顔で知らせる	**⑤ 目くじらを立てる**	**⑥ 目の上のたんこぶ**
⑦ 目からうろこが落ちる	**⑧ 目が節穴（節穴同然の目）**	**⑨ 傍目八目（岡目八目）**

手話表現は？

それぞれを，どんな手話で表しますか？

日本語の意味は？

問題 5 - 18

次の（　　）には，以下のどれが入るでしょうか？　文に合う形にして入れてください。

目は心の窓	目は口ほどに物を言う
目から火が出る	目顔で知らせる
目くじらを立てる	目の上のたんこぶ
目からうろこが落ちる	節穴同然の目
傍目八目（おかめはちもく）	

1）あいつは，（　　）だ。どっかへ行ってもらいたい。

2）頭を鉄棒にぶつけて，（　　）思いをした。

3）あいつはどこを見ているんだ！？　あいつの目は，（　　）だね。

4）うるさいな。そんなに（　　）なよ！

5）そのわかりやすい説明を聞いて，（　　）た。納得できたと思った。

6）野球評論家は，（　　）が多いのかな。

日本語の意味と答え

「目は心の窓（鏡）」「目は口ほどに物を言う」は，目は心を映（うつ）し出す鏡のようなもの，ことばに出さなくても目は感情を伝えることができる，という意味です。

「目から火が出る」は，顔や頭を打った時の感じを表すことばです。

「目顔(めがお)で知らせる」は，目の表情で知らせる意味です。「目顔」は，目と顔のことではなく，目つきを意味するそうですが，「目つきが悪い」とは言えても「目顔が悪い」とは言いません。逆に「目つきで知らせる」という言い方よりは，「目顔で知らせる」のほうが自然だと思います。

問題5-18の答え
1）目の上のたんこぶ
2）目から火が出る
3）節穴同然の目
4）目くじらを立てる
5）目からうろこが落ち
6）傍目八目

「目くじらを立てる」は，他人のあら探しをすることです。この「くじら」は，海にいる「鯨(くじら)」のことではありませんが，冗談で「目／鯨」という手話を使う人を何人か見たことがありますし，筆者もそのような手話を使ったことがあります。「目くじら」は「目尻」または「目角(めかど)」を意味するそうです。

「目の上のたんこぶ」は，目の上のこぶと同じように，何かにつけ目障(めざわ)りで邪魔に思うもののことです。

「目からうろこが落ちる」は，あることをきっかけとして急に物事の真相や本質がわかるようになることです。

「目が節穴(ふしあな)（節穴同然の目）」は，役に立たない目のことです。「節穴」は，木の板にある節が抜けた跡の穴のことであり，「節穴同然の目」は，あいているけど物を見るのに役立っていない目を意味します。

「傍目八目(おかめはちもく)（岡目八目(おかめはちもく)）」は，問題に関わっていない第三者のほうが，関わっている当事者より客観的によく判断できるという意味です。

手話表現の例

① 目は心の窓（鏡）	② 目は口ほどに物を言う	③ 目から火が出る
(a) 目／心／窓 or 鏡 (b) 思う／内容／目／示される（思っていることが目に表れる意）	(a) 目／口／同じ／いろいろ／示す（表す） (b) 思う／内容／目／示される（思っていることが目に表れる意）	目／火花が散るしぐさ

④ 目顔（めがお）で知らせる	⑤ 目くじらを立てる	⑥ 目の上のたんこぶ
目配せして何かを指示するしぐさ	(a) 目をつり上げる (b) **干渉**  (c) 悪い／場所／さがす［他人のあら探しをするような雰囲気で］	(a) 目の上にこぶがある様子を示す (b) **邪魔** 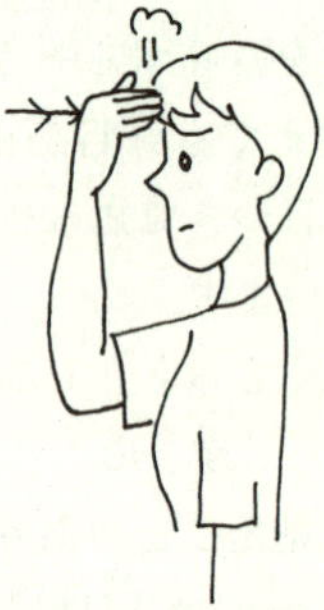

⑦ 目からうろこが落ちる	⑧ 目が節穴（ふしあな）（節穴同然の目）	⑨ 傍目八目（おかめはちもく）（岡目八目（おかめはちもく））
初耳（へえ！） 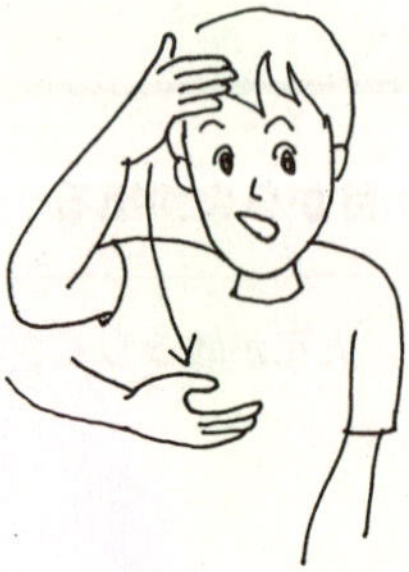	(a) **ぼうっとする** 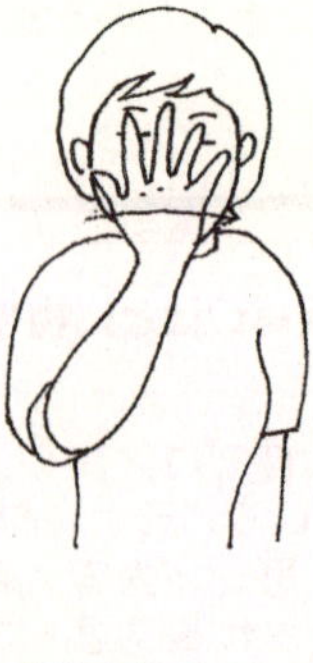 (b)「どこを見ているのか」などと言い換える	(a) 横から見る／全部／知る（わかる） (b) **大局**／つかむ 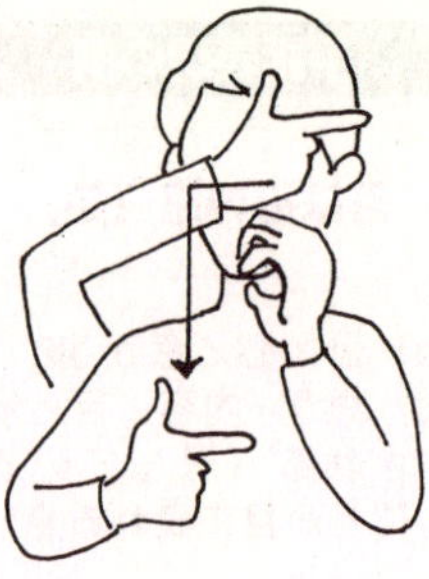

例5−19

① 人目がうるさい	② 人目にさらす
③ 人目に付く・人目を引く	④ 人目を忍ぶ・人目をはばかる・人目を避ける

手話表現は？

「人目（ひとめ）」を使った表現を集めてみました。

「人目がうるさい」は，人に見られてとやかく言われるのが煩（わずら）わしい意味です。「人目にさらす」は，人の目にふれるようにすることです。「人目に付く・人目を引く」は，注目をあびたり目立ったりすることです。「人目を忍（しの）ぶ・人目をはばかる・人目を避ける」は，他人に見られないようにすることです。

それぞれを，どんな手話で表しますか？

手話表現の例

① 人目がうるさい	② 人目にさらす
注目される／嫌い or 降参 or お手上げ	見られる／場所／置く

③ 人目に付く・人目を引く	④ 人目を忍（しの）ぶ・人目をはばかる・人目を避ける
(a) 注目される (b) 目立つ	(a) 隠れる (b) 見られる／逃げる (c) 見られる／隠れる

例 5 −20

①-1 一目会いたい	①-2 一目置く
①-3 一目瞭然	①-4 一目散
②-1 目にいっぱい（の涙）	②-2 目いっぱい（水をためる）
③-1 目色	③-2 色目

手話表現は？

「一目」は，文章によって読み方が変わってきます。それぞれを，どんな手話で表しますか？

日本語の意味は？

問題 5-20（1）

次の下線部は，それぞれ何と読みますか？

1）彼女に一目会いたいものだ。

2）彼は，一目置かれている。

3）グラフにしてみれば，一目瞭然だよ。

4）一目散に逃げる。

日本語の意味は？

問題 5-20（2）

次の〔　　〕の中から，適切なものを選んでください。

1）大自然を〔目にいっぱい・目いっぱい〕楽しんできた。

2）彼女は，〔目にいっぱい・目いっぱい〕の涙をためていた。

3）賞金が出ると聞いて，彼は〔目色・色目〕を変えてパズルに取り組んだ。

4）それ，渋い〔目色・色目〕の帯（おび）ですね。

5）彼女は，彼が独身で金持ちと聞いて，〔目色・色目〕を使い始めた。

日本語の意味と答え

問題5-20（1）の答え
1）ひとめ　2）いちもく
3）いちもくりょうぜん
4）いちもくさん
問題5-20（2）の答え
1）目いっぱい　2）目にいっぱい
3）目色　4）色目　5）色目

「一目（ひとめ）」は，一度（だけ）見ることです。「一目（いちもく）置く」は，相手を自分よりすぐれている存在として認め，一歩譲ることです。「一目（いちもく）」は，囲碁（いご）で弱いほうが最初に石を１つ置いて始めることからきたことばだそうです。「一目瞭然（いちもくりょうぜん）」は，一目（ひとめ）ではっきりわかる，という意味です。「一目散（いちもくさん）」は，脇目もふらずに急いで走る意味です。

「目にいっぱい（一杯）（の涙）」は，目にたくさん涙がたまっている様子を表しますが，「目いっぱい」には，できる限り・精一杯という意味があります。なお，「目いっぱい水をためる」という文章を読んで，目に水を入れることをイメージする子どもがいるかもしれません。

「目色（めいろ）」は目の色のことです。「目の色を変える」は，例５－５を見てください。「色目（いろめ）」は，色合いを意味する時，異性の気を引こうと流し目を使うことを意味する時などがあります。

手話表現の例

①-1 一目（ひとめ）会いたい	①-2 一目（いちもく）置く
(a) １／会う／好き（～たい）（１回会いたい意） (b) 少し／かまわない／会う／好き（～たい）	(a) **敬う** 

	(b) **遠慮** 

①-3 **一目瞭然**（いちもくりょうぜん）	①-4 **一目散**（いちもくさん）
ぱっと見る／はっきり	一生懸命 or 一途（いちず）（集中）／走る

②-1 **目にいっぱい**（の涙）	②-2 **目いっぱい**（水をためる）
「**涙をためる**」動作をオーバーに強調して行う 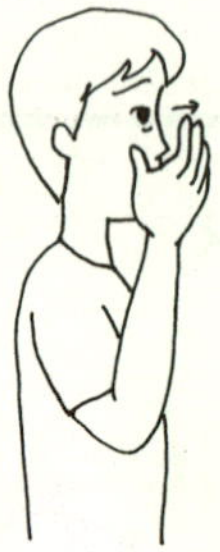	(a) 最高 (b) できる／だけ (c) 一生懸命 (d) **行き止まり（限界）** 

③-1 **目色**（めいろ）	③-2 **色目**（いろめ）
目／色	(a) 色／目 (b) 流し目（色目）[異性の気を引こうとするような表情で]

例5−21

①-1 目上の人	①-2 上目遣い	
②-1 目下の人	②-2 目下検討中	②-3 下目に見る
③-1 目先	③-2 目前・目の前	
④ 横目	⑤ 流し目	⑥ 傍目・よそ目
⑦ ひが目	⑧ ひいき目	⑨ 欲目
⑩ 奥目	⑪ 出目	⑫ 上がり目・つり目
⑬ 下がり目・垂れ目	⑭ 切れ目	⑮ 裏目（に出る）

手話表現は？

それぞれを，どんな手話で表しますか？

日本語の意味は？

問題5-21（1）

次の下線部は，それぞれ何と読みますか？

1）目上の人には，敬語を使いましょう。

2）子どもは，上目遣いに，母親を見た。

3）あいつは，目下だから。

4）目下検討中です。

5）彼は，彼女を下目に見た。

日本語の意味は？

問題5-21（2）

次の〔　　〕の中から，適切なものを選んでください。

1）その事故は，母親の〔目先・目前〕で起きた。

2）彼は，〔目先・目前〕がきく奴だ。
3）少し〔目先・目前〕を変えて，商品を作ってみたんだ。
4）試験を〔目先・目前〕に控えて，何をしているんだ。
5）彼女は，彼らのケンカを〔横目・流し目〕に通り過ぎた。
6）彼女は，彼が独身と聞いて，早速〔横目·流し目〕でアタックし始めた。

日本語の意味と答え

問題5-21（1）の答え
1）めうえ　2）うわめづか
3）めした　4）もっか
5）したため

問題5-21（2）の答え
1）目前　2）目先
3）目先　4）目前
5）横目　6）流し目

「目上（めうえ）」は，年齢や地位が自分より上の人のことです。「上目遣い（うわめづか）」は，顔はそのままで視線が上を向いていることです。

「目下（めした）」は，「目上」の対語で，年齢や地位が自分より下の人のことです。「目下（もっか）」は，「ただ今，差し迫った今」のような意味ですが，「ただ今」「今」とも微妙に異なることばです。「（　　）の急務」には「目下」しか入りませんし，「（　　）出かけました」では「目下」は入らないからです。「下目（したため）」は，「下目（したため）に見る」であれば，見下（さ）げる意味です。「下目遣い（したためづか）」であれば，顔はそのままで視線だけが下へ向くことです。

「めさき」は，通常「目先」と書き，「目前」は，通常「もくぜん」と読みます。両方とも，空間的・時間的にすぐ前であることを意味しますが，「目先」「目前」「目の当たり」「直前」などの違いを説明するのは難しいです。例えば「試験が（　　）に迫る」では「目前・目の前」が入り，「（　　）にちらつく」では「目先」が入り，「事故を（　　）に見る」では「目の当たり」が入るように思います。「目先がきく」や「目先を変える」は，慣用句として覚えるしかないでしょう。

「横目（よこめ）」と「流し目」について，両者が同じ意味で使われていると述べる辞典もありますが，通常「横目」は，顔の向きは変えずに，視線を横に向けて見ることを意味し，「流し目」は，色目（異性の気を引こうとするような視線を送ること）を意味するように思います。

「傍目（はため）・よそ目」は，他人から見ると，の意味です。「傍目八目」の「傍目」は「おかめ」と読みます（例5－18参照）。

「ひが目」は，思い違いや偏見，ひがんだ見方のようなものです。

「ひいき目」や「欲目（よくめ）」は，物事を自分に都合がよいように見たりすることです。

「奥目（おくめ）」は，普通より奥のほうにある目のことで，対語は「出目（でめ）」です。

「切れ目」について，「金の切れ目が縁の切れ目」のように，区切りや切れた所などを意味します。

「裏目（うらめ）（に出る）」は，物事が期待や希望と逆の結果になることです。

その他のことばについては，各自で調べてください。

手話表現の例

①- 1 目上（めうえ）の人	①- 2 上目遣い（うわめづかい）
(a) 目／上／人 or 人々 (b) 年齢／上／人 or 人々	顔はそのままで「見る」の手話と視線を上に向ける

②- 1 目下（めした）の人	②- 2 目下（もっか）検討中（ちゅう）	②- 3 下目（しため）に見る
目 or 年齢／**下**／人 or 人々 	今／調べる／**中**（**真っ最中**） 	軽蔑した表情で「見る」の手話を下向きに行う

③- 1 目先（めさき）	③- 2 目前（もくぜん）・目の前
(a) 目／迫る（もうすぐ） (b) 近い／場所 or 時	(a) 目／迫る（もうすぐ） (b) 近い／場所 or 時

④ 横目（よこめ）	⑤ 流し目	⑥ 傍目（はため）・よそ目
顔はそのままで，視線と「見る」の手話を表した手を横に向ける	流し目（色目）［異性の気を引こうとするような表情で］	他（別・以外）／人 or 人々／見る（／時）（他人から見ると，の意）

⑦ ひが目	⑧ ひいき目	⑨ 欲目（よくめ）
(a) かたよる／思う (b) 悪い／考える	(a) えこひいき／目 (b) 良い／思う or 考える	⑧と同じ

⑩ 奥目（おくめ）	⑪ 出目（でめ）	⑫ 上（あ）がり目・つり目
［目のところで］くぼむ／目	目が少し飛び出るしぐさ	目尻をつり上げるしぐさ

⑬ 下がり目・垂（た）れ目	⑭ 切れ目	⑮ 裏目（うらめ）（に出る）
目尻を下げるしぐさ	(a) 切る／切ったあとを指さす (b) 切る／場所 or 時	**あべこべ**／結果（結ぶ） 

例5－22

① 目頭が熱くなる	② 目頭を押さえる
③ 目尻を下げる	④ まなじりを決する

手話表現は？

「目頭(めがしら)」と「目尻(めじり)」を使った表現を集めました。目頭は，鼻に近いほうの目の端のことで，目尻は，鼻から遠いほうの目の端のことです。なお，「頭目(とうもく)」は，首領のことで，「目頭(めがしら)」とは無関係のことばです。また，「尻目(しりめ)」も，瞳を動かすだけで後ろのほうを見ることで，「目尻」とは無関係のことばです。

「目頭が熱くなる」は，感じ入って涙がこみあげてくる意味です。

「目頭を押さえる」は，こみあげてきた涙を抑えようとする意味です。

「目尻を下げる」は，満足そうな顔，あるいは好色(こうしょく)そうな顔のことです。

「まなじり（眦）を決(けっ)する」の「まなじり」は，目尻のことですが，これは目を大きく見開いたり，怒りや気力を奮い起こしたりする時の表情のことです。

手話表現の例

① 目頭(めがしら)が熱くなる	② 目頭(めがしら)を押さえる
（感動／）涙／少し／出る	目頭を押さえるしぐさ

③ 目尻(めじり)を下げる	④ まなじりを決(けっ)する
(a) 目尻を下に軽くひっぱるしぐさ (b) 満足／様子（状態） (c)「鼻の下が長そう」と言い換える	(a) 目を大きく見開く (b) 怒る (c) 決める (d) 決心（覚悟）

例 5 −23

① 目と鼻の先	② 目鼻立ち
③ 目鼻がつく・目鼻をつける	④ 目から鼻へ抜ける

手話表現は？

「目」と「鼻」を使った表現について，それぞれをどんな手話で表しますか？

日本語の意味は？

問題 5 - 23

次の（　　）には，以下のどれが入るでしょうか？　文に合う形にして入れてください。

目と鼻の先　　目鼻立ち　　目鼻がつく

目鼻をつける　　目から鼻へ抜ける

1）私の家から（　　）で，火事が起きたんだよ。

2）彼女は，（　　）が整っている。

3）私の仕事は，○○病の治療法に（　　）ことだと思っている。

4）彼女は，幼少時から（　　）秀才ぶりを発揮していた。

日本語の意味と答え

問題5 - 23の答え
1）目と鼻の先
2）目鼻立ち
3）目鼻をつける
4）目から鼻へ抜ける

「目と鼻の先」は，すぐそばという意味です。「目鼻立ち（めはなだ）」は，顔立ちのことです。「目鼻立ちが整う」などのように使います。

「目鼻（めはな）がつ（付）く」は，だいたいできあがる意味です。「目鼻をつ（付）ける」は，だいたいの決まりをつける意味です。なお，人形に目と鼻を付ける場合は，筆者としては「目と鼻を付ける」と言うのが通常であるように思いますが，インターネットで調べると，「人形に目鼻を付ける」という言い方がかなり見られました。

「目から鼻へ抜ける」は，すぐれて賢いことや，抜け目がなく敏捷（びんしょう）なことを意味します。「鼻から目へ抜ける」は誤用です。また，「彼は，目から鼻へ抜けるような男だから，金を貸してはだめだよ」というように使う人が見られますが，これは，誤用であり，「目から鼻へ抜ける」に「ずる賢い」という意味は含まれていないそうです。

手話表現の例

① **目と鼻の先**	② **目鼻立ち**
(a) 目／鼻／近い or 短い (b) ［非常に近いことを強調しながら］近い or 短い	顔

③ **目鼻が付く・目鼻を付ける**	④ **目から鼻へ抜ける**
(a) ほとんど（約）／組み立てる (b) **見通す**（／持つ or できる）（見通しをもつ意） 	(a) 目から鼻へ指を動かして，最後に指を前方に出す（目と鼻を通っていく意） (b) 賢い (c) **固い（しっかり）**／性質（しっかりした性格の意） 

例 5 −24

① 針の目	② 針目	③ 割れ目
④ 台風の目	⑤ のこぎりの目	⑥ 勝ち目
⑦（さいころの）5の目	⑧ 5つ目	⑨ 目減り
⑩ 駄目を押す・駄目押し	⑪ 目の敵	⑫ 目の毒
⑬ 目の保養	⑭ 目の薬	⑮ 目薬
⑯ 目印	⑰ 目次	⑱ 名目

手話表現は？

その他，「目」を使った表現について，それぞれをどんな手話で表しますか？

日本語の意味は？

問題 5 - 24

次の（　　）には，以下のどれが入るでしょうか？　文に合う形にして入れてください（問題によっては，複数回答可）。

針の目　針目　割れ目　台風の目　のこぎりの目
勝ち目　5の目　5つ目　目減り　駄目押し
目の敵　目の毒　目の保養　目の薬　目薬
目印　目次　名目

1）体脂肪(たいしぼう)を（　　）にしていませんか？

2）インフレで預金が（　　）する。

3）「青葉は（　　）」とは，よく言ったものです。

4）明日の試合は，（　　）がないね。

5）そのケーキは，妻には（　　）だった。

6）キルティングは，（　　）をそろえると，きれいに見えるらしいよ。
7）年を取り，（　　）に糸を通すのが大変になってきた。
8）今年のプロ野球では，阪神が（　　）になりそうな予感がする。
9）「さいころを振る。（　　）が出る確率はいくらか？」と聞かれて，「6分の5」と答える間違いが時々見られる。
10）彼は，（　　）のホームランを打った。

日本語の意味と答え

問題 5 - 24 の答え

1）目の敵
2）目減り
3）目の薬・目の保養
4）勝ち目
5）目の毒
6）針目
7）針の目
8）台風の目
9）5の目
10）駄目押し

「針の目」は，針の頭にある小さな穴のことで，「針の目に糸を通す」などと言います。「針目」は縫い目のことで，「針目がそろう」などと言います。

「割れ目」は，割れたところや裂け目，ひびを意味します。

「台風の目」は，台風の中心で，気圧が低いところです。「○△が台風の目になる」と言う時は，「○△」が中心になって一波乱起こすという意味です。

「のこぎりの目」は，のこぎりの刃のぎざぎざのところを言います。木工の先生に聞いたところ，「のこぎりの歯」と同じ意味と思ってよいそうです。

「勝ち目」は，勝つ可能性のことです。

「5つ目」は，何かの5番目だけをさす言い方です。

「目減り」は，重さや量が減ることや物の実質的な価値が下がることを意味します。

「駄目を押す・駄目押し」は，確実とわかっていても念には念を入れて確かめることを意味します。

「目の敵」は，何かにつけ憎み敵対視すること，またはその憎まれている人のことです。「めのてき」ではなく，「めのかたき」と読みます。

「目の毒」は，見ないほうがよいものを意味することが多いですが，見るとほしくなる物という意味もあります。「聞けば気の毒，見れば目の毒」には，「見たり聞いたりすると気をもんだり悩んだりほしくなったりするから，知らないままでいるほうがまし」というような意味があります。

「目の保養(ほよう)」は，良い物を見て楽しく感じることです。

「目の薬」は，目を楽しませる物で，「目薬(めぐすり)」は，目にさす薬のことです。

「目印(めじるし)」は，見てわかるようにつける印のことです。

「目次(もくじ)」は，書物の内容の見出し書きや箇条，または題目の順序のことです。

「名目(めいもく)」は，実体を表していない形式だけの名や口実(こうじつ)などを意味します。

その他，「目線(めせん)」「反目(はんもく)」「目礼(もくれい)」「五目並べ(ごもくならべ)」や「五目飯(ごもくめし)」など「目」を使った単語はたくさんありますが，聴覚障害児には，読み方と意味をできるだけ正確に知ってほしいと思います。

手話表現の例

① 針の目	② 針目(はりめ)	③ 割れ目
(a) 針の上部を指さす／穴 (b) 針に糸を通すしぐさ／その穴を指さす	縫う／間（「縫う間隔」の意）	手を合わせて，ぱかっと割れるしぐさをしたあと，その割れ目を指さす

④ 台風の目	⑤ のこぎりの目	⑥ 勝ち目
(a) 台風／目 (b) 台風／中心（左手で円を作り，右手の人差し指で，その円の中心を打つ）	(a) のこぎり／目 or 「メ」 (b) のこぎり／ぎざぎざを指で表す	(a) 勝つ／「メ」 (b) 勝つ／比率（「勝ち目がない」なら，「勝つのは難しい」と言い換える）

⑦ (さいころの) 5の目	⑧ 5つ目	⑨ 目減り(めべり)
5／目	5 or 5番／目 or 「メ」	(a) 目 or 「メ」／減る (b) 量 or 価値／減る

⑦と⑧を区別するために，⑦では，さいころを振るしぐさをしてから「5／目」とし，⑧では，順番に数えるしぐさをしてから「5／目」とするとよいのではと思います。なお，「5つ」を「ごつ」と読む聴覚障害児が時々見られます。

⑩ 駄目を押す・駄目押し	⑪ 目の敵	⑫ 目の毒
(a)「ダ」／目／押す (b)「大丈夫と思うが，さらに大丈夫なようにする」などと言い換える (c) 決める／ぴったり（合う）（決定的の意）	(a) 目／敵（てき） (b) 私／敵（てき） (c) 恨む／［「恨む」の手話の時視線を向けた所で］人（or 男 or 女）	(a) 目／毒 (b) 目／悪い (c) 好き（～たい）／変わる（～になる）（ほしくなる意）

⑬ 目の保養	⑭ 目の薬	⑮ 目薬
(a) 目／大切（愛） (b) 目／ほっとする	(a) 目／薬 (b)「目に良い」と同じ（例5-1を参照）	(a) 目／薬 (b) 目に薬をさすしぐさ

⑯ 目印	⑰ 目次	⑱ 名目
(a) 目／証拠 (b) **目印** 	**目次** 	(a) 表（おもて） (b) **名目** 

例 5 −25

① 開眼（手術）	② （大仏）開眼	
③ 眼をつける	④ 眼中にない	⑤ 眼力
⑥ 血眼	⑦ 寝ぼけ眼	
⑧ 近眼・近視眼・近視	⑨ 遠眼・遠視眼・遠視	⑩ 乱視

手話表現は？

「眼」は，「め」とも読めますので，「目」のところに含めて検討してみます。それぞれを，手話でどう表しますか？

日本語の意味は？

問題 5 - 25

次の下線部は，それぞれ何と読みますか？

1）<u>開眼</u>手術　　2）大仏<u>開眼</u>　　3）<u>眼中</u>
4）<u>眼力</u>　　5）<u>血眼</u>　　6）寝ぼけ<u>眼</u>

日本語の意味と答え

問題 5 - 25 の答え

1）かいがん　　2）かいげん
3）がんちゅう
4）がんりき・がんりょく
5）ちまなこ　　6）まなこ

「開眼」について，「開眼手術」の場合は「かいがん」，「大仏開眼」の場合は「かいげん」と読みます。「開眼（かいがん）」は，目が見えるようにする意味と，悟りを開く意味があります。「開眼（かいげん）」は，仏像や仏像画を新しく作り，最後に眼を入れて仏の霊を迎えること，またはその儀式の意味と，悟りを開く意味があります。

「眼（がん）をつ（付）ける」は，「目をつ（付）ける」意味（例5 − 8参照）と，相手の顔や眼をじっと見る意味（俗語）があります。言いがかりをつける時によく使われます。

「眼中にない」は，関心や意識の範囲内にない意味です。

「眼　　力」は，視力や物事を見抜く力を意味します。

「血眼」は，逆上して血走った目や，必死になっている様子を意味します。「血目（眼）」ということばもありますが，あまり使われません。

「寝ぼけ眼」は，寝ぼけた目つきのことです。「寝ぼけ目」とは言いません。

「近眼・近視眼・近視」は，眼の屈折異常により，遠くの物がはっきり見えないこと，またはその眼のことですが，「近視眼」には，比喩的に大局の見通しがきかない意味もあります。「遠眼・遠視眼・遠視」は，眼の屈折異常により，近くの物がはっきり見えないこと，またはその眼のことです。ついでに，「乱視」は，角膜が正しい球面をしていないために，物の形がはっきり見えないこと，またはその眼のことです。「乱眼」や「乱視眼」の言い方はしないようです。

なお，「近視」や「遠視」を意味することばとして，「目が近い」や「目が遠い」があります。それから，「目近い」は，見慣れている意味や，目のすぐそばにある意味があります。「目遠い」という言い方はありません。

手話表現の例

① **開眼**（手術）	② （大仏）**開眼**
(a) 目覚める（目が開く意） (b) 見る／できる (c) 手を合わせる／気づく（悟る意） (d) 両手で両目をふさぎ，それから両手を左右に広げるしぐさ	(a) 手を合わせる／式 (b) 手を合わせる／気づく（悟る意）

③ **眼を付ける**	④ **眼中にない**	⑤ **眼　　力**
(a)「目を付ける」と同じ（例5-8参照） (b)（相手に言いがかりをつける時は）見られる［悪意をもった表情で］	(a) 考える／ない (b) 視野／中（内）／ない (c) 頭／空っぽ	(a) 目／力 (b) 見る／力 (c) 判断／力 (d) 見抜く／力

⑥ **血眼**（ちまなこ）	⑦ **寝ぼけ眼**（まなこ）
(a)（怒る）／赤い／目 (b) 一途（いちず）（集中）	眠そうな目をする

⑧ **近眼・近視眼・近視**（きんがん・きんしがん・きんし）	⑨ **遠眼・遠視眼・遠視**（えんがん・えんしがん・えんし）	⑩ **乱視**（らんし）
(a) 目／近い (b) 目／**近づける**（近視の意）	(a) 目／遠い (b) 目／**遠ざける**（遠視の意）	(a) 目 or 見る／**混乱**
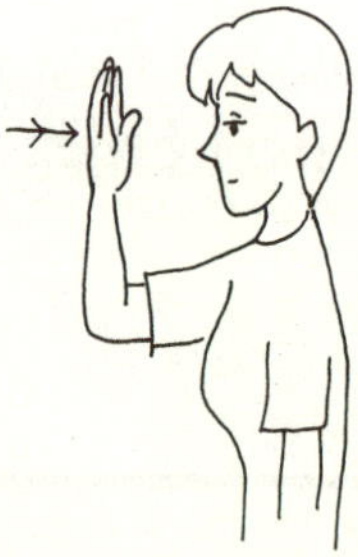	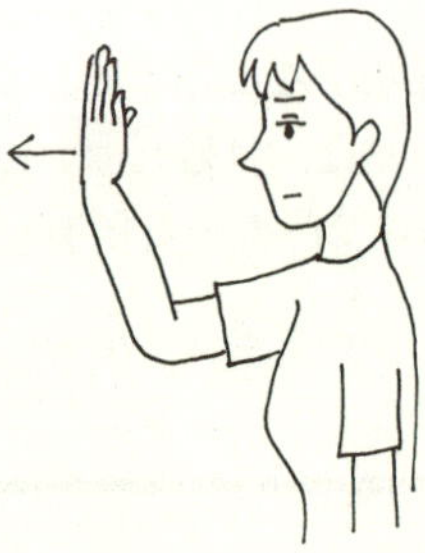	
(c) **近視**	(c) **遠視**	(b) 目／**ぼける（ぶれる）**
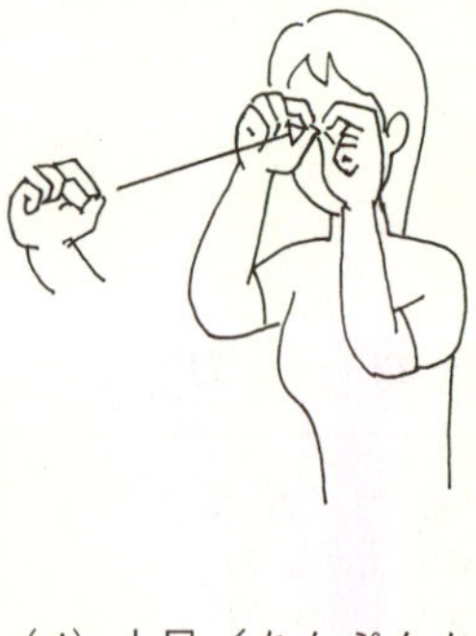	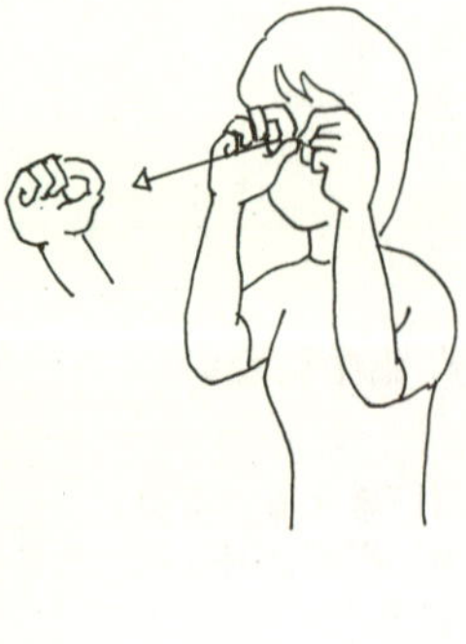	
(d) 大局／ちんぷんかんぷん（わからない）		

例 6

鼻

例 6 - 1
① 鼻が良い
② 鼻が悪い
③ 鼻が高い・鼻高々
④ 鼻の下が長い
⑤ 鼻白む
⑥ 小鼻をふくらませる
⑦ 小鼻をうごめかす

例 6 - 2
① 鼻にかける
② 鼻にかかった（声）
③ 鼻も引っかけない

例 6 - 3
① 鼻につく
② 鼻をつく
③ 鼻をつきあわせる
④ （ゴミが）鼻についている
⑤ （薬を）鼻につける
⑥ （人形に）鼻をつける

例 6 - 4
① （彼の）鼻を折る
② 鼻をあかす
③ 鼻（先）で笑う
④ 鼻をつまむ・鼻つまみ
⑤ 鼻が曲がる
⑥ 鼻持ち（が）ならない

例 6 - 5
① 鼻息が荒い
② 鼻息をうかがう
③ 鼻であしらう
④ 鼻がきく
⑤ 鼻毛を抜く
⑥ 鼻毛を伸ばす
⑦ 鼻を鳴らす
⑧ 鼻っ柱（鼻柱・鼻っぱし）が強い
⑨ 酸鼻をきわめる・酸鼻のきわみ

例 6 - 6
① （ライオンが鹿の）鼻をかむ
② （食事中）鼻（洟）をかむ（のは行儀が悪い）
③ 手鼻をかむ
④ 鼻（洟・鼻水）が出る
⑤ 出鼻（出端）をくじかれる
⑥ 鼻をほじる・ほじくる
⑦ 鼻がつまる・鼻づまり

例 6 － 1

① 鼻が良い	② 鼻が悪い	③ 鼻が高い・鼻高々
④ 鼻の下が長い	⑤ 鼻白む	
⑥ 小鼻をふくらませる	⑦ 小鼻をうごめかす	

手話表現は？

「鼻」と形容詞に関係する表現です。それぞれを，どんな手話で表しますか？

日本語の意味は？

問題 6 - 1 （1）

次の（ア）～（カ）の中で，一般的に通用する言い方はどれでしょうか？

（ア）鼻が良い　　（イ）鼻が悪い

（ウ）鼻が高い　　（エ）鼻が低い

（オ）鼻の下が長い　　（カ）鼻の下が短い

日本語の意味は？

問題 6 - 1 （2）

次の（　　）には，問題6 - 1 （1）の（ア）～（カ）のどれが入るでしょうか？　文に合う形にして入れてください。

1）日本人は，欧米人と比べると，（　　）人が多い。

2）こんなによくできる息子をもって，わしは（　　）よ。

3）彼は，女性に言い寄られて，（　　）なった。

4）彼は，（　　）。つまり，何の匂いかがすぐにわかるのだ。

5）（　　）と，極端な場合，チンパンジーやオランウータンを連想させる。

6）私は，慢性アレルギー性鼻炎で，（　　）。

日本語の意味と答え

「鼻が良い」は，嗅覚（きゅうかく）が発達している意味です。鼻の形が良い場合は，「鼻の形が良い」と言うように思います。「鼻が悪い」は，「鼻が良い」と逆の意味です。

「鼻が高い・鼻高々（はなたかだか）」は，文字通り鼻の高さが高い状態である意味や，「自慢である・誇りに思っている」意味があります。

「鼻が低い」は，文字通り鼻の高さが低い意味だけです（『日本語－手話辞典』では，「鼻が低い」の手話表現は「鼻／苦手」になっていましたが，この「苦手」の手話は，単に鼻が低いことを表すのであって，「苦手」「謙虚」などの意味は，「鼻が低い」という日本語には含まれていないと思います）。

問題6-1（1）の答え
全て言うことがあるが，文字通りの意味しかない表現もある。
問題6-1（2）の答え
1）鼻が低い
2）鼻が高い
3）鼻の下が長く
4）鼻が良い
5）鼻の下が長い
6）鼻が悪い

「鼻の下」は，鼻の穴の下から唇までの長さのことです。「鼻の下が長い」は，文字通り鼻から唇までの長さが長い状態の意味や，女に甘い・好色（こうしょく）（助平（すけべい））である意味があります。「鼻の下が短い」は，文字通り鼻から唇までの長さが短い意味です。

「鼻白む（はなじろむ）」は，ひるむ，気後れする，興（きょう）ざめがする意味です。「白」という字が使われている理由については，わかりませんでした。なお，筆者は，「白む」を「しらむ」と読むので，「鼻白む」は「はなじらむ」と読むのかなと思っていましたが，「はなじろむ」と読みます。

「小鼻（こばな）」は，鼻柱の両側の少しふくらんだところのことです。「小さな鼻」の意味はありません。また，「大鼻」の言い方もありません。「小鼻をふくらませる」は，不満そうな様子を表すことばです。「小鼻をうごめかす」は，小鼻をひくひくさせることで，得意な様子を表すことばです。なお，「うごめかす」を「動めかす」と書くのは誤用です。「蠢かす」と書きます。

その他，鼻の形状を表現することばとして，以下のようなものがあります。

・「赤鼻（あかばな）」や「ざくろ鼻（ばな）」（飲酒や病気などのため赤くなった鼻のこと。「赤鼻のトナカイ」という歌もありますね）
・「だんご鼻（ばな）」（だんごのように丸い鼻のこと）
・「わし鼻（ばな）」や「かぎ鼻（ばな）」（鷲（わし）のくちばしのように曲がって突き出た鼻のこと）
・「獅子鼻（ししばな）」（獅子舞（ししまい）の時に使われる獅子頭（ししがしら）の鼻のように，低い上向きの鼻で，小鼻が開いた鼻のこと）

手話表現の例

現実に見られる表現例を含む，以下同様

① 鼻が良い

(a) **鼻**／良い

(b) 香り／得意
(c) 香り／判断／はやい

② 鼻が悪い

(a) 鼻／悪い
(b) 鼻／病気
(c) 香り／判断／下手 or 苦手

③ 鼻が高い・鼻高々（はなたかだか）

(「あの外国人は鼻が高い」意味の場合) **鼻が高い**

(「自慢している」意味の場合)「鼻にかける」と同じ（例6-2を参照）

④ 鼻の下が長い

(a) 鼻の下を指さす／長い
(b) 女／好き（〜たい）
(c) **いやらしい（助平）**

(d) **いやらしい**

⑤ 鼻白む（はなじろむ）

(a) 気後れした表情で，一瞬動作を止める
(b) **汗たらーり**

(c) 魅力（関心）／なくなる（消える）

「いやらしい・助平・エッチ」を表す手話として，筆者の近辺では，④の（c）の「いやらしい（助平）」の手話が使われていますが，④の（d）の「いやらしい」の手話が使われている地域もあります。

⑥ 小鼻（こばな）をふくらませる	⑦ 小鼻（こばな）をうごめかす
(a) 鼻柱の両側のふくらんだところを指さす／ふくらむ様子を手で表す (b) 不満	(a) 小鼻を指さす／小鼻がぴくぴくする様子を指で表す (b) 得意 or **うぬぼれる（自慢）**／様子（状態） 

例 6 － 2

① 鼻にかける	② 鼻にかかった（声）	③ 鼻も引っかけない

手話表現は？

「鼻」と「かける」を組み合わせた表現を集めてみました。それぞれを，どんな手話で表しますか？

日本語の意味は？

問題 6 - 2

次の（　　）には，以下のどれが入るでしょうか？　文に合う形にして入れてください（問題によっては，複数回答可）。

鼻にかける　　　鼻にかかる　　　鼻も引っかける

1）彼女の声は，（　　）いる。
2）彼は自分の成績を（　　）いるから，みなに嫌われている。
3）彼女は，才色兼備でありながら，それを（　　）ないので，みなに好意をもたれている。
4）ふだんは，彼らに（　　）ないのに，今日はどうしたんだ。
5）彼女は，めがねを（　　）しぐさがとてもチャーミングだ。

日本語の意味と答え

問題 6 - 2 の答え
1）鼻にかかって
2）鼻にかけて
3）鼻にかけ
4）鼻も引っかけ
5）鼻にかける

「鼻にか（掛）ける」は，自慢している意味です。また,「めがねを鼻にかける」の言い方もあります。

「鼻にか（掛）かった（声)」とは，甘える時に出すような声を意味します。鼻がつまった時の声（鼻声）も含まれるように思います。

「鼻も引っか（掛）けない」は，相手にしない，見向きもしない意味です。この「鼻」は，正しくは「洟」と書き，鼻水をかける気もないことからきたことばだそうです。筆者を含めて何人かの人も,「彼女は，彼の申し込みを鼻にもかけない」と言えると思っていましたが，これは誤用だそうです。「歯牙（しが）にもかけない」と「鼻にかける」を混同したからでしょうか。

手話表現の例

① 鼻にかける	② 鼻にかかった（声）	③ 鼻も引っかけない
(a) **うぬぼれる（自慢）**  (b) **いばる（自慢）** 	手話表現の仕方が難しいが，筆者なら，鼻に人差し指をあてるしぐさを使うだろう（京都では，鼻に人差し指をあてるしぐさは，ナ行を示すキューのしぐさと同じ） 	(a) **無視**  (b) **鼻も引っかけない** 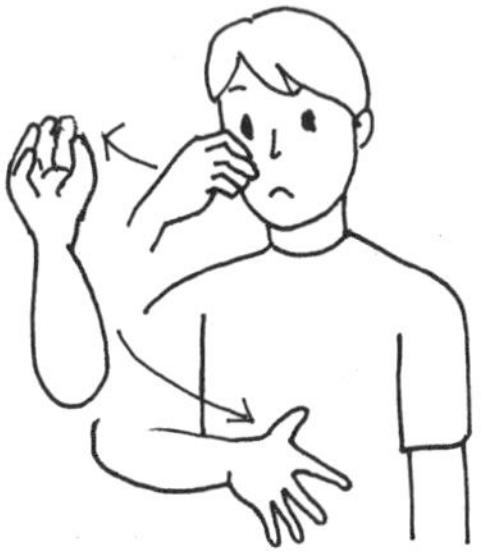

③の（b）の「鼻も引っかけない」の手話イラストは，『日本語－手話辞典』では，「鼻にもかけない」と書かれていましたが，これは誤用らしいので，本書では，「鼻も引っかけない」としておきました。

例 6－3

① **鼻につく**	② **鼻をつく**
③ **鼻をつきあわせる**	④（ゴミが）**鼻についている**
⑤（薬を）**鼻につける**	⑥（人形に）**鼻をつける**

手話表現は？

「鼻」と「つく」「つける」を組み合わせた表現を集めてみました。それぞれを，どんな手話で表しますか？

日本語の意味は？

問題 6 - 3

1)「鼻につく」の「つく」は，どんな漢字で書きますか？

2)「鼻をつく」の「つく」は，どんな漢字で書きますか？

3) 次の（　　）に，「鼻」と「つく」または「つける」を組み合わせて，適切な形に変えて入れてください（助詞は適切に選んでください）。

(a) その部屋に入った瞬間，異臭が（　　）た。

(b) 彼の言い方は，（　　）ね。

(c) シンクロなどで（　　）物の名前を教えてください。

(d) この薬を（　　）と，鼻詰まりが治ります。

(e) あとは，この人形に（　　）だけだよ。それで，できあがりだよ。

(f) 何か炭のような物が（　　）ているよ。鏡を見ておいで。

日本語の意味と答え

「鼻につ（付）く」は，何かが鼻にくっつく意味や，何回も重なるので嫌な気持ちになる意味，嫌みに聞こえたりして聞いていて不愉快になる意味があります。

「鼻をつ（突）く」は，臭（にお）いが鼻を刺激する意味や，「鼻をつ（突）きあ（合）わせる」と同じ意味があります。「突く」は，とがった物で何かを刺すイメージがありますが，文字通り臭いが鼻に突き刺さる感じです。

「鼻をつ（突）きあ（合）わせる」は，非常に近くに寄り合うことを意味します。

聴覚障害児には，「鼻につく」や「鼻につける」「鼻をつける」を見ただけで，だいたいの意味がわかるようになってほしいと思います。

問題 6-3 の答え
1）付く　2）突く
3）（a）鼻をつい　（b）鼻につく
（c）鼻につける　（d）鼻につける
（e）鼻をつける　（f）鼻につい

手話表現の例

① 鼻に付く	② 鼻を突く
（a）何かを鼻にくっつけるしぐさ （b）嫌い／変わる（〜になる）（嫌になる意） （c）飽きる （d）**そぐわない** 	（a）臭い／とても or 超える（オーバー） or 強い （b）［顔をしかめながら］香り（2本指を鼻の穴へ突き刺すように入れる） （c）③と同じ

③ 鼻を突き合わせる	④（ゴミが）鼻に付いている
互いに／とても／近い	（ゴミ／）鼻にくっつける（／鼻を指さす）

⑤（薬を）鼻に付ける	⑥（人形に）鼻を付ける
（a）（点鼻薬の場合）鼻の穴の中に薬を入れるしぐさ （b）（鼻の上につける場合）（薬／）鼻へくっつける or 鼻に塗る	鼻／（人形）／人形にくっつける

例 6 − 4

①（彼の）**鼻を折る**	② **鼻をあかす**	③ **鼻（先）で笑う**
④ **鼻をつまむ・鼻つまみ**	⑤ **鼻が曲がる**	⑥ **鼻持ち（が）ならない**

手話表現は？

それぞれをどんな手話で表しますか？

日本語の意味は？

問題 6 - 4

次の（　　）には，以下のどれが入るでしょうか？　文に合う形にして入れてください（問題によっては，複数回答可）。

鼻を折る　　　鼻をあかす　　　鼻で笑う
鼻をつまむ　　鼻つまみ　　　　鼻が曲がる
鼻持ち

1）彼は，すぐに暴力をふるうので，クラスの（　　）者だ。
2）このにおい，（　　）そうよ。何とかしてよ。
3）何とかして，あいつの（　　）てやりたいものだ。
4）あいつは，たいへんきざで，（　　）ならない奴だ。
5）私がこう言うと，彼は，小馬鹿（こばか）にしたように（　　）た。

日本語の意味と答え

問題 6 - 4 の答え
1）鼻つまみ　　2）鼻が曲がり
3）鼻を折っ・鼻をあかし
4）鼻持ち　　5）鼻で笑っ

「（彼の）鼻を折る」は，得意がっている彼をへこませたいというような意味です。鼻の骨を折った場合は，「鼻を折る」という言い方よりは，「鼻の骨を折る」という言い方をするように思います。

「鼻をあ（明）かす」は，「鼻を折る」と似ていますが，出し抜いてあっと言わせる意味が含まれています。

例6 鼻

「鼻（先）で笑う」は，ふふんと人を小馬鹿にしたように笑うことです。

「鼻をつまむ」は，臭いので，鼻をつまむ意味です。転じて，「鼻つまみ」は，みなから嫌われること，またはその人を意味します。

「鼻が曲がる」は，悪臭が非常にひどいことのたとえです。

「鼻持ち（が）ならない」は，とても臭いのでがまんができない意味です。それから，がまんができないほど嫌みなことをも意味します。

手話表現の例

①（彼の）**鼻を折る**	② **鼻を明かす**	③ **鼻（先）で笑う**
自慢するしぐさに続けて，それをへし折るしぐさ	(a) ①と同じ (b)「追い抜くことによって」などと補足する	(a) 鼻／笑う (b) 笑う［相手を見下すようにしながら］

④ **鼻をつまむ・鼻つまみ**	⑤ **鼻が曲がる**	⑥ **鼻持ち(が)ならない**
(a) 鼻／つまむ（鼻を） (b)「みなから嫌われている（人）」と言い換える (c) **爪はじき** 	(a) 臭い／とても (b) 臭い／過ぎる（遅刻） or **超える（オーバー）** 	(a) 臭い／がまん／難しい（できない） (b) 嫌い／とても

例 6 −5

① **鼻息が荒い**	② **鼻息をうかがう**	③ **鼻であしらう**
④ **鼻がきく**	⑤ **鼻毛を抜く**	⑥ **鼻毛を伸ばす**
⑦ **鼻を鳴らす**	⑧ **鼻っ柱（鼻柱・鼻っぱし）が強い**	⑨ **酸鼻をきわめる・酸鼻のきわみ**

手話表現は？

それぞれを，どんな手話で表しますか？

日本語の意味は？

問題 6 - 5

次の（　　）には，以下のどれが入るでしょうか？　文に合う形にして入れてください（問題によっては，複数回答可）。

鼻息が荒い　　鼻息をうかがう　　鼻であしらう

鼻がきく　　鼻毛を抜く　　鼻毛を伸ばす

鼻を鳴らす　　鼻っ柱が強い　　酸鼻をきわめる

1）彼は，彼女の意見を（　　）た。

2）日本は，いまだにアメリカの（　　）ているように感じる。

3）くすんと（　　）音が聞こえてきた。

4）○△会社は「1年間で1万件契約する」と（　　）。

5）その事故現場は，（　　）ており，みな思わず目をそむけた。

6）妹は，（　　）。彼女は，母が隠したおやつをすぐに見つけてしまう。

7）彼は，外見は勝ち気で（　　）が，本当は芯のある優しい少年だ。

8）女にうつつを抜かすことを，（　　）と言う。

日本語の意味と答え

「鼻息」は，鼻で呼吸する息のことです。「鼻息が荒い」は，文字通り鼻で激しく呼吸している場合もありますが，通常，強気(つよき)であることや意気込みが激しい様子を意味します。

「鼻息をうかがう」は，寝入っているかどうかを探ろうとする意味や，相手の機嫌をうかがおうとする意味があります。

「鼻であしらう」は，まともに相手をしない・相手を冷淡に扱う意味です。

「鼻がき(利)く」は，嗅覚（きゅうかく）が鋭い意味や，利益になりそうなことを巧みに見つけ出す意味があります。

「鼻毛（はなげ）を抜く」は，出し抜く・だます意味です。

「鼻毛（はなげ）を伸ばす」は，文字通り鼻毛を長くする意味と，女に心を奪われてだらしなくなったり油断したりする意味があります。

「鼻毛（はなげ）」を使ったことばについては，他に，「鼻毛を読まれる（数えられる）」（女が自分にほれている男の心を見透（す）かして翻弄（ほんろう）する意味）があります。

「鼻を鳴らす」は，甘えた声や鼻にかかった声を出すような意味です。

「鼻っ柱」は，「はなっぱしら」，「鼻柱」は「はなばしら」と読み，「鼻（はな）っ柱（ぱしら）（鼻（はな）柱（ばしら）・鼻っぱし）が強い」は，意地を張って譲（ゆず）ろうとしない性格を意味します。

「酸鼻（さんび）をきわ（極）める・酸鼻（さんび）のきわ（極）み」は，いたましくむごたらしいことです。「阿鼻叫喚（あびきょうかん）」ということばもあります。

問題6-5の答え
1）鼻であしらっ
2）鼻息をうかがっ
3）鼻を鳴らす
4）鼻息が荒い
5）酸鼻をきわめ
6）鼻がきく
7）鼻っ柱が強い
8）鼻毛を伸ばす

手話表現の例

① 鼻息が荒い	② 鼻息をうかがう	③ 鼻であしらう
(a) 鼻／呼吸［呼吸の動作を激しく大きくする］ (b) 自信／とても	(a) 鼻／呼吸／調べる［そっと調べる雰囲気で］ (b) 寝る／ない／どちら（とにかく）／調べる［そっと調べる雰囲気で］ (c) 相手／様子（状態）／［上目遣（うわめづか）いに］尋ねる（質問）	鼻であしらう 

④ **鼻が利く**	⑤ **鼻毛を抜く**	⑥ **鼻毛を伸ばす**
(a) 香り／**得意**  (b) 香り or もうける／判断／はやい	(a) 鼻毛を抜くしぐさ (b) **ごまかす（だます）** 	(a) 鼻／毛／長い (b) 鼻毛が伸びるしぐさ (c) 女／会う／甘い（女性に対して甘い意） (d) 女／［女を見ながら］心／**ゆるむ** 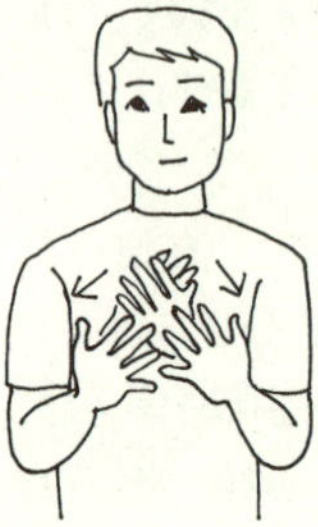

⑦ **鼻を鳴らす**	⑧ **鼻っ柱（鼻柱・鼻っぱし）が強い**	⑨ **酸鼻を極める・酸鼻の極み**
(a) 頼る（信じる）［甘ったれた表情をつけながら］ (b)「鼻にかかった声を出す」と言い換える（例6-2の②参照）	「気が強い」「自信満々で，譲ろうとしない性格」「**意地をはる**」などと言い換える 	(a) とても／悪い［目をそむけるように］ (b) 目をそむけるように覆うしぐさ［むごたらしい場面を見た表情で］

例6－6

①（ライオンが鹿の）**鼻をかむ**	②（食事中）**鼻(洟)をかむ**(のは行儀が悪い)	③ **手鼻をかむ**
④ **鼻（洟・鼻水）が出る**	⑤ **出鼻（出端）をくじかれる**	
⑥ **鼻をほじる・ほじくる**	⑦ **鼻がつまる・鼻づまり**	

手話表現は？

それぞれを，どんな手話で表しますか？

日本語の意味は？

問題6-6

次のことばの意味を，（ア）～（ケ）から選んでください（複数回答可）。

1）鼻をかむ　2）手鼻をかむ　3）鼻が出る
4）出鼻（出端）をくじかれる　5）鼻をほじくる　6）鼻がつまる

（ア）鼻を突き出すこと。
（イ）鼻を折ること。
（ウ）鼻水がこぼれ出ること。
（エ）何かを始めようとした時に，先んじて邪魔されること。
（オ）鼻の中をすっきりさせるために，鼻汁を外に出そうとすること。
（カ）片手で鼻の片側を押さえて，鼻汁を吹き飛ばそうとすること。
（キ）風邪などのために，鼻で呼吸ができなくなること。
（ク）上下の歯を使って，誰かの鼻にかみつくこと。
（ケ）鼻くそを出そうとしたりして，指を鼻の穴の中に入れること。

日本語の意味と答え

それぞれの意味は，答えを見てください。
「鼻をかむ」には，誰かの鼻に歯を立てる意味と，鼻汁を出そうとする意味があります。前者の「かむ」は,「噛む」と書けます。後者の場合は,「洟(はな)をかむ」とも書けます。

「鼻が出る」の「鼻」は,「鼻水」のことであり,「洟」とも書けます。「洟を垂(た)れる」とも言います。

問題6-6の答え
1)(オ)(ク)　2)(カ)
3)(ウ)　4)(エ)
5)(ケ)　6)(キ)

「出鼻(出端)をくじかれる」の「出鼻」は「でばな」,「出端」は「ではな」と読むことが多いようです。「出鼻」は誤用であって,「出端」が本当は正しいと言う人も見られます。これは,何かを始めようと意気込んでいる時に,先んじて邪魔が入る意味です。

手話表現の例

①(ライオンが鹿の)鼻をかむ	②(食事中)鼻(洟(はな))をかむ(のは行儀が悪い)	③手鼻(てばな)をかむ
[左側で]「鹿/鼻」/[右側で]ライオン/[右側から左側に向かって]かみつくしぐさ	鼻をちーんとかむしぐさ	指先で鼻の片側を押さえてかむしぐさ

④鼻(洟(はな)・鼻水(はなみず))が出る	⑤出鼻(でばな)(出端(ではな))をくじかれる
鼻水が出る様子を表す	(a)出る/思う/すぐに/がくっとするしぐさ (b)[親指を使って]出ようとする/[その親指を外部から]押しとどめる

⑥鼻をほじる・ほじくる	⑦鼻がつまる・鼻づまり
鼻に指を入れて,鼻くそを出そうとするしぐさ	鼻づまり(鼻の穴の中に「2」の形の指を突っ込んだりしてふさぐしぐさ)

例7 口・唇

例7-1
① 口が堅い
② 口が重い
③-1 口が軽い
③-2 軽口
④ 口がうまい
⑤ 口下手
⑥-1 口が悪い
⑥-2 悪口
⑥-3 陰口・告げ口
⑦-1 早口
⑦-2 口早
⑧-1 無口
⑧-2 死人に口無し
⑨ 口さがない
⑩ 口を酸っぱくして
⑪ 口（が）うるさい・口やかましい
⑫ 口惜しい
⑬ 口幅ったい

例7-2
① （彼と彼女は）口を合わせる
② （これは私の）口に合う

例7-3
①-1 口をはさむ
①-2 口にはさむ
②-1 口がかかる
②-2 口にかかる

例7-4
① 口を入れる
② 口に入れる
③ 口入れ
④ 入り口・入口
⑤ 口に出す・口に出る
⑥ 口を出す・口出し
⑦ 口が出る
⑧ 出口

例7-5
① 傷口が開く
② 口を開ける・口を開く
③ 口がほぐれる
④ 開いた口がふさがらない
⑤ 開口一番
⑥ 口を閉じる・閉ざす
⑦ 口をつぐむ
⑧ 口を結ぶ
⑨ 口をふさぐ
⑩ 口を封じる
⑪ 口止めする
⑫ 口を慎む
⑬ 閉口
⑭ 口パク

例7-6
①-1 口を切る
①-2 口が切れる
①-3 切り口
①-4 口切り
①-5 切り口上
②-1 口をきく
②-2 口がきく
②-3 口利き
②-4 利口
③-1 口をつく
③-2 口につく
③-3 口をつける
③-4 口つき

③-5　口づけ

例7-7
①　口にする
②　口々に言う
③　口をそろえる・異口同音
④　口を割る
⑤　口を滑らす・口が滑る
⑥　口走る
⑦　口が過ぎる
⑧　口ごもる
⑨　口ずさむ
⑩　口が曲がる
⑪　口説く
⑫　口に任せる
⑬　口は災いの元

例7-8
①　口をたたく
②　口をとがらせる
③　口をぬぐう
④　口が肥える
⑤　口が干上がる
⑥　口ほどにもない
⑦　口が裂けても
⑧　口が腐っても
⑨　口移し
⑩　口伝え
⑪　口コミ
⑫　口直し

例7-9
①-1　口が減らない
①-2　減らず口
①-3　口減らし
②-1　口汚い
②-2　口汚し
②-3　口をにごす
③-1　火口
③-2　口火
③-3　口火を切る

例7-10
①　びんの口
②　口外
③　口実
④　勤め口・働き口
⑤　口車に乗る
⑥　口答え
⑦　甘口
⑧　人口
⑨　口話
⑩　口ぶり
⑪　口調
⑫　口語体
⑬　受け口
⑭　ため口
⑮　序の口

例7-11
①-1　一口（で食べる）
①-2　一口（に言えば）
①-3　一口（1万円）
①-4　一口乗る
②-1　口の端（が痛い）
②-2　口の端（に上る）
③　口角泡を飛ばす
④　口八丁
⑤　口の下から
⑥　口頭
⑦　口から先に生まれる
⑧　口先だけ
⑨　先口
⑩　口癖
⑪　大口をたたく
⑫　小口をきく

例7-12
①　唇をかむ
②　唇を盗む
③　唇をとがらす
④　唇を読む・読唇

例7－1

① 口が堅い	② 口が重い	
③-1 口が軽い	③-2 軽口	
④ 口がうまい	⑤ 口下手	
⑥-1 口が悪い	⑥-2 悪口	⑥-3 陰口・告げ口
⑦-1 早口	⑦-2 口早	
⑧-1 無口	⑧-2 死人に口無し	⑨ 口さがない
⑩ 口を酸っぱくして	⑪ 口(が)うるさい・口やかましい	
⑫ 口惜しい	⑬ 口幅ったい	

手話表現は？

それぞれを，どんな手話で表しますか？

日本語の意味は？

問題7-1（1）

次の言い方は，ありますか？　ない時は，「×」を書いてください。ある時は，その意味を以下の（ア）～（シ）の中から選んでください（複数回答可）。

1)「口が堅い」　2)「口が柔らかい」
3)「口が重い」　4)「口が軽い」
5)「口が上手」　6)「口（が）下手」
7)「口が悪い」

（ア）料理が上手である。
（イ）料理が上手ではない。

（ウ）話し方が上手である。人をまるめこむのが上手である。

（エ）話し方が下手である。人をまるめこむのが下手である。

（オ）ていねいに言う。遠慮がちに言う。

（カ）とかく悪く言う傾向がある。

（キ）話が長い。

（ク）話が短い。

（ケ）秘密にしていなければならないことを，すぐに人に話す。

（コ）秘密にしていなければならないことは，むやみに人に話さない。

（サ）誰とでも会話をする。何でも隠さずにしゃべる。

（シ）口数が少ない。言うのがためらわれる。

日本語の意味は？　問題7-1（2）

次の〔　　〕の中から適切なものを選んでください（複数回答可）。

1）彼は，〔早口・口早〕で有名だ。

2）彼は，〔早口・口早〕に話しかけてきた。

3）〔早口・口早〕ことばの1つに，「隣の客はよく柿食う客だ」がある。

4）彼は，もともと〔口さがない・無口・口無し〕な人だったが，その事件以来，ますます他人と話をすることが少なくなった。

5）「○○さんは～だ」なんて，〔口さがない・無口・口無し〕京雀たちが言っている。

6）〔死人は口さがない・死人は無口・死人に口無し〕とよく言われる。

7）彼女は，聞こえよがしに，彼の〔悪口・陰口〕を言った。

日本語の意味と答え

「口が堅い」は，黙っていなければならないことについて，軽々しく人に言わない意味です。「言い方が柔らかい」と言うことはありますが，「口が柔らかい」という言い方はありません。

「口が重い」は，単に口数が少ない，ある話題になると言うのがはばかられるので黙りこむような時に使われます。

「口が軽い」は，おしゃべりであり，本当は黙っているべきことまで言ってしまう意味です。したがって，「口が軽い」の対語は「口が堅い」であり，「口が重い」ではありません。なお，「口軽」「口重」の言い方もあります。「軽口」は，口が軽いことやそういう人，あるいは，おもしろくて軽妙な話などを意味します。

問題 7-1（1）の答え
1）（コ）　2）×　3）（シ）
4）（ケ）　5）（ウ）　6）（エ）
7）（カ）

問題 7-1（2）の答え
1）早口　2）口早　3）早口
4）無口　5）口さがない
6）死人に口無し　7）悪口

「口がうまい」は，話し方が上手，口先でごまかしたりだましたりするのがうまい，というような意味です。「話上手」や「口上手」「口達者」と似た意味ですが，「話が上手」と「口がうまい」を比べると，「口がうまい」はマイナスのイメージを伴っています。場面によっては，「だますのが上手」と言い換えられるでしょう。一方，「口が下手・口下手」は，話すのが得意ではなく，思っていることを上手に相手に伝えられないことを意味します。

「口が悪い」は，ずけずけと無遠慮に言うことです。「口が良い」という言い方は一般的ではありません。「口当たりが良い」という言い方はありますが。

「悪口」は，「わるぐち」「わるくち」「あっこう」と読み，他人を悪く言うことやそのことばのことです。「悪口雑言」は「あっこうぞうごん」と読み，さんざん悪口を言うことです。「陰口」は，その人がいない所で悪口を言うことです。「告げ口」は，密告のような意味で，「ちくる」とも言います。「口を告げる」という言い方はありません。「告げ口」と「お告げ」は，また意味が異なります。

「早口」は，しゃべり方が速いことです。「早口ことば」「早ことば」は，「なまむぎ・なまごめ・なまたまご」のように，急いで言うと言いにくいことばを早口で言うものです。「口早」も，言い方が早いことですが，問題 7 − 1 (2) を見ればわかるように，「早口」と「口早」は，使われ方は同一ではありません。

「無口」は，あまりしゃべらないことです。「死人に口無し」は，口がないことではなく，死んでしまうと，釈明も証言もできなくなる意味です。

「口さがない」は，無遠慮に他人の噂話や批評をしたがることです。「口さがない京童（京童部）」や「口さがない京雀」とよく言われます。筆者は「京雀」を京都にいる雀のことと思っていましたが，京都の人のことだそうです。

「口を酸っぱくして」は，同じことを何回も言う様子のことです。

「口（が）うるさい・口やかましい」は，小言などをうるさく言うことです。

「口惜しい」は，悔しい・残念に思う意味です。やや古風な言い方であるように思います。小学校 3 年生の国語の教科書に載っていました。

「口幅ったい」は，身の程をわきまえず，生意気なことを言う意味です。

手話表現の例　　**現実に見られる表現例を含む，以下同様**

① 口が堅い

(a) 口／**固い（しっかり）**
(b) 秘密／**固い（しっかり）**

(c) おしゃべり／違う
(d) 秘密／**隠す（保留）**／続く（続ける）

(e) 秘密／守る

② 口が重い

(a) **口**／重い

(b) 話す／少し
(c) 話す／**なかなか**

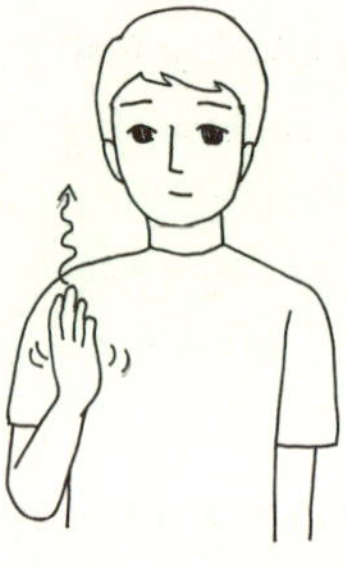

③-1 口が軽い

(a) 口／軽い
(b) 単に「おしゃべり」とする
(c) 秘密／簡単／本音をもらす

③-2 軽口（かるくち）

(a) ③-1と同じ
(b) 冗談
(c) おもしろい／話

④ 口がうまい

（a） 口／上手
（b） 話す（一方的に）or おしゃべり／上手
（c） ごまかす（だます）／上手
（d） ごますり／上手

⑤ 口下手（くちべた）

（a） 口／下手
（b） 話す（一方的に）／下手
（c） ごまかす（だます）／下手
（d） **ごますり**／下手

⑥-1 口が悪い

（a） 口／悪い
（b） はっきり／話す
（c） **遠慮**／ない／話す

⑥-2 悪口（わるぐち）

（a） 悪い／口
（b）（「彼が彼女の悪口を言う」場合）彼／彼女／悪い［彼女を表す小指を見ながら］／言う［彼から他の人に向かって］

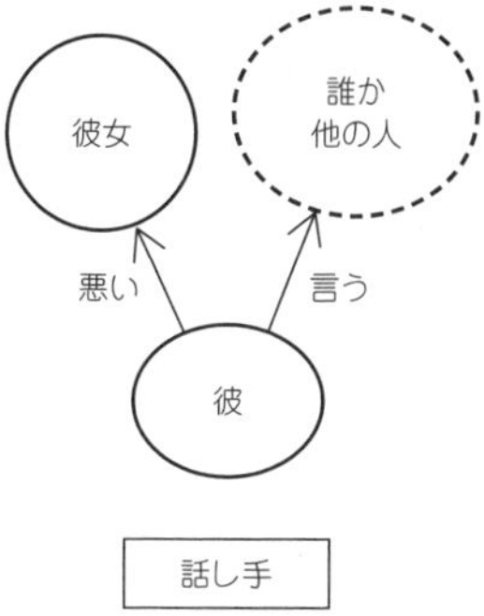

⑥-3 陰口（かげぐち）・告げ口（つげぐち）

陰口

⑥-3について，「陰口」と「告げ口」を区別したいと思ったら，「陰口」は左手を口に当てながら右手で「誰かを悪く言う」とし，「告げ口」は左手を口に当てながら右手で「誰かの秘密（悪行，失敗など）を言う」としたほうがよいかもしれません。

⑦-1 早口（はやくち）	⑦-2 口早（くちばや）
(a) はやい／口 (b) はやい／話す	(a) はやい／口 (b) 話す／はやい

⑧-1 無口（むくち）	⑧-2 死人に口無し（しにん　くちな）	⑨ 口さがない（くち）
②（「口が重い」）と同じ	話す／難しい（できない）	(a) 話す／話す［方向をずらしながら］ (b)「無遠慮に噂話や批評をする」と言い換える

⑩ 口を酸っぱくして（す）	⑪ 口(が)うるさい・口やかましい
(a) 口／酸っぱい (b) 何回も（たくさん）／言う／言う	(a) わーわー言われる［顔をしかめながら］ (b) おしゃべり／うるさい

⑫ 口惜しい（くちお）	⑬ 口幅ったい（くちはば）
(a) 悔しい (b) 残念	(a) 厚かましい (b) 生意気／話す or 言う

⑬（b）の「生意気」の手話は，胸のそばで親指を立て，それをぐっと上に持ち上げる手話表現です。

例 7 − 2

①（彼と彼女は）**口を合わせる**	②（これは私の）**口に合う**

手話表現は？

この 2 つの文章は意味が異なりますが，同じ手話表現になりませんでしたか？

日本語の意味は？

問題 7 - 2

1)「私と妻は，それが好みだ」という意味になるのは，次のどれですか？

（ア）「私と妻の口に合わせている」

（イ）「私と妻の口を合わせている」

（ウ）「私と妻は，口を合わせている」

（エ）「私と妻の口と合っている」

（オ）「私と妻の口に合っている」

（カ）「私と妻の口は合っている」

2)「母ががんであることを本人に言いたくないので，私と妻は，母に病名をどう説明するかを相談した」という意味になるのは，次のどれですか？

（ア）「私と妻の口に合わせた」

（イ）「私と妻の口を合わせた」

（ウ）「私と妻は，口を合わせた」

（エ）「私と妻の口と合った」

（オ）「私と妻の口に合った」

（カ）「私と妻の口は合った」

日本語の意味と答え

問題 7 - 2 の答え
1)（オ）
2)（ウ）

「口を合わせる」は，何かを相談して同じ事を言うように準備する意味や，相手の話に調子を合わせる意味があります。「彼と彼女の口を合わせる」とは言わず，「彼と彼女は，口を合わせる」と言います。「口を合わせる」

をひとつの動詞として覚えるとよいでしょう。なお,「口裏を合わせる」は,「口を合わせる」と同じ意味です。

一方,「口に合う」は,飲食物がその人の好みであることを意味します。「これは私の口に合う」「それは(あなたの)お口に合いましたか?」のように使います。『日本語－手話辞典』では,「おいしい」という手話を使うとされていますが,おいしいかだけでなく,その人の好みであるかどうかも尋ねている感じです。

「AはBと合う」の言い方が時々見られますが,それは「A」と「B」が対等な関係にある場合でしょう。「CはDに合う」の言い方について,「このネクタイは,あの背広に合う」「その服は,結婚式に合う」などの言い方を見ればわかるように,どちらかと言えば「D」が「合わせられる物(主)」で,「C」が「合わせる物(副)」であるイメージがあります。ですから,「結婚式は,その服に合う」のような言い方は誤用となるのでしょう。「私の口」と「お酒」について,この2つは対等関係にないので,「その酒は,私の口と合う」「私の口は,その酒と合う」「私の口は,その酒に合う」とは言わず,「その酒は,私の口に合う」と言うのだと思います。

手話表現の例

①(彼と彼女は)**口を合わせる**	②(これは私の)**口に合う**
(a)[両手で同時に]話す or「彼/話/彼女/話」/ぴったり(合う) (b)話/内容/同じ or **合わせる** or 一致(話の内容を同じにする意)  (c)話/一緒/作る(話を一緒に作る意)	(a)口/**ぴったり(合う)**  (b)「私はこれが好き」と言い換える (c)「これはおいしい」と言い換える

例 7 − 3

①-1 口をはさむ	①-2 口にはさむ
②-1 口がかかる	②-2 口にかかる

手話表現は？

①-1と①-2，あるいは②-1と②-2は意味が異なりますが，同じ手話表現になりませんでしたか？

日本語の意味は？

問題 7 - 3

次の（　　）には，「が」「を」「に」のどれが入りますか？

1）母は，いろいろなことに口（　　）はさんでくるので困る。

2）彼女は，両手がふさがっていたので，紙を口（　　）はさんで，戸を開けた。

3）レモンを切っていたら，汁が少し私の口（　　）かかった。唇をなめると，酸っぱい味がした。

4）彼女は，誰かから口（　　）かかるのを待っていた。

日本語の意味と答え

問題 7 - 3 の答え
1）を　2）に
3）に　4）が

「口をはさ（挟）む」は，他人の会話に横から割り込む意味です。「口にはさ（挟）む」は，上唇と下唇で何かをはさみ込むようにくわえる意味です。

「口がか（掛）かる」は，誘われる・声をかけられる意味です。「口にか（掛）かる」は，何かが飛んで来て口に付く意味です。

聴覚障害児には，文章の流れの中で意味がわかるだけでなく，問題 7 − 3 のような問題に適切に答えたり，「口をはさむ」「口にはさむ」「口がかかる」「口にかかる」のそれぞれを使った短文を適切に作ったりできる力を身につけてほしいと思います。

手話表現の例

①-1 口をはさむ	①-2 口にはさむ
(a) 話す（会話）／横から話す［その間に割り込むように］ (b) **干渉** 	口／はさむ（口元に置いた左手の親指と他の4本の指の間に，右手を入れて，はさむしぐさ）

②-1 口がかかる	②-2 口にかかる
誘われる	口／飛んで来て口に付くしぐさ

例 7－4

① 口を入れる	② 口に入れる
③ 口入れ	④ 入り口・入口
⑤ 口に出す・口に出る	⑥ 口を出す・口出し
⑦ 口が出る	⑧ 出口

手話表現は？

「口」と「入」「出」を集めた表現について,「意味が異なるのに同じ手話表現になった」ということは，ありませんでしたか？

日本語の意味は？

問題 7 - 4

次の（　　）には,「を」「に」「が」の，どれが入りますか？

1）内輪(うちわ)の話に，口（　　）入れないでくれ。

2）おそるおそる口（　　）入れてみたら，案外おいしかった。

3）自然な英語がさっと口（　　）出るようになった。

4）思ったことを口（　　）出す前に，ちょっと考えてみよう。

5）子どもの練習に，口（　　）出す親が増えている。

6）彼は，考えるより先に口（　　）出るタイプの人だ。

日本語の意味と答え

「口を入(い)れる」は，他人の話に横から割り込んだり，干渉したりする意味です。「口に入(い)れる」は，何かを口の中に入れる意味です。

「口入(くちい)れ」は，口を入れる意味の他に，中に入って両者の間を取り持つ意味もあります。

「入(い)り口(ぐち)・入口(いりぐち)」は，入るところや物事のし始めなどを意味します。

問題 7 - 4 の答え
1）を　2）に　3）に
4）に　5）を　6）が

「口に出す」と「口に出る」は，ともに声を出して言う意味であり，この2つの違いは，他動詞と自動詞の違いです。

「口を出す」は，他人の言動に対してあれこれ言うことです。「口出し」や「差し出口」は，口を出す意味です。「口入れ」は口を入れる意味だけではありませんが，「口出し」は口を出す意味だけであるように思います。

「口が出る」は，「まず口が出る」「手より先に口が出る」のように使われます。

「出口」は，出るところなどを意味します。「出口調査」などの場合は，手話表現の仕方を工夫する必要があるでしょう。

手話表現の例

① 口を入れる	② 口に入れる
(a) 口／入れる (b) 話す（会話）／割り込む (c) 干渉	(a) 自分の口の中に入れるしぐさ (b) 口／中（内）／入れる

③ 口入れ	④ 入り口・入口
(a) ①と同じ (b) 通訳（紹介） (c) **つなぐ（見合い）**	入る／**口**

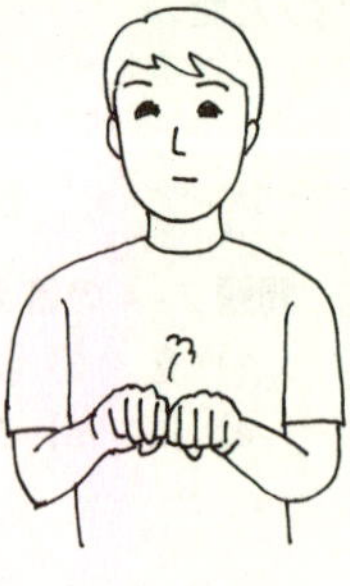

⑤ 口に出す・口に出る	⑥ 口を出す・口出し
(a) 言う (b) 話す (c) **声** 	(a) あれ／これ／言う／言う (b) 口／**干渉** 

⑦ 口が出る	⑧ 出口
口／**優先**（口が先の意） 	出る（家を）／口 （「出口調査」の場合は，「選挙で投票を終えた人に対して，誰 or どの政党に投票したかを尋ねて，当選予想を出す資料とすること」などと説明する）

例 7－5

① 傷口が開く	② 口を開ける･口を開く	③ 口がほぐれる
④ 開いた口がふさがらない		⑤ 開口一番
⑥ 口を閉じる・閉ざす	⑦ 口をつぐむ	⑧ 口を結ぶ
⑨ 口をふさぐ	⑩ 口を封じる	⑪ 口止めする
⑫ 口を慎む	⑬ 閉口	⑭ 口パク

手話表現は？

「口を開く」と「口がほぐれる」,「口を閉じる」と「口を慎む」の意味はどう違うでしょうか？　それぞれを，どんな手話で表しますか？

日本語の意味は？

問題 7-5（1）

次の〔　〕の中から，適切なものを選んでください（複数回答可）。

1）彼は無口だったが，酒を飲み交（か）わすうちに，彼の口も〔開けて・開いて・ほぐれて〕きた。

2）これからは，口を〔閉ざし・慎み〕，ことばをよく選んで発言したいと思う。

3）「私は，あることをしゃべるまいと（急に）黙りこんだ」意味の文章として，「私は，〔口を閉ざした・口をつぐんだ・口をふさいだ・口を封じた・口止めした・口を慎んだ〕」が適切な言い方である。

4）「彼が，彼女にあることを言わないようにさせた」意味の文章として，「彼は，彼女〔の口を閉じた・の口を閉ざした・の口をつぐんだ・の口をふさいだ・の口を封じた・に口止めした・に口を慎ませた〕」が適切な言い方である。

日本語の意味は？

問題7-5（2）

「閉口」は，何と読みますか？　また，「口を閉じる」意味の他に，どんな意味がありますか？　下記の中から選んでください。

（　　）（ア）釣り合いがとれていること。

（　　）（イ）２本の直線をいくら延長しても交わらないこと。

（　　）（ウ）同時に行われること。

（　　）（エ）ひどく困らされること。

日本語の意味と答え

問題7-5（1）の答え
1）ほぐれて　2）慎み
3）口を閉ざした・口をつぐんだ・口をふさいだ
4）の口をふさいだ・の口を封じた・に口止めした
問題7-5（2）の答え
「へいこう」　（エ）

「傷口が開（ひら）く」は，閉じていた傷口が，ぱっくりと開く意味です。

「口を開（あ）ける・口を開（ひら）く」は，文字通り唇を上下にあける意味と，話し始める意味があります。どちらかと言えば，「話し始める」意味の時は，「口を開（ひら）く」の言い方のほうがよく使われるように思います。

「口がほぐれる」も話し始める意味がありますが，問題７－５(1) の１）を見ればわかるように，使われ方が少し違います。

「開（あ）いた口がふさがらない」は，あきれて何も言えなくなる意味です。

「開口一番（かいこういちばん）」は，話し始める最初のこと，または最初に言うことばのことです。

「口を閉（と）じる・口を閉ざす」は，文字通り上下の唇を合わせて閉じる意味と，黙る意味とがあります。どちらかと言えば，「黙る」意味の時は，「口を閉ざす」の言い方のほうがよく使われるように思います。

「口をつぐ（噤）む」や「口を結（むす）ぶ」は，口を閉じたり黙ったりする意味です。

「口をふさ（塞）ぐ」は，黙らせる意味です。実際に相手の口に自分の手を当てる動作をする時にも使います。

「口を封（ふう）じる」は，黙らせる意味です。場面によっては「殺す」の意味もあるでしょう。彼を黙らせる時，「彼の口を封じる」は言えても，「彼の口を閉じる」は言えません。「彼の口を閉じさせる」は言えます。逆に，自分が黙る時，「私は口を閉ざす・閉じる」とは言えても，「私は自分の口を封じる」とは言いません。

「口止（くちど）めする」は，何かを言わないようにさせる意味です。単に沈黙させる意味ではないように思います。

「口を慎(つつし)む」は，「ことばを慎む」と同じ意味で，話す内容や話し方に気をつける意味です。

「開口(かいこう)」には「口を開く」意味しかありませんが，「閉口(へいこう)」は，「口を閉じる」意味と，「ことばに詰まる・困ってしまう」意味があります。なお，問題7－5(2)の（ア）は「平衡」を，（イ）は「平行」を，（ウ）は「並行」を意味します。

「世間(せけん)の口には戸は立てられぬ」は，人々の噂(うわさ)は防ぎようがない意味です。

なお，「口パク」は，これが載っていない辞典が多いようですが，歌手などが前もって録音されたテープに合わせて口を動かし，歌っているかのように見せかけることです。「（地域校での）音楽の時間は，いつも口パクだった」と語る聴覚障害者が多いです。筆者も，聴児ばかりの学校にいた時，「口パク」でした。これは音程がはずれているからだけではなく，発音にも自信がなかったからです。

手話表現の例

① 傷口が開(ひら)く	② 口を開(あ)ける・口を開(ひら)く	③ 口がほぐれる
傷／両手でつぼみのような形を作り，それを開けるしぐさ	(a) 口／口のそばに片手の閉じた指をもって来て，それを上下に開く (b) 話す／始める（始まる）	(a)（ぼちぼち／）話す／始める（始まる） (b) 心／開く or **腹を割る**／始める（始まる） 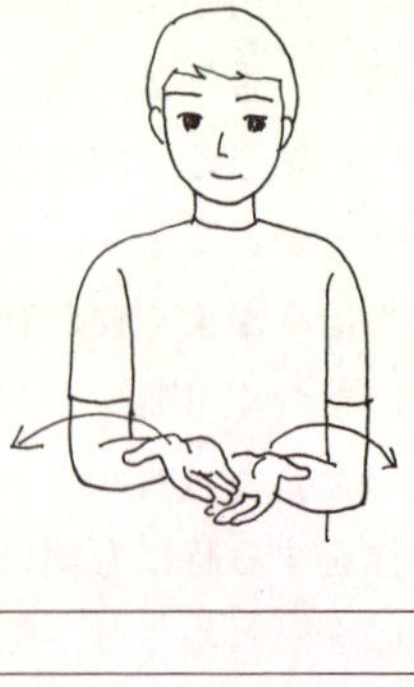

④ 開(あ)いた口がふさがらない	⑤ 開口一番(かいこういちばん)
あきれる	最初／言う

⑥ 口を閉(と)じる・閉ざす	⑦ 口をつぐむ	⑧ 口を結(むす)ぶ

(a) 黙る（握りこぶしを口に当てる）
(b) 秘密（人差し指を口に当てる）
(c) **口を結ぶ**

⑨ 口をふさぐ	⑩ 口を封(ふう)じる	⑪ 口止(くちど)めする
(a) 黙る or 秘密 or 口を結ぶ／命令 or **脅す（強制）**  (b) 手のひらを自分の口に当てるしぐさ	(a) 黙る／**命令（私から彼へ）** or 脅す（強制）  (b) 殺す	(a) 黙る or 秘密 or 口を結ぶ or 隠す（保留）／命令 or 脅す（強制） (b) 言う／禁止 (c) **口止め** 

<table>
<tr><th>⑫ 口を慎(つつし)む</th><th>⑬ 閉口(へいこう)</th><th>⑭ 口パク</th></tr>
<tr><td>(a) 話す／遠慮 or がまん

(b) 話す or 言う／注意（気をつける）</td><td>(a) あきれる
(b) 困る
(c) お手上げ
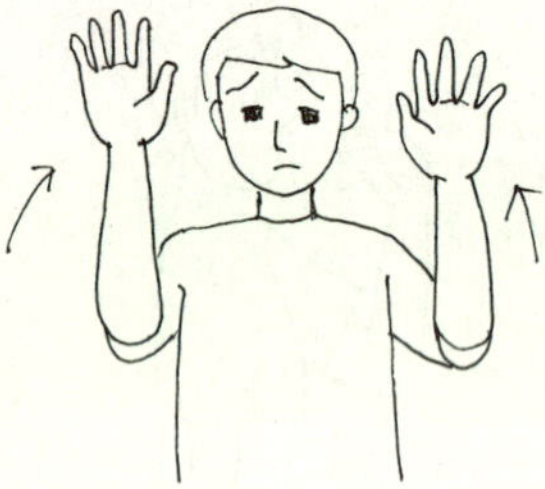
(d) 降参
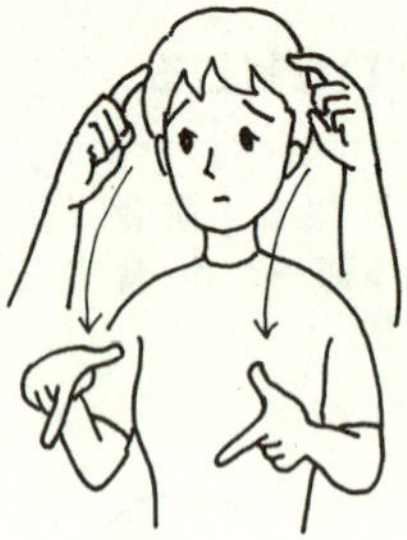
(e) ⑥と同じ</td><td>(a) 口のそばにもってきた片手の閉じた指を上下に開閉することを繰り返す［「パクパク」の口形をつけながら］
(b)「声を出さずに歌う」などと言い換える</td></tr>
</table>

例 7 －6

①-1 口を切る		①-2 口が切れる
①-3 切り口	①-4 口切り	①-5 切り口上
②-1 口をきく		②-2 口がきく
②-3 口利き		②-4 利口
③-1 口をつく	③-2 口につく	③-3 口をつける
③-4 口つき		③-5 口づけ

手話表現は？

それぞれを，どんな手話で表しますか？

日本語の意味は？

問題 7 - 6

次の（　　）には，以下のどれが入るでしょうか？　文に合う形にして入れてください（問題によっては，複数回答可）。

口を切る　口が切れる　口をきく　口がきく
口をつく　口につく　口をつける

1）えらそうな（　　）な。
2）瞬時に英語の文章が（　　）ようになった。
3）はさみで袋の（　　）て，中身を取り出した。
4）彼は，（　　）たビールの泡をぬぐった。
5）その議員には，息子の就職の件で，（　　）てもらったんだ。
6）彼は，その業界に（　　）らしいから，彼にお願いしてみたらどう？
7）彼を見ると，（　　）ていて，血があごをつたっていた。
8）彼女は，出されたお菓子に（　　）ないで，帰った。

日本語の意味と答え

> **問題 7 - 6 の答え**
> 1）口をきく　2）口をつく
> 3）口を切っ　4）口につい
> 5）口をきい　6）口がきく
> 7）口が切れ・口を切っ
> 8）口をつけ

「口を切る」は，口にけがをする意味や，真っ先に発言する意味，何か容器や袋の口を開ける意味などがあります。「口が切れる」は，口にけがをする意味です。「切り口」は，切断面や傷，切る手付き，着眼点や発想，袋などの切れ目などを意味します。「口切り」は，封を切る意味，物事のし始めの意味などがあります。「切り口上」は，堅苦しく改まった言い方を意味します。

「口をき（利）く」は，話す意味，口達者である意味，斡旋や仲介をする意味などがあります。「口を聞く」と書くのは，誤用のようです。なお，「口をきかない」に「話さない・黙る」意味があると思い，「彼は，口をきかないで，先生の話を聞いた」と書いた例があるそうです。「口がき（利）く」は，「顔が利く」と同じような意味です。「口利き」は，斡旋や仲介，調停などのことです。「利口」は，賢いことです。

「口をつく」は，無意識に思いがけないことばが口に出たり，すらすらと口からことばが出たりする意味です。この「つく」を漢字で書くと「衝く」だそうです。

「口につ（付）く」は，何かが唇にくっつく意味です。「口をつ（付）ける」は，何かに口をくっつける意味の他に，食べる意味があります。「口つき（口付き・口付）」は口の形やしゃべり方のことで，「口づけ（口付け・口付）」はキスのことです。

手話表現の例

①-1 口を切る	①-2 口が切れる
(a) 口／切る or 傷 (b) 一番 or 最初／話す or 言う (c) 袋や容器の口をあけるしぐさ	口／切る or 傷

①-3 切り口	①-4 口切り	①-5 切り口上
(a) 切る／面 (b) 切る／様子（状態） (c) 考える／ポイント (d) 袋／破る	(a) 袋／破る (b) 最初 or 1 番目	固い（しっかり）／きちんと／話す

②-1 口を利(き)く	②-2 口が利(き)く
(a) 言う or 話す or おしゃべり (b) 世話 (c) 通訳（紹介）／**つなぐ（見合い）** 	(a) 力／ある (b) **顔が広い** 

②-3 口利(くちき)き	②-4 利口(りこう)
②-1の（b)・（c）と同じ	賢い

③-1 口をつく	③-2 口に付(つ)く	③-3 口を付(つ)ける
(a) 自然／話す (b) 本音をもらす	口に何かがくっつくしぐさ	(a) 食べる (b) 箸を付けるしぐさ

③-4 口付(くちつ)き・口付(くちつき)	③-5 口付(くちづ)け・口付(くちづけ)
(a) 口／様子（状態） (b) 話／休憩（雰囲気） or 感じる	キス

例 7 － 7

① 口にする	② 口々に言う	③ 口をそろえる・異口同音
④ 口を割る	⑤ 口を滑らす・口が滑る	⑥ 口走る
⑦ 口が過ぎる	⑧ 口ごもる	
⑨ 口ずさむ	⑩ 口が曲がる	
⑪ 口説く	⑫ 口に任せる	⑬ 口は災いの元

手話表現は？

それぞれを，どんな手話で表しますか？

日本語の意味は？

問題 7 - 7

みんなの話す内容が違うのは，次のどれですか？（複数回答可）

（ア）口々に言う。

（イ）口をそろえて言う。

（ウ）異口同音に言う。

日本語の意味と答え

問題 7 - 7 の答え　（ア）

「口にする」は，「口に出す」と同じような意味です（例 7 － 4 参照）。また，食べたり飲んだりする意味もあります。

「口々（くちぐち）に言う」は，みんながばらばらに言う意味です。同じ内容のことを言っているとは限りません。それに対して「口をそろ（揃）える」「異口同音（いくどうおん）」は，みんなが同じ内容のことを同時に言う意味です。

「口を割（わ）る」は，隠していたことを白状する意味です。

「口を滑（すべ）らす・口が滑（すべ）る」は，うっかり言ってしまう意味です。

「口走る」は，調子に乗ったりして，心にもないことを言うことです。
「口が過ぎる」は，失礼なことを言う意味です。
「口ごもる」は，はっきり言えずに，口の中でもごもご言うことです。
「口ずさむ」は，心に浮かんだ詩歌などを気の向くままに小声で唱えることです。
「口が曲がる」は，「悪口を言うと口が曲がるよ」のように使われ，悪口をいさめることばですが，この「口が曲がる」に不快感を示す人も見られます。
「口説く」は，相手を説得しようと，あれこれと言う意味です。「説く」と比べると，「口頭で」「自分の利益のために」という意味が含まれるように思います。
「口に任せる」は，深く考えず，勢いに乗って話すことです。
「口は災いの元」は，不用意なことばを慎む必要性を示すことわざです。

手話表現の例

① 口にする	② 口々に言う	③ 口をそろえる・異口同音
(a) 言う or 話す (b) 食べる or 飲む	[いろいろな方向から] 話す・話される	(みんな) 同じ (／内容) ／ [両手で場所を変えて] 話す

④ 口を割る	⑤ 口を滑らす・口が滑る	⑥ 口走る
本音をもらす（白状する意） 	(a) 口／**口を滑らす**  (b) 本音をもらす	(a) 言う／**失敗（ミス）**（言ってしまう意）  (b) ⑤と同じ

⑦ **口が過ぎる**	⑧ **口ごもる**
(a) 口／**過ぎる（遅刻）** (b) 言う／**過ぎる（遅刻）**  (c) 失礼（非常識）／言う	(a) **つぶやく（もごもご言う）** 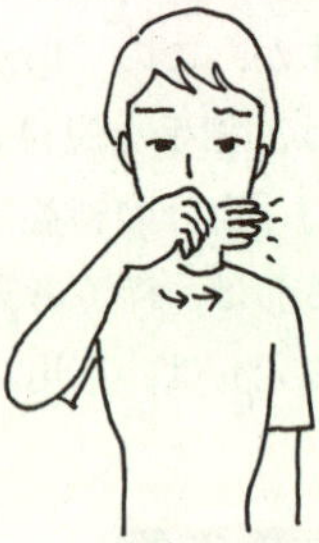 (b) はっきり／言う／ない (c) あいまい／言う

⑨ **口ずさむ**	⑩ **口が曲がる**
[口の近くで小さく] 言う or 歌う	口／障害（折る）

⑪ **口説く**	⑫ **口に任せる**	⑬ **口は災いの元**
説明／説明［説得しようとする雰囲気で］（「説く」との違いを説明するために，「口頭で」「自分の利益のために」などと補足する）	(a) 口／任せる (b) 思う／言う／思う／言う (c) 頭／空っぽ／話す	(a) 口／災害／基本 (b) 口を滑らす／（時）／不便 or 悪い（口を滑らすと不幸・悪い状態になる意）

⑬（b）の「不便」について，この「不便」の手話は，『日本語－手話辞典』によれば，「不便」「不幸」「まずい」などを意味します。

例7－8

① 口をたたく	② 口をとがらせる	③ 口をぬぐう
④ 口が肥える	⑤ 口が干上がる	⑥ 口ほどにもない
⑦ 口が裂けても	⑧ 口が腐っても	⑨ 口移し
⑩ 口伝え	⑪ 口コミ	⑫ 口直し

手話表現は？

それぞれを，どんな手話で表しますか？

日本語の意味は？

問題7-8

次の（　　）には，以下のどれが入るでしょうか？　文に合う形にして入れてください（問題によっては，複数回答可）。

口をたたく　　口をとがらせる　　口をぬぐう
口が肥える　　口が干上がる　　口ほどにもない

1）あいつは，うまい料理を食べ続けて，（　　）ている。
2）大きな（　　）なよ！
3）あいつは，えらそうなことを言っているが，（　　）奴だよ。
4）「それじゃないとダメなのよ」と言って，彼女は（　　）た。

日本語の意味と答え

「口をたた（叩）く」は，よくしゃべる，言いたい放題である意味です。

「口をとが（尖）らせる」は，不満そうに唇を前に突き出して激しく言ったり不満そうな顔をしたりする意味です。

「口をぬぐ（拭）う」は，唇をぬぐう意味と，何か悪いことをしておきながら知らん顔をする意味があります。盗み食いしたあと，口のまわりをふいて食べていないふりをすることからきたことばです。

「口が肥(こ)える」は，おいしい物を食べ慣れていることです。何の味かを判別する力がすぐれていることを意味する時もあると思います。

「口が干上(ひあ)がる」は，生活の手段を失って困る意味です。

問題 7-8 の答え
1) 口が肥え
2) 口をたたく
3) 口ほどにもない
4) 口をとがらせ

「口ほどにもない」は，能力があるかのように言うが，実際はそれほどでもないという意味です。

「口が裂(さ)けても」「口が腐(くさ)っても」は，どんなことがあっても秘密を話さないという時に使われることばです。

「口移し」は，自分の口から相手の口へ食べ物を入れて食べさせる意味や，口頭で伝えたりする意味があります。

「口伝(くちづた)え」は，口頭で伝えることです。「口伝」は「くでん」とも読みます。

「口(くち)コミ」は，噂(うわさ)や評判などを口伝えに広めることです。

「口直し」は，その前に食べた味を消すために，別の物を飲食することです。

手話表現の例

① 口をたたく	② 口をとがらせる	③ 口をぬぐう
(a) おしゃべり (b) 話す（一方的に）	(a) 口をとがらせるしぐさ (b) 不満／言う	(a) 口をぬぐうしぐさ (b)「知らん顔をする」と同じ（例 2-2 を参照）

④ 口が肥(こ)える	⑤ 口が干上(ひあ)がる	⑥ 口ほどにもない
(a) おいしい／食べる／慣れる or 経験（おいしい物を食べ慣れている意） (b) おいしい／判断／力／立派	（失職したりして）生活／苦しい	「口で言っているだけ」などと言い換える

⑦ **口が裂(さ)けても**	⑧ **口が腐(くさ)っても**	⑨ **口移し**
(a) 口／破る／しかし (b) 絶対	(a) 口／臭(くさ)い／しかし (b) 絶対	(a) 食べ物／自分の口に入れる／相手の口に入れるしぐさ (b) 口／連絡（口頭で伝える意）

『日本語－手話辞典』では，「魚が腐る」の手話表現は「魚／臭(くさ)い」となっていたので，⑧では，「腐る」の手話を「臭い」としましたが，「腐る」と「臭い」は異なる意味だと言われたら，筆者もそう思います。

⑩ **口伝え(くちづた)**	⑪ **口(くち)コミ**	⑫ **口直し**
(a) 口／連絡 (b) 話す／話す／話す ［位置をつなぐように］ (c) **伝わる（次々に）** 	(a) 口／**広がる（影響）**  (b) ⑩「口伝え」と同じ	(a) 口／**直す**  (b)「前に食べた物の味をなくすために，別の物を食べる」と言い換える

例 7 −9

①-1 口が減らない	**①-2 減らず口**	**①-3 口減らし**
②-1 口汚い	**②-2 口汚し**	**②-3 口をにごす**
③-1 火口	**③-2 口火**	**③-3 口火を切る**

手話表現は？

それぞれを，どんな手話で表しますか？

日本語の意味は？

問題 7-9（1）

次の文章の意味を，下記の（ア）～（エ）から選んでください。

1)「口が減らない」　2)「口減らし」

（ア）口数が少なくならないこと。

（イ）言いこめられてもまだあれこれと負け惜しみを言うこと。

（ウ）経済的な理由から，養うべき人数を減らすこと。

（エ）寄付金の口数を減らすこと。

日本語の意味は？

問題 7-9（2）

次のことばの意味を，下記の（ア）～（カ）から選んでください（複数回答可)。また，1）と 2）は何と読みますか？

1)「口汚い」　2)「口汚し」　3)「口をにごす」

（ア）悪いことば，失礼なことば，汚いことばを使う。

（イ）食べ物をがつがつ食べる。食べようとする。

（ウ）口のまわりが汚れている。

（エ）他人にすすめる飲食物をへりくだっていう時に使うことば。

（オ）話す内容をあいまいにする。

（カ）話す内容をはっきりと言う。

日本語の意味は？

問題7-9（3）

次のことばの意味は，（ア）～（エ）のどれでしょうか？（複数回答可）
また，1）と2）はそれぞれ何と読みますか？

1）「火口」　2）「口火」　3）「口火を切る」

（ア）ダイナマイトなどを爆発させるために付ける火のこと。
（イ）ガス湯沸かし器などですぐに火が付くように，いつも付けておく小さな火のこと。
（ウ）火山の噴火口のこと。
（エ）最初に始めること。

日本語の意味と答え

問題7-9（1）の答え
1）（イ）　2）（ウ）
問題7-9（2）の答え
1）（ア）（イ）くちぎたな（い）
2）（エ）くちよご（し）　3）（オ）
問題7-9（3）の答え
1）（ウ）かこう
2）（ア）（イ）くちび　3）（エ）

それぞれの意味は，問題の答えを見てください。

「減(へ)らず口(ぐち)（をたたく）」は，「口が減らない」と同じ意味と思ってよいように思います。

「口減(くちべ)らし」の「口」は，食料を必要とする点から見た人数を意味します。

「口汚(くちぎたな)い」は，口のまわりが汚いことではありません。「口汚くののしる」「口汚く料理に手を伸ばす」のように使われます。

なお，「にご（濁）す」と「にご（濁）らす」は同じ意味ですが，「口をにごらす」とは言いません。それから，「口をにごす」は誤用で，正しくは「ことばをにごす」または「お茶をにごす」と言うという説が見られましたが，「口をにごす」の言い方を使う人が多く，また実際にある辞書に載っていたので，本書では取り上げることにしました。

「（お）口汚(くちよご)し」という言い方はよく使われますが，「口を汚(よご)す」という言い方は使われないようです。

「誤用」についてですが，大多数の人が使えば「誤用」ではなくなることがあるでしょう。言語は，時代とともに変わっていくものですから。

手話表現の例

①-1 口が減らない	①-2 減らず口(へらずぐち)	①-3 口減らし(くちべらし)
「自分の敗北や失敗を素直に認めず，へりくつや言い訳を言い続けること」などと説明する	①-1と同じ	(a) 口／減る (b) 育てる／育てられた人を表す指を指さす／(数(いくつ))／減る

②-1 口汚い(くちぎたな い)	②-2 口汚し(くちよごし)	②-3 口をにごす
(a) 悪い (b) **失礼（非常識）**  (c) 乱暴／言う (d) がつがつ食べるしぐさ	(a) 口／汚い (b)「少しですが，お召し上がりください」と言い換える	(a) 口／あいまい (b) **つぶやく（もごもご言う）** 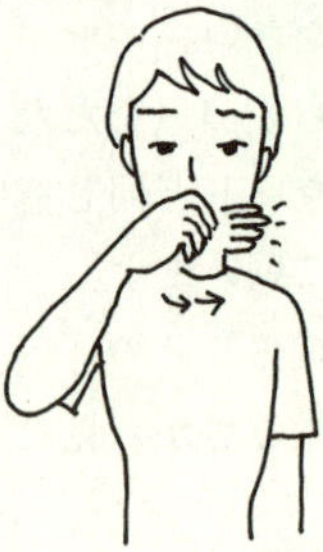 (c) 話／内容／あいまい or ごまかす（だます）

③-1 火口(かこう)	③-2 口火(くちび)	③-3 口火(くちび)を切る
(a) 火／山／口 (b) 爆発／[爆発の手話を表した位置で] 下を指さす	(a) 口／火 (b) 小さい／火 (c) 基本／火（種火の意）	(a) 口／火／切る (b) 最初／始める（始まる）

例7－10

① びんの口	② 口外	③ 口実
④ 勤め口・働き口	⑤ 口車に乗る	⑥ 口答え
⑦ 甘口	⑧ 人口	⑨ 口話
⑩ 口ぶり	⑪ 口調	⑫ 口語体
⑬ 受け口	⑭ ため口	⑮ 序の口

手話表現は？

「口」を使った表現を集めてみました。それぞれを，どんな手話で表しますか？

日本語の意味は？

問題7-10（1）

1)「甘口」は，何と読みますか？　また，次の文章で，「甘口」が正しく使われている文章はどれですか？（複数回答可）

（　　）（ア）人の甘口に乗らないように，気をつけてください。

（　　）（イ）僕は，酒は，辛口より甘口がよい。

（　　）（ウ）僕は，○○さんが嫌いだから，甘口の批評はできないよ。

2)「人口」は，一般的に何と読みますか？　また，次の文章で，「人口」が正しく使われている文章はどれですか？（複数回答可）

（　　）（ア）あの村の人口は，千人もいないと思うよ。

（　　）（イ）あなたのチームの人口は，何人ですか？

（　　）（ウ）その美談は，広く人口にのぼった。

3) 次の単語は，それぞれ何と読みますか？

口外　　口実　　口車　　口話　　口調　　口語体

日本語の意味は？　問題 7-10（2）

次の（　　）には，「口話」「口ぶり」「口調」「口語体」のどれが入りますか？

1) 彼女は，もうすぐ就職をするような（　　）だった。

2) 彼は，激しい（　　）で演説をした。

3) 彼の（　　）から判断して，彼の母はもう回復の見込みがないらしい。

4)（　　）で質問を入力して検索できるシステムが開発された。

5) 大好きだった父の（　　）を真似し続けていたら，いつの間にか僕自身の（　　）になってしまっていた。

6)（　　）とは，聴覚障害者が，発声により話を相手に伝え，また，読唇などにより相手の話を理解することです。

日本語の意味と答え

「口外（こうがい）」は，「口の外」のことではなく，秘密を外部に言うことです。

「口実（こうじつ）」は，言い訳や言い逃（のが）れのことばのことです。

「勤（つと）め口（ぐち）」は，勤め先のことです。

「口車（くちぐるま）に乗る」は，だまされたりおだてに乗ったりする意味です。

「口答（くちごた）え」は，目上の人のことばに言い返すことです。

「甘口（あまくち）」は，甘い味の飲食物や生ぬるい言い方，甘いことばなどの意味があります。対語は「辛口（からくち）」です。

「人口（じんこう）」は，人数の意味や世間の噂の意味があります。後者の意味ならば，「ひとぐち」とも読めます。なお，「村の人口」「ゴルフ人口」「人口が集中する」は言えますが，「家族の人口」「チームの人口」「人数が集中する」は言えません。「家族の人数」「チームの人数」などと言うべきでしょう。「人口」と「人数」の使い分けを説明するのは難しいです。

問題 7-10（1）の答え

1)「あまくち」全部OKだが，（ア）の言い方はあまり使われない。

2)「じんこう」（ア）と（ウ）がOKだが，（ウ）は「人の口」と言うほうが一般的だろう。

3) こうがい，こうじつ，くちぐるま，こうわ，くちょう，こうごたい

問題 7-10（2）の答え

1) 口ぶり	2) 口調
3) 口ぶり	4) 口語体
5) 口調，口調	6) 口話

「口話（こうわ）」は，聾教育現場などでよく使われることばです。戦前の「純粋口話法」は，読話や発声を意味しますが，現在の「口話法」は，聴覚活用も含めています。「口話法」の対語は「手話法」です。聾教育の歴史を見ると，口話法と手話法がかわるがわる優勢になっていることがわかります。筆者は，「純粋口話法」と「聴覚口話法」を区別したうえで，口話法を冷静に評価する必要があること，また，口話法および手話法の効果と限界それぞれを冷静に見つめる必要性を感じています。

「口（くち）ぶり」は，話し方の様子を意味します。「口調（くちょう）」は，ことばの調子のことです。「口ぶり」と「口調」は，似ていますが，微妙に異なります。「口ぶり」は，どちらかといえば話の内容が中心で，「口調」は，どちらかといえば話の表面（リズムや強弱など）が中心であるように感じます。

「口語体（こうごたい）」は，話しことばを基本とした文体のことです。

「受け口（くち・ぐち）」は，郵便物などを入れる口の意味や，下あごが上あごより前に出ている口つきの意味があります。重度の受け口は，治療の対象となるそうです。

「ため口（ぐち）」は，載っていない辞書が多いのですが，敬語を使わない，なれなれしい話し方のことです。この「ため」は，もともと賭博（とばく）の用語で「同目（ぞろめ）（2つのさいころの目が揃った状態）」を指していたものが，転じて「五分（ごぶ）と五分（ごぶ）」を意味するようになったことばです。そこから，「ため口」は「対等な口のきき方」を意味します。1960年代頃から一部の少年たちが使い始め，1980年代頃から一般的に使われるようになったそうです。筆者が「ため口」ということばを聞いたのは，成人してからでした。初めて聞いた時は，受け口やペリカンのような口のことかなと思ったものでした。ある聾学校をある皇族が訪問した時，生徒の1人が「ため口」をきいたので，先生たちが困惑したという話を聞いたことがあります。

「序（じょ）の口（くち）」は，物事が始まったばかりであることを意味します。

手話表現の例

① びんの口	② 口外（こうがい）	③ 口実（こうじつ）
びん／穴（左手で「○」を作り，その中を右手の人差し指で指さす）	「内緒にしなければならないことを話す」などと言い換える	(a) ごまかす（だます）／説明 (b) 口／作る (c) いろいろ／言う

③の（b）の手話に抵抗を感じる人がいるかもしれませんが，『わたしたちの手話』に載っていました。

④ 勤(つと)め口(ぐち)・働き口	⑤ 口車(くちぐるま)に乗る	⑥ 口答(くちごた)え
(a) 仕事 or 通う（通勤）／**場所** 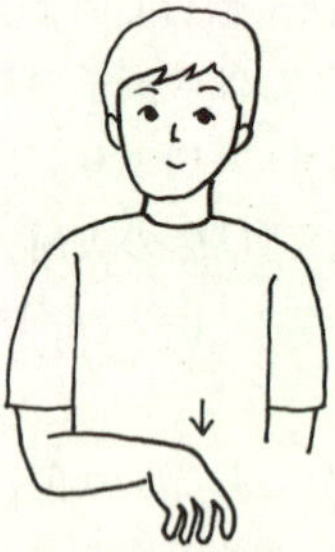 (b) 通う（通勤）／会社	(a) 口／車／乗る (b) だまされる (c) おだてられる／頭を縦に振る／頭を縦に振る（おだてられて「いいよ」という意）	(a) **ひじてつ**  (b) 反対

⑦ 甘口(あまくち)	⑧ 人口(じんこう)	⑨ 口話(こうわ)
(a) 甘い／話 (b) 甘い／味 (c) **親切（優しい）** 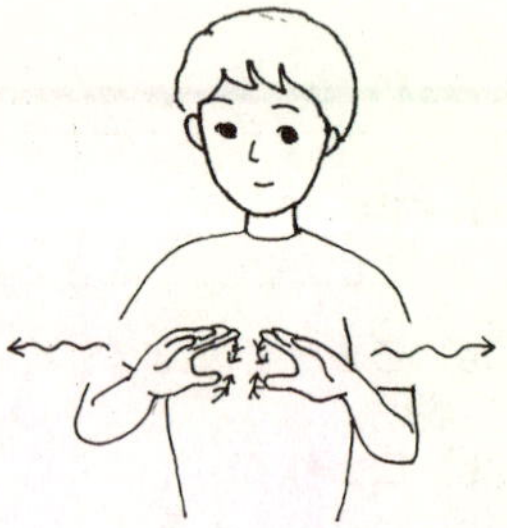	(a) 人々／数（いくつ） (b) **人口** 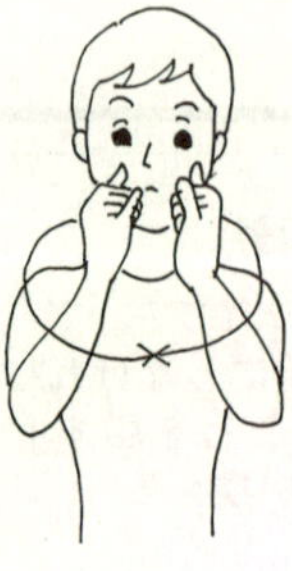 (c) 噂	(a) 口／言う (b) **口話**（口に「２」の形の指を向けて，その手を口の近くで回す） 

⑩ **口(くち)ぶり**	⑪ **口調(くちょう)**	⑫ **口語体(こうごたい)**
(a) 口／言う or 話す／**様子（状態）**	(a) ⑩と同じ (b) **声**／様子（状態）	(a) 口／ことば（カギ括弧）／形 (b) 口／ことば（カギ括弧）／姿（話しことばのスタイルの意） (c) 話す／時／ことば／使う／**方法**（話す時のことばの使い方の意）

(b) 言う or 話す／方法 (c)（「口調」との違いを説明するためには）「話の内容からして」などと補足説明する	(c)（「口ぶり」との違いを説明するためには）「声の強弱，リズムの付け方などのこと」などと補足説明する	

『国語の手話用例集』では，「口語(こうご)」の手話表現は，「口／ことば（カギ括弧）」となっていましたが，単に「話す」とする人も見られると思います。また，「常体」の「体」は「形」という手話が，「文体」の「体」は「姿」という手話が用いられていました。口話を併用せずに「話す／姿」とすると，「誰かが話している様子・姿」のことと思われるかもしれません。時間に余裕があれば，「口語体」のことばを知らない人に対して，説明を加えることができるのですが，時間に追われる通訳場面では，それもなかなか難しいと思います。

⑬ 受け口（くち・ぐち）	⑭ ため口（ぐち）	⑮ 序の口（じょ くち）
(a) 入れる／**口**  (b) 入れる／場所 (c) 左手を上あご，右手を下あごにして，受け口の状況を示す	(a) **対等**／話す 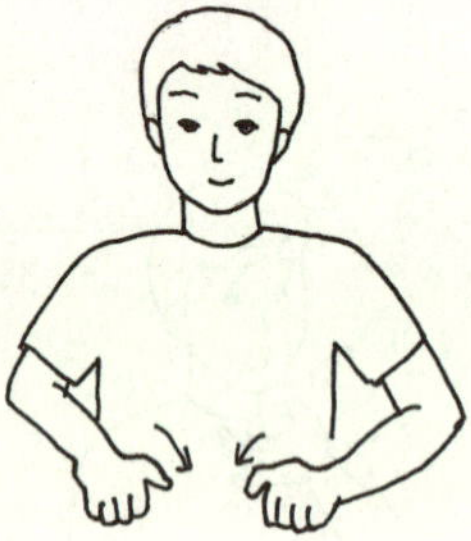 (b)「友達に言うみたいな話し方」「敬語を使わない話し方」などと言い換える	**始める（始まる）／あっけない（あっという間）**（始まったばかり，の意） 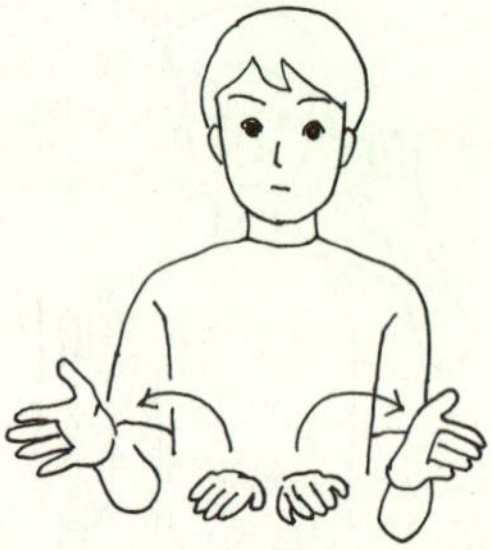 始まる（始まる） 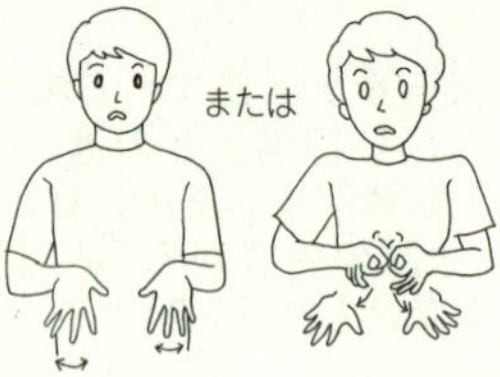 あっけない（あっという間）

例 7 −11

①-1 一口（で食べる）		①-2 一口（に言えば）
①-3 一口（1万円）		①-4 一口乗る
②-1 口の端（が痛い）	②-2 口の端（に上る）	③ 口角泡を飛ばす
④ 口八丁	⑤ 口の下から	⑥ 口頭
⑦ 口から先に生まれる	⑧ 口先だけ	⑨ 先口
⑩ 口癖	⑪ 大口をたたく	⑫ 小口をきく

手話表現は？

それぞれを，どんな手話で表しますか？

日本語の意味は？

問題 7-11

次の文章の下線部は，それぞれ何と読みますか？

1）<u>一口</u>乗る　2）口の<u>端</u>が痛む　3）口の<u>端</u>に<u>上</u>る
4）<u>口角</u>泡を飛ばす　5）<u>口八丁</u>　6）<u>口頭</u>試問
7）<u>口先</u>だけの約束　8）<u>先口</u>を優先する　9）<u>大口</u>をたたく
10）<u>小口</u>をきく

日本語の意味と答え

「一口」は，「ひとくち」と読みます。「一口（で食べる）」は，１回で食べてしまう意味です。「一口（に言えば）」は，手短に言うと，という意味です。「一口（１万円）」は，株や寄付金などの一単位を意味し，「１万円の倍数であればよい」という意味です。「一口乗る」は，もうけ話や仕事の仲間に入る意味です。なお，「いっこう」「いっく」などの読み方もありますが，本書では省きます。

「口の端（が痛い）」の「口の端」は，唇の端を意味し，これは「くちのはし」

と読みます。「口の端（に上る）」（「口に上る」とも言う）の「口の端」は，「くちのは」と読み，噂や評判，話の種を意味します。この「上る」を「あがる」と読むのは誤りです。

「口角」は口の端を意味し，「口角泡を飛ばす」は，激しく議論する様子を意味します。

「口八丁」は，口達者なことです。「口（も）八丁手（も）八丁」は，しゃべることもやることも達者なことです。

「口の下から」は，言い終わるか終わらないうちにという意味であり，「『最後までやるぞ』の口の下から『もうだめだ』と言う」のように使われます。

「口頭」は，口先で，声を使って，という意味ですが，「口頭試問」とは言えても，「口先試問」とは言いません。

「口から先に生まれる」は，おしゃべりな人をあざける時に使うことばです。

「口先だけ」は，心のこもらないうわべだけのことばや話しぶりのことです。

「先口」は，先になされた約束や申し込みのことです。

「口癖」は，癖のようによく口にすることやそのことばのことです。

「大口」は，大きな口や大きい金額のことですが，「大口をたた（叩）く」は，いばって大きなことを言う意味です。「大口」の対語は「小口」ですが，「小さな口」は意味に含まれないようです。また，「小口をき（利）く」は，ちょっと利口ぶった言い方をする意味です。

問題 7 - 11の答え

1）ひとくち　2）はし
3）は，のぼ　4）こうかく
5）くちはっちょう
6）こうとう　7）くちさき
8）せんくち　9）おおぐち
10）こぐち

手話表現の例

①-1 一口（で食べる）	①-2 一口（に言えば）
(a) 一口で飲み込む様子 (b) 飲食物を1回口に運ぶしぐさ	(a) 短い／言う (b) 簡単／言う (c) まとめる（結局）／言う

①-3 一口（1万円）	①-4 一口乗る
1／口	(a) 1／口／乗る (b) 参加

②-1 口の端（が痛い）	②-2 口の端（に上る）	③ 口角泡を飛ばす
唇の端を指さす	話す（会話），噂など	［激しい調子で］議論

④ 口八丁	⑤ 口の下から	⑥ 口頭
話す／上手 or 立派 or すごい	「何かを言ってすぐに，違うことを言う」などと言い換える	(a) 口／だけ (b) 言う or 話す

⑦ 口から先に生まれる	⑧ 口先だけ	⑨ 先口
(a) 口／から／生まれる (b) おしゃべり	(a) 口／だけ (b) 言う or 話す／だけ	文意に合わせて，「先に申し込みがあった」などと言い換える

⑩ 口癖	⑪ 大口をたたく	⑫ 小口をきく
口 or 言う／**癖（習得）** 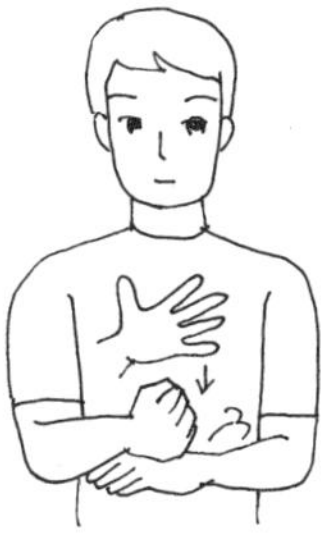	**いばる（自慢）**／［雄弁に強調しながら］説明 	少し／賢い／［利口ぶった表情で］説明

例 7 −12

① 唇をかむ	② 唇を盗む
③ 唇をとがらす	④ 唇を読む・読唇

手話表現は？

「唇（くちびる）」を使った表現について，それぞれを手話でどう表しますか？

日本語の意味は？

問題 7 - 12

次のそれぞれの意味を，下記の（ア）～（オ）から選んでください（複数回答可）。

1）唇をかむ　　2）唇を盗む　　3）唇をとがらす

（ア）残念に思う。悔しがる。

（イ）不満そうである。

（ウ）唇が乾いて，かさかさになる。

（エ）相手の気持ちを考えないで，むりやりキスをする。

（オ）唇をなめる。

日本語の意味と答え

問題 7 - 12 の答え
1）（ア）　2）（エ）　3）（イ）

それぞれの意味は，右記の答えを見てください。

「口」と「唇」の違いについて，「口」は，唇や口の中全体を含めるように思います。「口に食べ物がついているよ」と言われた人は，口の中ではなく，唇をぬぐうことから，「口に何かついている」は，「唇に何かついている」と同じ意味になると言えるでしょう。なお，「口唇（こうしん）」は，唇の意味です。

「唇を読む」という言い方は，通常はあまり聞かれないと思いますが，聴覚障害児・者の間では，よく使われることばです。つまり，唇の動きから話を読み取る意味で，聴覚障害があると，多かれ少なかれ唇の動きを参考にしています（実は，聴者も同様だそうです。本書の例5－14の「マガークの実験」を参照してください）。「読話（どくわ）」「読唇（どくしん）」などとも言います（両者の間に微妙な違いがあると指摘する人も見られますが，本書では省きます）。

なお，「どくしんじゅつ」について，「読心術」と「読唇術」の2通りがあります。

手話表現の例

① 唇をかむ

(a) **唇**／唇をかむしぐさ［悔しそうな表情で］

(b) 残念／思う
(c) 悔しい／思う

② 唇を盗む

(a) 唇／盗む
(b) **むりやり**／キス

③ 唇をとがらす

唇を突き出すようにする［不満そうな表情をしながら］

④ 唇を読む・読唇（どくしん）

(a) 口／読む
(b) 右手の2本指で自分または相手の唇に向かって読む手話をする

例 8

歯

例 8 - 1
① 歯が抜ける
② 歯が欠ける
③ 奥歯に物がはさまったよう
④ 歯に衣（を）着せない
⑤ 歯を食いしばる
⑥ 歯が浮く
⑦ 歯が立たない
⑧ 櫛の歯が欠けたよう

例 8 - 2
① 歯切れ
② 歯ごたえ
③ 歯ぎしり
④ 歯がゆい
⑤ 歯止め
⑥ 歯牙にもかけない

例 8－1

① **歯が抜ける**	② **歯が欠ける**
③ **奥歯に物がはさまったよう**	④ **歯に衣（を）着せない**
⑤ **歯を食いしばる**	⑥ **歯が浮く**
⑦ **歯が立たない**	⑧ **櫛の歯が欠けたよう**

手話表現は？

「歯」を使った表現を集めました。それぞれを，どんな手話で表しますか？

日本語の意味は？

問題 8 - 1

次の（　　）には，以下のどれが入るでしょうか？　文に合う形にして入れてください（問題によっては，複数回答可）。

歯が抜ける　　歯が欠ける　　奥歯に物がはさまる
歯に衣着せる　　歯を食いしばる　　歯が浮く
歯が立たない　　櫛の歯が欠ける

1）そんな難問題，僕には（　　）よ。
2）（　　）ようなお世辞を言うのは，やめてくれ。
3）彼は（　　）ない言い方をすることで有名なんだ。
4）彼は，（　　）て，痛みをがまんした。
5）子どもたちが結婚したりして，我が家は，（　　）ようだ。
6）彼は，はっきり言いたくなくて，（　　）ような言い方をした。
7）子どもの（　　）たので，口の中を見ると新しい歯が生えてきていた。
8）歯ぎしりにより，歯がすり減ったり，時には（　　）こともある。

日本語の意味と答え

問題8-1の答え

1) 歯が立たない
2) 歯が（の）浮く
3) 歯に衣（を）着せ
4) 歯を食いしばっ
5) 櫛の歯が欠けた
6) 奥歯に物がはさまった
7) 歯が抜け
8) 歯が欠ける

「歯が抜ける」は，乳歯などが根もとから抜けることで，「歯が欠ける」は，歯の一部分が欠けることです。

「奥歯に物がはさまったよう」は，思っていることをはっきり言わないことのたとえです。

「歯に衣（きぬ）着せない」は，ずけずけと言うこと，率直に言うことです。「歯に衣（きぬ）を着せない」とも言います。この「衣」を「ころも」と読むのは間違いです。

「歯を食いしばる」は，苦痛や無念さを一生懸命がまんすることです。

「歯が浮く」は，相手の軽薄できざな言動を見聞きして不愉快に思うことです。

「歯が立たない」は，自分の力が足りず，対抗したり理解したりすることができない意味です。

「櫛（くし）の歯が欠けたよう」は，本来切れ目なく続くものやあるべきものがところどころ抜けている様子を述べる時に使われます。「櫛の歯が抜けたよう」というのは誤用だそうですが，この言い方はよく見かけます。

手話表現の例

現実に見られる表現例を含む，以下同様

① 歯が抜ける	② 歯が欠ける
歯／歯をつまんで抜くしぐさ（自分の歯をつまんですぽっと抜くように上げたり下げたりするしぐさ）	歯／歯の一部が折れるしぐさ（自分の歯をつまんで，せんべいを折るように，ぽきっと折るしぐさ）

「歯を抜く」であれば，鍵状にした右人差し指を歯の根もとから引き抜くようなしぐさを使います。

③ 奥歯に物がはさまったよう	④ 歯に衣（きぬ）（を）着せない
あいまい／言う	はっきり／言う

⑤ 歯を食いしばる

(a) 歯を食いしばるしぐさ
(b)「がまん」の手話を強調する

⑥ 歯が浮く

(a) 歯／［その歯が］浮く
(b) **気持ち**／悪い

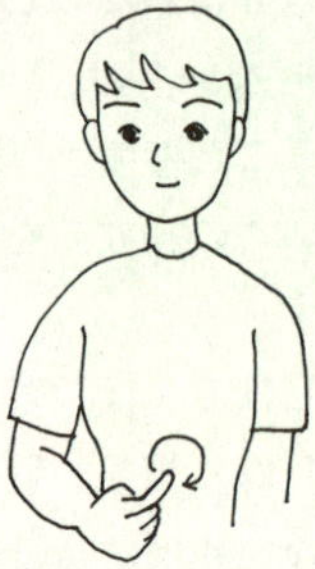

(c) むかつく
(d) 虫酸（むしず）が走るしぐさ

⑦ 歯が立たない

(a) **歯**／立つ／難しい（できない）

(b) 勝つ／難しい（できない）
(c) 降参
(d) お手上げ

⑧ 櫛（くし）の歯が欠けたよう

(a) 櫛／歯／抜ける／様子（状態）
(b) 場所／場所／手落ち
(c) **さびしい**

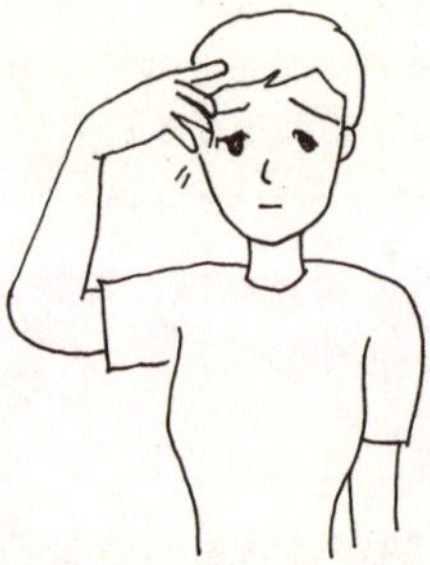

例 8－2

① 歯切れ	② 歯ごたえ	③ 歯ぎしり
④ 歯がゆい	⑤ 歯止め	⑥ 歯牙にもかけない

手話表現は？

それぞれを，どんな手話で表しますか？

日本語の意味は？

問題 8 - 2

次の（　　）には，以下のどれが入るでしょうか？　文に合う形にして入れてください（問題によっては，複数回答可）。

歯切れ　　歯ごたえ　　歯ぎしり

歯がゆい　　歯止め

1）彼は，（　　）をして悔しがった。

2）彼は，なかなか（　　）のある男だ。

3）不器用な彼の手つきを見ていると，（　　）てたまらなかった。

4）彼は，欲望の（　　）がきかなくなった状態だ。

5）この漬(つ)け物，（　　）がいいね。

6）彼は，責任を追及されて，（　　）の悪い弁解をした。

日本語の意味と答え

問題 8 - 2 の答え

1）歯ぎしり　2）歯ごたえ

3）歯がゆく　4）歯止め

5）歯切れ・歯ごたえ

6）歯切れ

「歯切れ」は，歯でかみ切る時の感じを意味したり，言い方や内容がはっきりしていることを意味します。

「歯ごた（応）え」は，かんだ時の感じと，手応え・反応の意味があります。

「歯ぎし（軋）り」は，歯と歯をすりあわせることで，非常に悔しがる様子を形容する時に使われます。また，夜寝ている間に無意識に歯ぎしりする人が見られます。

「歯がゆ（痒）い」は，歯がかゆい意味ではなく，思い通りにならず，いらいらすることです。

「歯止め」は，事態の行き過ぎや悪化を食い止める手段です。

「歯牙にもかけない」は，全く問題にしない意味です。

なお，「切歯扼腕」は，怒りや悔しさのあまりに，歯ぎしりして腕を握りしめることです。

手話表現の例

① 歯切れ	② 歯ごたえ	③ 歯ぎしり
(a) かむ／感じる (b)（「歯切れがいい」の場合）はっきり (c)（「歯切れが悪い」の場合）あいまい	(a) かむ／時／感じる (b) 反応	(a) 右手こぶしと左手こぶしを上下に置いてそれをこすり合わせる (b) 悔しい

④ 歯がゆい	⑤ 歯止め	⑥ 歯牙にもかけない
(a) いらだつ (b) **歯がゆい**	(a) 止める (b) **歯止め**	(a) 無視 (b) 問題／ない (c) **鼻も引っかけない**
		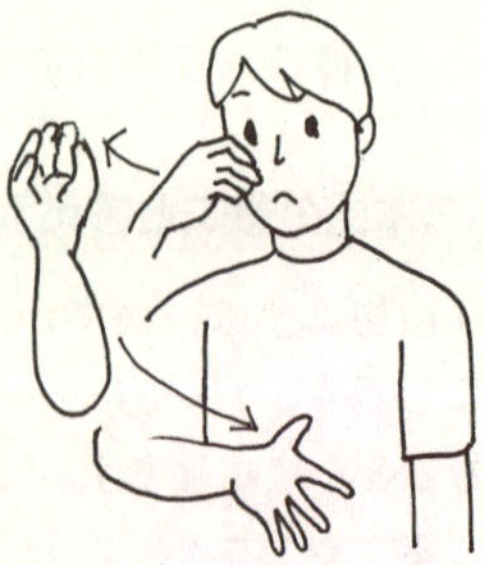

例 9 舌

例9-1
① 舌が長い
② 舌（弁舌・長広舌）をふるう
③ 舌を出す
④ 舌が回る
⑤ 舌をまく
⑥ 舌がもつれる

例9-2
① 舌を鳴らす
② 舌打ちする
③ 舌鼓を打つ
④ 舌の根の乾かぬうちに
⑤ 筆舌に尽くしがたい
⑥ 弁舌
⑦ 舌なめずり
⑧ 二枚舌
⑨ 舌足らず
⑩ 毒舌
⑪ 舌鋒鋭く
⑫ 舌先三寸

例 9 − 1

① **舌が長い**	② **舌（弁舌・長広舌）をふるう**
③ **舌を出す**	④ **舌が回る**
⑤ **舌をまく**	⑥ **舌がもつれる**

手話表現は？

「舌」を使った表現を集めてみました。それぞれを，どんな手話で表しますか？

日本語の意味は？

問題 9 - 1

次の（　　）には，以下のどれが入るでしょうか？　文に合う形にして入れてください（問題によっては，複数回答可）。

舌が長い　　舌をふるう　　舌を出す

舌が回る　　舌をまく　　舌がもつれる

1）彼は，壇上で（　　）て力説した。

2）彼女は，口から先に生まれたような人だなあ。よく（　　）なあ。

3）彼女は，（　　）人だなあ。ほんとによくしゃべる人だなあ。

4）彼の（　　）ているなと思ったら，ばたんと倒れたので，驚いた。

5）彼の演技力に，私は，内心（　　）た。

6）彼女は，愛くるしい笑顔を浮かべ，軽く（　　）た。

日本語の意味と答え

「舌が長い」は，よくしゃべる意味です。

「舌（弁舌（べんぜつ）・長広舌（ちょうこうぜつ））をふ（振）るう」は，盛んにしゃべることです。

問題 9 - 1 の答え

1）舌をふるっ　　2）舌が回る

3）舌が長い・舌が回る　　4）舌がもつれ

5）舌をまい　　6）舌を出し

「舌を出す」は，人をあざ笑ったり，恥ずかしさをごまかしたりすることです。
「舌が回る」は，よどみなくしゃべることです。
「舌をま（巻）く」は，驚嘆・感嘆することです。
「舌がもつれる」は，舌が自由に動かず，うまくしゃべれないことです。

手話表現の例

現実に見られる表現例を含む，以下同様

① 舌が長い	② 舌（弁舌・長広舌）をふるう
(a) 舌を指さす／長い (b) おしゃべり	話す／話す［雄弁に話している様子で］

③ 舌を出す	④ 舌が回る
(a) ぺろりと舌を出すしぐさ (b) ごまかす（だます） (c)「相手をばかにする」と言い換える	(a) 舌／繰り返す  (b) 話／なめらか or 繰り返す (c) 説明／説明［強調しながら］

⑤ 舌を巻く	⑥ 舌がもつれる
(a) 感動 or 驚く (b) 相手に拍手を送るしぐさ［両手をひらひらさせる］	(a) 舌／動く／難しい（できない） (b) なめらか／話す／難しい（できない）

例 9 − 2

① 舌を鳴らす	② 舌打ちする	③ 舌鼓を打つ
④ 舌の根の乾かぬうちに	⑤ 筆舌に尽くしがたい	⑥ 弁舌
⑦ 舌なめずり	⑧ 二枚舌	⑨ 舌足らず
⑩ 毒舌	⑪ 舌鋒鋭く	⑫ 舌先三寸

手話表現は？

それぞれを，どんな手話で表しますか？

日本語の意味は？

問題 9 - 2

次の下線部は，何と読みますか？　また，それぞれの意味を，下記の（ア）～（シ）から選んでください（複数回答可）。

1）舌を鳴らす　2）舌打ちする　3）<u>舌鼓</u>を打つ
4）舌の根の乾かぬうちに　5）<u>筆舌</u>に尽くしがたい　6）<u>弁舌</u>
7）舌なめずり　8）<u>二枚舌</u>　9）舌足らず
10）<u>毒舌</u>　11）<u>舌鋒</u>鋭く　12）<u>舌先三寸</u>

（ア）舌に何かが当たること。

（イ）「チッ」と舌で音を鳴らすこと。 いらいらした時や不満がある時によく行う動作。

（ウ）あまりにもおいしいので，思わず舌で音を鳴らすこと。

（エ）舌がよく回らず，発音がはっきりしないこと。または，ことばの表現が不十分なこと。

（オ）文章やことばだけで充分に表現しきれないこと。または，物事の程度が甚だしいこと。

（カ）口先だけの巧みな弁舌のこと。

（キ）「嘘つき」のような意味で使われることばのこと。
（ク）言い終えてすぐに，前と違うことや矛盾することを言った人に対して，「前言ったことと違うじゃないか」などと批判したい時によく使われることば。
（ケ）期待して獲物を待ちかまえている様子のこと。
（コ）きわめて辛らつな皮肉や批判のことばのこと。
（サ）ものを言うことや，その言い方。
（シ）ものの言い方が鋭いこと。

日本語の意味と答え

それぞれの意味は，右記の答えを見てください。

「舌鼓（したつづみ）」について，「したづつみ」と読むのは間違いと言う人がいますが，両方とも言えるようです。

「舌を鳴らす」「舌打ちをする」「舌鼓を打つ」は，いずれも不満がある時に行う動作と，おいしい物を食べた時に行う動作の意味がありますが，「舌鼓を打つ」の場合は，後者のイメージをまず抱く人が多いように思います。

「舌なめずり」は，唇を舌でなめることで，転じて，期待して待ちかまえることです。

なお，「舌の根（ね）の乾（かわ）かぬうちに」や「舌先三寸（したさきさんずん）」について，「舌の先の乾かぬうちに」や「口先三寸」と言う人がいますが，これは誤用だそうです。

問題9-2の答え

3）したつづみ or したづつみ
5）ひつぜつ　6）べんぜつ
8）にまいじた　10）どくぜつ
11）ぜっぽう　12）したさきさんずん
1）～　3）（イ）（ウ）　4）（ク）
5）（オ）　6）（サ）　7）（ケ）　8）（キ）
9）（エ）　10）（コ）　11）（シ）　12）（カ）

手話表現の例

① 舌を鳴らす	② 舌打ちする	③ 舌鼓（したつづみ）を打つ
（a）不満そうに舌打ちするしぐさ		（b）とても／おいしい

④ 舌の根(ね)の乾(かわ)かぬうちに	⑤ 筆舌(ひつぜつ)に尽(つ)くしがたい	⑥ 弁舌(べんぜつ)
「ついさっき言ったことと今言っていることが違う」などと言い換える	(a) 書く／話す／難しい（できない） (b) 示す（表す）／方法／ない	(a) 話す／様子（状態） (b) 話す／方法

⑦ 舌なめずり	⑧ 二枚舌(にまいじた)	⑨ 舌足(したた)らず
(a) 唇を舌でなめ回すしぐさ (b) 待つ（期待）／構えるしぐさ (c) **しめしめ** 	(a) 2／舌 (b) 嘘／言う (c) 話／矛盾 (d) 裏／表（おもて）／ある (e) **二枚舌** 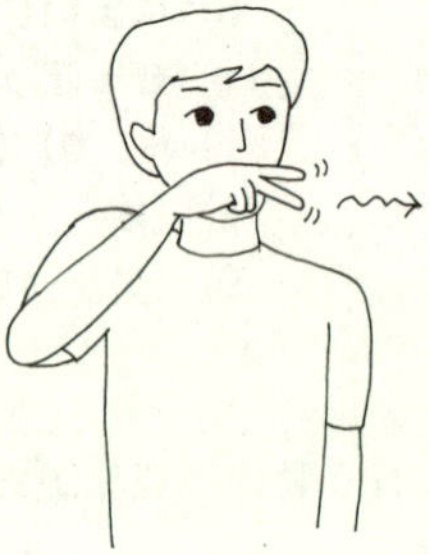	(a) 声／あいまい (b) 話す／方法／小さい／子ども／同じ（話し方が乳幼児のようだ, の意） (c) 言葉／貧しい（足りない）or 不足

⑩ 毒舌(どくぜつ)	⑪ 舌鋒鋭(ぜっぽうするど)く	⑫ 舌先三寸(したさきさんずん)
(a) 毒／言う or 話す or おしゃべり (b) 厳しい／言う (c) 批判	(a) 話す／様子（状態）／鋭い (b) 話す／厳しい	(a) 口／だけ (b) 言う／だけ／内容／ない（ことばだけで, 中身がない意）

例 10 頬

例10
① 頬が落ちる・ほっぺたが落ちる
② 頬がこける
③ 頬をふくらませる
④ 頬がゆるむ
⑤ 頬を染める
⑥ 頬張る
⑦ 頬ずり
⑧ 頬かぶり
⑨ 頬杖をつく

例 10

① 頬が落ちる・ほっぺたが落ちる	② 頬がこける	③ 頬をふくらませる
④ 頬がゆるむ	⑤ 頬を染める	⑥ 頬張る
⑦ 頬ずり	⑧ 頬かぶり	⑨ 頬杖をつく

手話表現は？

「頬」は，ほとんどの場合「ほお」と読みますが，「ほほ」や「ほっぺた」と言う人もいます。それぞれをどんな手話で表しますか？

日本語の意味は？

問題 10

次のそれぞれの意味を，下記の（ア）～（ケ）から選んでください（複数回答可）。

1）頬が落ちる　　2）頬がこける
3）頬をふくらませる　　4）頬がゆるむ
5）頬を染める　　6）頬張る
7）頬ずり　　8）頬かぶり
9）頬杖をつく

（ア）ふくれつらをすることであり，不満がある意味。
（イ）思わずにこにこすること。口元がゆるむこと。
（ウ）顔を赤らめること。
（エ）頬の肉が落ちて，やせたように見えること。
（オ）肘を立て，両手のひらで頬をささえるようにすること。
（カ）とてもおいしいこと。
（キ）口の中に物をいっぱい入れること。
（ク）知らないふりをすること。

（ケ）自分の頬を相手の頬にすりつけること。

日本語の意味と答え

それぞれの意味は，右記の答えを見てください。

「頬杖（ほおづえ）をつく」の「つく」をあえて漢字で書くと，「突（つ）く」になるそうです。

問題10の答え

1）（カ）	2）（エ）	3）（ア）
4）（イ）	5）（ウ）	6）（キ）
7）（ケ）	8）（ク）	9）（オ）

手話表現の例

現実に見られる表現例を含む，以下同様

① 頬が落ちる・ほっぺたが落ちる	② 頬がこける	③ 頬をふくらませる
(a) 頬／落ちる (b) とても／おいしい	(a) 頬をへこませるしぐさ (b)「やせる」手話を顔のところでする	頬をふくらませるしぐさ ［不満そうな表情で］

④ 頬がゆるむ	⑤ 頬を染（そ）める	⑥ 頬張（ほおば）る
にーっと笑う様子	(a) 顔／赤い (b) 恥ずかしい (c) **顔が赤らむ** 	口いっぱいに入れている様子

⑦ **頬ずり**	⑧ **頬かぶり**	⑨ **頬杖をつく**
抱き寄せて頬ずりするしぐさ	(a) 知らない／言う (b) **そ知らぬ顔** 	頬杖をつくしぐさ

⑧の（b）について，舌を頬の裏側に当てる表現は，「嘘」を意味します。この「嘘」を使った表現については，例２－２も参照してください。

例 11

あご

例11
① あごをなでる
② あごで使う
③ あごがはずれる
④ あごをはずす
⑤ あごを出す
⑥ あごが落ちる
⑦ あごが干上がる

例 11

① あごをなでる	② あごで使う	
③ あごがはずれる	④ あごをはずす	
⑤ あごを出す	⑥ あごが落ちる	⑦ あごが干上がる

手話表現は？

「あご（顎）」を使った表現を集めてみました。それぞれを手話でどう表しますか？

日本語の意味は？

問題 11

次のそれぞれの意味を，下記の（ア）～（ク）から選んでください。

1）あごをなでる　　2）あごで使う
3）あごがはずれる　　4）あごをはずす
5）あごを出す　　6）あごが落ちる
7）あごが干上がる

（ア）家計が苦しくなり，食べていけなくなる。
（イ）くたびれる。へたばる。疲れて動けなくなる。
（ウ）えらそうな態度で，人に指図する。
（エ）満足する。得意気になる。
（オ）おかしくて，大笑いする。
（カ）はめをはずす。悪乗りする。
（キ）味が非常によいことのたとえ。
（ク）あごの関節がおかしくなること。

日本語の意味と答え

それぞれの意味は，右記の答えを見てください。

「あごをな（撫）でる」というつもりで，「ひげをなでる」と言う人がいますが，「ひげをなでる」は文字通りの意味しかないと思います。

問題11の答え

1)（エ）　2)（ウ）　3)（ク）　4)（オ）
5)（イ）　6)（キ）　7)（ア）

手話表現の例

現実に見られる表現例を含む，以下同様

① あごをなでる

(a) 実際にあごをなでるしぐさ［得意げに］
(b) **得意**／変わる（〜になる）

(「彼はあごをなでている」であれば，「彼／得意」という手話でよいだろう)

② あごで使う

(a) あごを指さす／使う
(b) ［あごを上げながら］**命令**
(c) **命令**／**命令**［えらそうな態度で，両手を使っても良い］

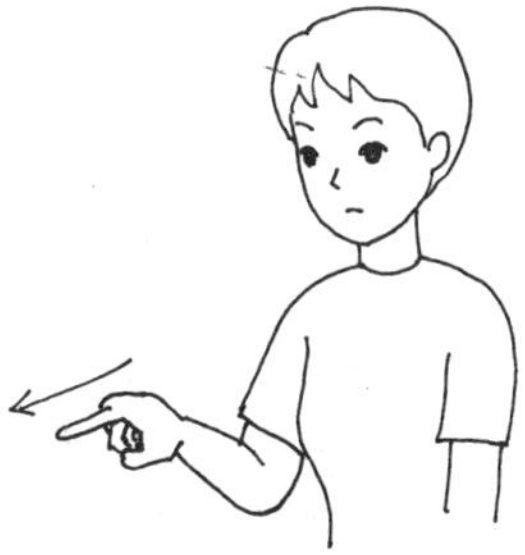

③ あごが外れる

あごを指さす／はずれるしぐさ

④ あごを外す

大笑いするしぐさ

⑤ **あごを出す**	⑥ **あごが落ちる**	⑦ **あごが干上がる**
(a) 疲れる［非常に疲れた様子で］ (b) 疲れる／活動／難しい（できない） (c) **降参** 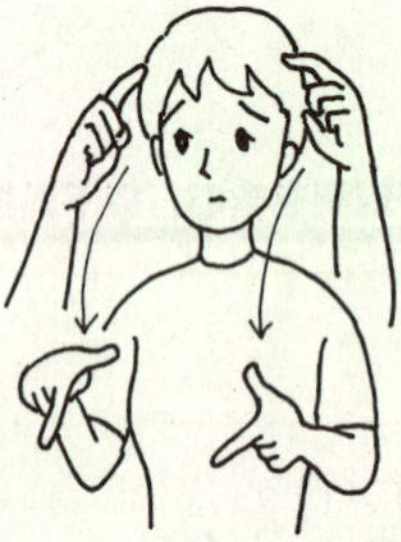 (d) **お手上げ** 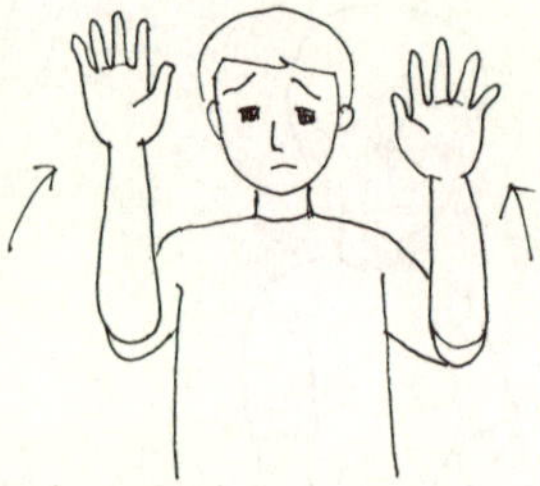	(a) あごを指さす／落ちる (b) おいしい／とても	(a) 生活／苦しい／変わる（～になる） (b) 生活／苦しい／食べる／難しい（できない）

例 12 のど・首

例 12-1
① のどが良い
② のど自慢
③ のどごしが良い
④ のどを通らない
⑤ のどにつかえる
⑥ のどを潤す
⑦ のどまで出かかる
⑧ のどから手が出る
⑨ のどが鳴る
⑩ のどもと過ぎれば熱さを忘れる
⑪ のどぼとけ（喉仏）
⑫ のどちんこ

例 12-2
①-1 のどが痛い
①-2 首が痛い
②-1 のどを押さえる
②-2 首を押さえる

例 12-3
① 首が細い（女性）
② 首がない（人形）
③ 首を振る
④ ブラウスの首（が汚れている）
⑤ 首ったけ
⑥ 首っ引き

例 12-4
① 首を長くする
② 首が危ない
③ 首をくくる
④ 首をはねる
⑤ 打ち首（にする）
⑥ 首を切る・首切り
⑦ 首にする
⑧ 首になる
⑨ 首が飛ぶ
⑩ 首がつながる
⑪ 首を回す
⑫ 首が回らない

例 12-5
① （そのひもを）首にかける
② （借金は必ず返す。）首をかけてもよい
③ 首をひねる
④ 首をかしげる
⑤ 首を突っ込む
⑥ 首をすげ替える

例 12-6
① （ネクタイを）首にしめる
② （ネクタイで）首をしめる
③ （自分の）首をしめる

例 12-7
① 首尾良く
② 首尾一貫
③ 思案投首

例 12-8
① 首足
② 足首
③ 首席
④ 頭首
⑤ 首相・首長
⑥ 首長（竜）
⑦ 首途
⑧ 首都

⑨ 首脳
⑩ 船首
⑪ 首肯
⑫ （短歌）一首
⑬ ろくろ（っ）首
⑭ 自首
⑮ 寝首をかく

例 12 − 1

① のどが良い		② のど自慢
③ のどごしが良い	④ のどを通らない	⑤ のどにつかえる
⑥ のどを潤す		⑦ のどまで出かかる
⑧ のどから手が出る	⑨ のどが鳴る	⑩ のどもと過ぎれば熱さを忘れる
⑪ のどぼとけ（喉仏）		⑫ のどちんこ

手話表現は？

「のど（喉・咽）」を使った表現を集めてみました。それぞれをどんな手話で表しますか？

日本語の意味は？

問題 12 - 1

次の（　　）には，以下のどれが入るでしょうか？　文に合う形にして入れてください（問題によっては，複数回答可）。

のどが良い　　のどごしが良い　　のどを通らない
のどにつかえる　　のどを潤す　　のどまで出かかる
のどから手が出る　　のどが鳴る　　のどもと過ぎる

1）彼女は，息子のことが心配で，食べ物も（　　）かった。
2）小さな子どもは，錠剤が（　　）ことがあるので，粉薬が良い。
3）この羊かんは，（　　）ので，人気がある。
4）豪勢なご馳走を見て，思わず（　　）た。
5）彼女は，その洋服が（　　）ほどほしかった。
6）彼の名前が（　　）ているんだけど，思い出せない。

7）彼女は，小さい時から（　　）ことで有名だった。

8）（　　）ば，熱さを忘れる，と言うじゃないか。

9）彼は，冷たい緑茶で，（　　）た。

日本語の意味と答え

問題12-1の答え

1）のどを通らな

2）のどにつかえる・のどを通らない

3）のどごしが良い

4）のどが鳴っ

5）のどから手が出る

6）のどまで出かかっ

7）のどが良い

8）のどもと過ぎれ

9）のどを潤し

「のどが良い」は，歌が上手なことです。

「のど自慢」は，歌が上手なことを自慢する意味や，歌のコンクールの意味があります。

「のどご（喉越）しが良い」は，飲食物がスムーズに食べられる，食べていて感じがよい意味です。

「のどを通（とお）らない」は，心配事などのため，飲物が飲めなかったり食べ物が食べられなかったりする意味です。

「のどにつか（支）える」は，食べ物が食道のどこかでひっかかっている感じがすることです。なお，「のどがつかえる」という言い方もよく聞きます。

「のどを潤（うるお）す」は，飲み物を飲んで，のどの渇きをいやすことです。

「のどまで出かかる」は，ことばなどが出そうで出ない意味です。

「のどから手が出る」は，非常に手に入れたがっている意味です。

「のどが鳴る」は，食べ物を見て，非常にほしくなる意味です。猫がのどを鳴らしていることを意味する時もあるでしょう。

「のどもと過ぎれば熱さを忘れる」は，終わってしまえば，その苦しかったことも忘れてしまうことのたとえです。

「のどぼとけ（喉仏）」は，のどにある甲状軟骨の突起のことで，成人男子に明瞭に現れるものです。

「のどちんこ」は，口蓋垂（こうがいすい），つまりのどの奥にぶらさがっている突起物のことです。「のどびこ」と言う人もいます。

手話表現の例　　現実に見られる表現例を含む，以下同様

① のどが良い	② のど自慢
(a) **のど**／良い  (b) 歌／上手	(a) のど／**いばる（自慢）** or うぬぼれる（自慢） 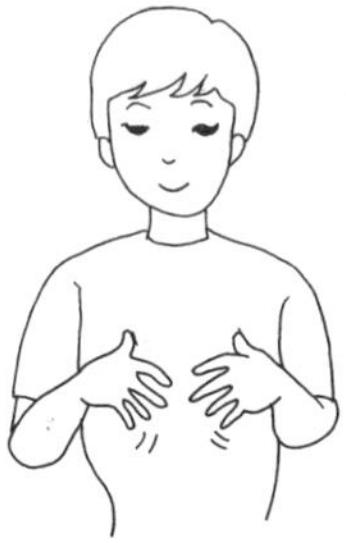 (b) 歌／試験（競争）／大会

③ のどごしが良い	④ のどを通らない	⑤ のどにつかえる
(a) 飲み込む／**なめらか**  (b) 食べる or 飲む／気持ち／良い	(a) 飲み込む／難しい（できない） (b) 食べる or 飲む／難しい（できない）	(a) なめらか／飲み込む／難しい（できない） (b) のど／**詰まる** 

⑤の（b）の「詰まる」の手話を縦に行うと，「便秘」の手話になります。

⑥ **のどを潤（うるお）す**	⑦ **のどまで出かかる**
(a) のど／流れる（水） (b) 水／飲む	「声」の手話を途中（のどのところ）で止め，そこで「出そうで出ない」様子を表す

⑧ **のどから手が出る**	⑨ **のどが鳴る**	⑩ **のどもと過ぎれば熱さを忘れる**
(a) のど／のどから手が出るしぐさ (b) とても／好き（〜たい） (c) 本当／求める［非常にほしそうな表情をつけながら］	(a) とても／食べる／好き（〜たい） (b) とても／好き（〜たい）	(a) のど／通る／熱い／忘れる (b) 苦しい／終わる／忘れる（「苦しみは終われば忘れる」意）

⑪ **のどぼとけ（喉仏）**	⑫ **のどちんこ**
(a) のどの所で出っ張っている様子を表す (b) のどぼとけがはっきり出ている男性であれば，自分ののどぼとけを指さす	(a) 口の奥を指さす／のどちんこの形を表す (b) **のどちんこ** 

例 12 − 2

①-1 のどが痛い	①-2 首が痛い
②-1 のどを押さえる	②-2 首を押さえる

手話表現は？

「のど」と「首」は違いますが，それぞれをどんな手話で表しますか？

「のどが痛い」は，食べ物が通る部分が痛い意味で，風邪の典型的な症状の１つです。「首が痛い」は，通常，首の骨のあたりに異常があることを意味します。

「のどを押さえる」は，のどに手を当てたり急所を押さえたりする意味です。「首を押さえる」は，首に手を当てたり首根っこを押さえたりする意味です。

「のど」の手話は，あごのすぐ下の部分を指さします（例12 − 1の①参照）。

「首」の手話について，（ア）首に手を添えるように当てる表現，（イ）首（耳の下のところ，あるいはうなじ）を人差し指で指さす表現，（ウ）右手の親指と４本指で首をはさんで，少し下へ動かす表現，（エ）握りこぶし（「頭」を意味する）を作り，その手首を指さす表現などが見られます。「首相」などを表す時には，（ア）がよく使われます。どの表現を用いるのが適当かは，各自で判断してください。

手話表現の例

①-1 のどが痛い	①-2 首が痛い
のど／痛い	首／痛い

②-1 のどを押さえる	②-2 首を押さえる
(a) のど／のどに手を当てる (b) 大切／場所 or 点／つかむ	(a) 首／首に手を当てる (b) 首根っこを押さえるしぐさ

例 12 − 3

① **首が細い**（女性）	② **首がない**（人形）
③ **首を振る**	④ **ブラウスの首**（が汚れている）
⑤ **首ったけ**	⑥ **首っ引き**

手話表現は？

「首」は，単に頭と胴体をつなぐ部分を意味するだけではありません。それぞれの「首」を，どんな手話で表しますか？

日本語の意味は？

問題 12 - 3

1)「彼は，彼女より首だけ背が高い」と言う時，彼は，彼女と比べて，どれだけ背が高いのですか？

（ア）Bの部分，つまり，だいたいあごから肩までの長さ

（イ）Aの部分，または（A + B）の部分，つまり，だいたい頭のてっぺんから首までの長さ

2)「首のない死体が見つかった」と言う時，どの部分が見つかったのですか？

（ア）AとCの部分だけ

（イ）Cの部分または(B + C)の部分

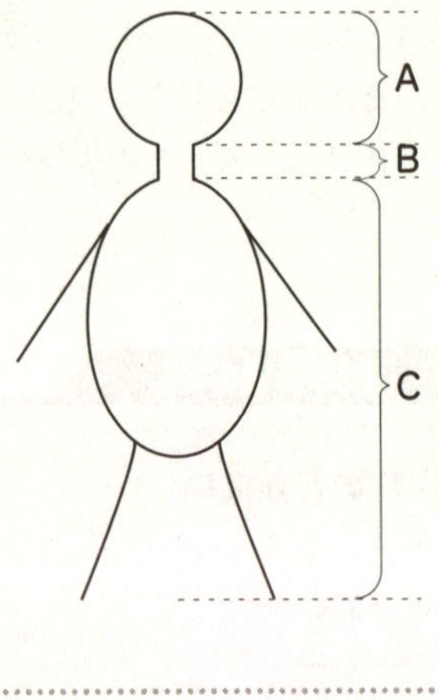

日本語の意味と答え

「首」は，通常，頭と胴体をつなぐ部分（頸部（けいぶ））を意味しますが，文章によっては，首より上の部分（頭（かしら））を意味することがあります。

問題 12 − 3では，1）と 2）の両方とも，この「首」は頭（かしら）を意味します。このこ

とを理解していない例が見られるかもしれません。

問題12-3の答え
1）（イ）　2）（イ）

「首ったけ（丈）」は，特に，異性に心を引かれ，夢中になることを意味します。「丈（たけ）」は，長さも意味するので，「首っ丈」を「首の長さ」と解釈する例が見られるかもしれません。

「首っ引（び）き」は，「辞書と首っ引きで読む」の場合，辞書をずっと手元に置いて使いながら読む意味です。

なお，「首実検（くびじっけん）」ということばがありますが，これは，実際に会って誰であるかを確かめることです。昔，戦場で，討ち取った敵の首（頭）がその名の人の首かどうかを，大将が自ら調べたことからきています。「首実験」と書くのは間違いです。

手話表現の例

① **首が細い**（女性）	② **首がない**（人形）
首／細い／女	右手で首より上を示す／ない

③ **首を振る**	④ **ブラウスの首**（が汚れている）
(a) 頭を横に振る (b) 実際に頭を振るしぐさ	ブラウス／衿（えり）

⑤ **首ったけ**	⑥ **首っ引（び）き**
(a) 魅力（関心）／一途（いちず）（集中） (b) ほれる	「ずっと手元に置きながら」などと言い換える

⑤の（b）について，「ほれる」の手話は，だまされるような気持ちになるほど好きなさまを表すそうです。なお，『日本語－手話辞典』では，「見ほれる」の手話として「あきれる」が使われていましたが，この「あきれる」は，単に口をあんぐりとあける意味でしょう。

例 12 − 4

① 首を長くする	② 首が危ない	③ 首をくくる
④ 首をはねる	⑤ 打ち首（にする）	⑥ 首を切る・首切り
⑦ 首にする	⑧ 首になる	⑨ 首が飛ぶ
⑩ 首がつながる	⑪ 首を回す	⑫ 首が回らない

手話表現は？

それぞれを，どんな手話で表しますか？

日本語の意味は？

問題 12 - 4

次の（　　）には，以下のどれが入るでしょうか？　「られる」や「れる」，「ない」などを補って，文に合う形にして入れてください（問題によっては，複数回答可）。

首を長くする　　首が危ない　　首をくくる
首をはねる　　打ち首にする　　打ち首になる
首を切る　　首にする　　首になる
首が飛ぶ　　首がつながる　　首を回す
首が回る

1）フクロウは，正面を向いた状態から左右へ 270 度も（　　）そうだ。
2）彼は，借金があって（　　）状態だ。
3）会社で，部長が「そんなことをすると，君の（　　）ぞ！」と言った。
4）会社で，同僚が「そんなことをすると，君は（　　）ぞ！」と言った。
5）会社で，部長が「そんなことをすると，君を（　　）ぞ！」と言った。
6）リストラの嵐が吹き荒れたが，今のところ，何とか（　　）ている。
7）朝廷に対して謀反を企てたという理由で，彼は（　　）た。
8）彼は，「問答無用！」と言うなり，刀を抜いて，相手の（　　）た。

日本語の意味と答え

問題12-4の答え
1）首が回る
2）首が回らない
3）首が危ない・首を切る・首が飛ぶ
4）首が危ない・首を切られる・首になる・首が飛ぶ
5）首にする
6）首が（は）つながっ
7）首をはねられ・打ち首になっ・首を切られ
8）首をはね・首を切っ

「首を長くする」は，今か今かと待つ意味です。

「首が危ない」は，いつ解雇・解任されるかわからない状態です。

「首をくく（括）る」は，ひもや縄を使って自殺することで，「縊死（いし）」と同じ意味です。

「首をはねる」と「打ち首（にする）」は，刀で首を切り落とすことで，「斬首（ざんしゅ）」と同じ意味ですが，「打ち首」は，刑罰の１つとして行われる時に使われます。「首を打つ」意味ではありません。

「首をはねる」の「首」は，首より上の部分（頭）を意味しますが，「頭をはねる」は，他人の利益の一部をかすめ取ることを意味します。

「首を切る・首切り」は，刀などで首を切り落とす意味と解雇する意味があります。「首にする」は，現在は，通常解雇する意味ですが，首（頭）を切り落とす意味も含まれています。なお，「首を斬（き）る」とあれば，刀などで首を切り落とす意味だけです。

同様に，「首になる」や「首が飛ぶ」は，現在は，通常解雇される意味ですが，首（頭）を切り落とされる意味も含まれています。

「首がつな（繋）がる」は，解雇や免職をきわどいところで免れる意味です。

「首を回す」は，文字通り首をぐるりと回す意味です。

「首が回らない」は，文字通り首がぐるりと回らない状態と，借金などでやりくりがつかない状態を意味します。

なお，フクロウは，正面を向いた状態から左右へ 270 度も首が回ることから，「首が回らないことはない」，つまり，お金に困ることがない意味で，人気があります。筆者も，「フクロウ＝不苦労＝福聾」と考えて，フクロウグッズを集めています。

手話表現の例

① 首を長くする	② 首が危ない	③ 首をくくる
(a) 首／長い／変わる（～になる） (b) **待つ（期待）**／長い 	(a) **首**／危ない or 心配  (b)「解雇されるかもしれない」と言い換える	ぶらさがっているひもを示す／両手で首をしめるしぐさ

②で示した「首」の手話表現は，例12－2で述べたいろいろな表現の中の「(ア) 首に手を添えるように当てる表現」のことです。「首相」を表す時などに使われます。

③では，両手で首をしめるしぐさをするので，特に「首」を表す手話表現をしなくても，「首」に関わる内容だとわかるでしょう。

④ 首をはねる	⑤ 打ち首（にする）	⑥ 首を切る・首切り
(a) 首／（刀で）切る (b)「解雇する」の手話を使うが，「解雇」の意味ではないことを示すために，刀で首を切り落とすしぐさを強調する	(a) ④と同じ (b) 刑罰のひとつであることを補足説明する	(a) ④と同じ (b) 解雇する（「首をはねる」と区別するために，「会社」などのことばを補ってもよい）

⑦ **首にする**	⑧ **首になる**	⑨ **首が飛ぶ**
⑥と同じ	(a) 解雇される（「首をはねられる」と区別するために，「会社」などのことばを補ってもよい） (b) 首／（刀で）切られる	⑧と同じ

⑩ **首がつながる**	⑪ **首を回す**	⑫ **首が回らない**
(a) 首／つなぐ（両手をくっつけるしぐさ） (b) 解雇される／心配／なくなる（消える） (c) 解雇される／ない／**相変わらず（続く）** or 終わる（解雇されないですむ意） 	(a) 首／**首を回す**（握りこぶしをゆっくり回す）  (b) 実際に首を回すしぐさ	(a) 首／首を回す／難しい（できない） (b) お金／苦しい (c) **八方ふさがり** 

⑩について，「（彼は）首がつながった」の手話表現を「（彼を）解雇する／できる（大丈夫の意）」とすると，「解雇することができる」という意味になりかねないので，「解雇／心配／しかし／できる（彼が解雇されないか心配したけど，大丈夫になった意）」などと表現を工夫する必要があるでしょう。

例12－5

①（そのひもを）**首にかける**	②（借金は必ず返す。）**首をかけてもよい**	③ **首をひねる**
④ **首をかしげる**	⑤ **首を突っ込む**	⑥ **首をすげ替える**

手話表現は？

それぞれを，どんな手話で表しますか？

日本語の意味は？

問題12－5

次の（　　）には，以下のどれが入るでしょうか？　文に合う形にして入れてください（問題によっては，複数回答可）。

首にかける　　首をかける　　首をひねる
首をかしげる　　首を突っ込む　　首をすげ替える

1）そのネックレスを（　　）てごらん。
2）彼は，自分の（　　）て，その悪事を暴（あば）こうとした。
3）球団は，チームのピンチを脱するために，監督の（　　）た。
4）余計なことに（　　　）な！
5）彼は「なぜだろう？」と（　　）た。

日本語の意味と答え

問題12－5の答え
1）首にかけ　　2）首をかけ
3）首をすげ替え　　4）首を突っ込む
5）首をかしげる

「首にか（掛）ける」は，ネックレスなどを首にかける意味です。

「首をか（賭）けてもよい」は，失敗すれば何もかも失うことを覚悟している時に言うことばです。

「首をひね（捻）る」は，「頭をひねる」と同様に工夫する意味と，「どうかな」と疑わしく思う意味があります。

例 12　のど・首

「首をかし（傾）げる」は，不審・疑問を感じて首をかたむけることです。これは，小学校 3 年生の教科書にも出ていました。「小首（こくび）をかしげる」も似たような意味ですが，「小」には「ちょっと，少し」という意味が含まれています。

「首を突っ込む」は，何かに興味をもってそのことと関係する意味です。

「首をすげ替える」は，ある役職についている人をやめさせて，別の人を任ずることです。

その他，「首を洗って待つ」は，「(いつ首を切られても良いように）覚悟して待つ」が転じて，相手に対して観念しろという意味で使われます。

手話表現の例

①（そのひもを）**首にかける**	②（借金は必ず返す。）**首をかけてもよい**	③ **首をひねる**
ひもを首にかけるしぐさ	(a) 死ぬ／**かまわない** (b) 解雇される／**かまわない** 	(a) 考える［考え込む様子で］ (b) 首を傾けるしぐさ［考える表情で］ (c) **疑う** 

④ 首をかしげる	⑤ 首を突っ込む	⑥ 首をすげ替える
(a) 首を傾けるしぐさ (b) **かな？（「？」と空書）**／思う 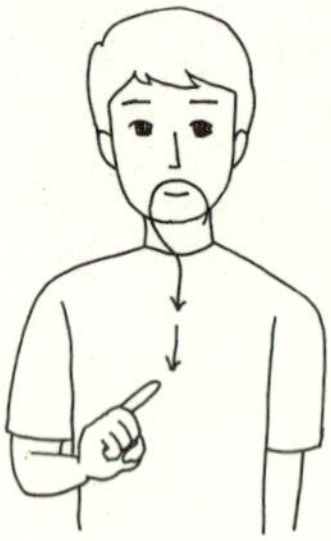	(a) **魅力（関心）**／とても／持つ 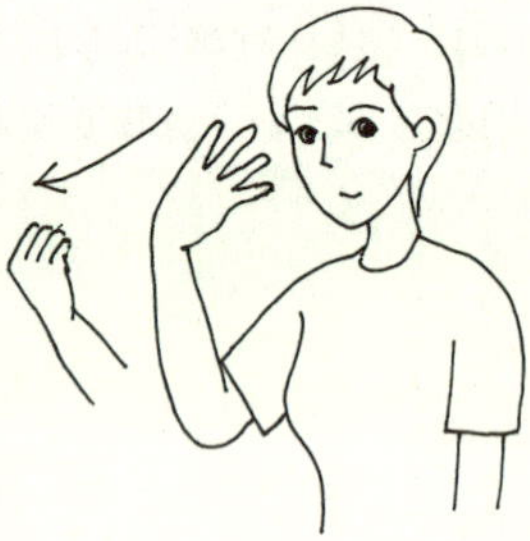 (b) (a) に「必要以上に」などのことばを補足する	(a) **交替（人と人を）**  (b) **交替（男と女を）** 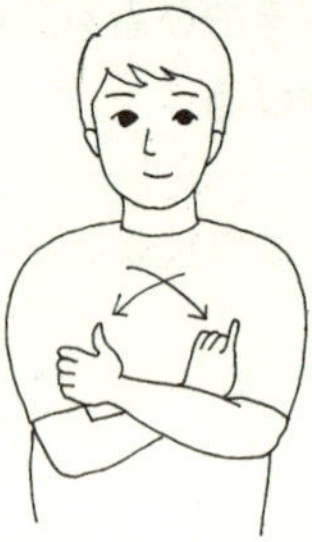

例12－6

①（ネクタイを）首にしめる	②（ネクタイで）首をしめる	③（自分の）首をしめる

手話表現は？

「首」と「しめる」「しまる」を使った表現について，どんな手話で表しますか？

日本語の意味は？ 問題12-6（1）

「しめる」を漢字で表すと，「閉める」「締める」「絞める」「占める」「湿る」などがありますが，以下の文の「しめる」は，どの漢字を使いますか？

1)「ネクタイを首にしめる」

2)「ネクタイで首をしめる」

日本語の意味は？ 問題12-6（2）

ネクタイを身につける時，次のどちらを言いますか？

(ア)「ネクタイを首にしめる」

(イ)「ネクタイで首をしめる」

日本語の意味は？ 問題12-6（3）

次の文の（　　）には，「首をしめられる」と「首がしまる」のいずれかを選んで，適切な形にして入れてください。

1) 知らない男の人に，後ろから（　　）そうになった。

2) 携帯電話などを首からかけるストラップがあるが，それが遊具やドアのノブにひっかかり，（　　）など，命に関わる事故の危険があるんだって。

日本語の意味と答え

問題12-6（1）の答え
1）締める
2）絞める
問題12-6（2）の答え
（ア）
問題12-6（3）の答え
1）首をしめられ
2）首がしまる

「ネクタイを首にし（絞）める」「首にネクタイをしめる」は，単にネクタイを身につける意味です。

「ネクタイで首をしめる」「首をネクタイでしめる」は，ネクタイを首に巻き付けて，引っ張って窒息死（ちっそくし）させる意味です。単に「首をしめて殺す」と言う場合は，両手を首にかけて絞め殺す意味です。

なお，「首をしめる」には，単に物理的に首を絞める意味だけではなく，「苦しくなる」意味もあります。「自分の首をしめる」は，自分の言動が原因で苦しい思いをすることです。

「しめられる」は，「しめる」の受身形です。「しまる」は自動詞です。「首をしめられる」は，誰かが首を絞めてくる意味で，「首がしまる」は，事故などで，首にひもなどがかかり，首を絞められた状態になる意味です。

聴覚障害児には，助詞を適切に使い分ける力（この例で言うと，「首（　　）しめる」「首（　　）しまる」などの「（　　）」に適切な助詞を入れたり，「首にしめる」「首をしめる」などの意味がそれだけですぐにイメージできる力）を身につけてほしいと思います。

補足ですが，「首を吊（つ）る」は，首つり自殺をする意味で，「首に吊り下げる（釣り下げる）」は，首に何かをぶらさげる意味です。

手話表現の例

①（ネクタイを）首にしめる	②（ネクタイで）首をしめる	③（自分の）首をしめる
ネクタイを首につけるしぐさ	(a) 首／首を絞める（両手で○を作り，その○を小さくする）しぐさ (b) ネクタイを引っ張って首を絞めるしぐさ	(a) 自分の両手で自分の首を絞めるしぐさ (b)「自分の言動が原因で苦しむ」と言い換える

例 12 − 7

① 首尾良く	② 首尾一貫	③ 思案投首

手話表現は？

「首」に関することわざなどを集めてみました。

「首尾良く」は，物事がうまい具合に進行する意味です。

「首尾一貫」は，最初から最後まで，ひとつの考え方が貫かれていることです。

「思案投首」は，名案が思い浮かばず，困り切って首を傾けていることです。「投首・投げ首」ということばはありますが，通常「首を投げる」という言い方はしません。それぞれを，どんな手話で表しますか？

手話表現の例

① 首尾良く	② 首尾一貫	③ 思案投首
(a) 上手（「うまく」の意） (b) **なめらか**	最初／から／**まで（ずーっと）**／（方法）／同じ（最初から最後まで同じままである意）	**いろいろ**／考える or 悩む

例 12 －8

① 首足	② 足首	③ 首席
④ 頭首	⑤ 首相・首長	⑥ 首長（竜）
⑦ 首途	⑧ 首都	⑨ 首脳
⑩ 船首	⑪ 首肯	⑫（短歌）一首
⑬ ろくろ（っ）首	⑭ 自首	⑮ 寝首をかく

手話表現は？

「首」を使った熟語について，それぞれを，どんな手話で表しますか？

日本語の意味は？　問題 12 - 8

次の単語は，それぞれ何と読みますか？（意味もわかるでしょうか？）

1）首足　2）足首　3）首席　4）頭首
5）（行政機関の）首長　6）首長（竜）　7）首途
8）首都　9）首脳　10）船首　11）首肯
12）一首　13）自首　14）寝首

日本語の意味と答え

「首足（しゅそく）」は，首と足，あるいは首から足までのことで，「足首（あしくび）」は，足のくるぶしのあたりのことです。

「首席（しゅせき）」は，トップの席次や地位を意味します。

「頭首（とうしゅ）」は，単に頭を意味する時と，ある集団や組織の首領を意味する時があります。また，「首相」は内閣総理大臣のことです。

「首長（しゅちょう）」は，上に立って集団や団体を支配・統率する人のことですが，「首長竜」の場合は「くびながりゅう」と読みます。「首長（しゅちょう）」とよく似た意味のことばとして「首脳（しゅのう）」「頭首（とうしゅ）」「首領（しゅりょう）」「親分（おやぶん）」「親方（おやかた）」「ボス」などがあり，いずれも「〜長」という手話が使われるでしょうが，聴覚障害児には，使われる場面の微妙な違いもなるべく理解してほしいと思います。

「首途（しゅと・かどで）」は，門出（かどで）・旅出ちのことです。

「首都（しゅと）」は，中央政府がある都市のことです。

「首脳（しゅのう）」は，中心的な役割を担う人のことです。「首と脳」のことではありません。

「船首（せんしゅ）」は，船の先・へさきのことで，対語は「船尾」です。

「首肯（しゅこう）」は，納得したりうなずいたりすることです。

短歌を数える時は，「首（しゅ）」という助数詞が使われ，俳句を数える時は，「句（く）」という助数詞が使われます。

「ろくろ（っ）首（くび）」は，首が長く自由に伸び縮みする化け物のことです。筆者は，陶芸の時に使われる「ろくろ」と重ねて，「ろくろ首」は自由自在に（360度）首が回るお化けのことかと思ったことがありました。

「自首（じしゅ）」は，犯人が自ら警察に出頭することです。

「寝首（ねくび）をか（掻）く」は，人が寝ている時に襲って，その首を斬ることで，転じて，不意打ちすることや卑怯な手段を使って相手を陥れることを意味します。

問題12-8の答え

1）しゅそく
2）あしくび
3）しゅせき
4）とうしゅ
5）しゅちょう
6）くびなが
7）しゅと・かどで
8）しゅと
9）しゅのう
10）せんしゅ
11）しゅこう
12）いっしゅ
13）じしゅ
14）ねくび

手話表現の例

① 首足（しゅそく）	② 足首（あしくび）	③ 首席（しゅせき）
(a) 首／〜と〜／足 (b)「首から下のからだ」と言い換える	足首を指さす	(a) 一番（／成績など） (b) 最高（／成績など）

④ 頭首（とうしゅ）	⑤ 首相（しゅしょう）・首長（しゅちょう）	⑥ 首長（くびなが）（竜（りゅう））
〜長	首／〜長	首／長い

⑦ **首途**（しゅと・かどで）	⑧ **首都**（しゅと）	⑨ **首脳**（しゅのう）
出発（何が出発するかによって，手話表現が異なる。飛行機なら，離陸する手話表現になる）	(a) 一番 or 中心／「ト」 (b) **首都** 	(a) ～長 (b) **首脳**（首に手を当ててから以下の手話表現をする） 

⑩ **船首**（せんしゅ）	⑪ **首肯**（しゅこう）	⑫ **（短歌）一首**（いっしゅ）
船／先を指さす	(a) 首を縦に振る (b) 納得	(短歌）／1／首（首に手を当てる）

⑬ **ろくろ（っ）首**（くび）	⑭ **自首**（じしゅ）	⑮ **寝首をかく**（ねくび）
首／長くくねくねとしている様子を示す（／幽霊）(お化けの一種であることを説明する)	(a) 自ら／逮捕される (b) 自ら／警察／行く／（本音をもらす） (c) 自ら／「手錠をかけてください」と言うように，両手をくっつけて差し出す	(a) ［左手で］「寝る／男（人 or 女）」／［右手で左手に向かって］斬りつける (b) ずるい／方法／勝つ（他，殺すなど）

例 13　涙

例 13 - 1
① 涙する
② 涙を流す・涙が流れる
③ 涙をこぼす・涙がこぼれる
④ 涙ぐむ
⑤ 涙を浮かべる
⑥ 涙をためる
⑦ 涙をこらえる
⑧ 涙をのむ
⑨ 涙にくれる
⑩ 涙に沈む
⑪ 涙にむせぶ・涙にむせる

例 13 - 2
① 涙もろい
② 涙ぐましい
③ 悔し涙
④ うれし涙
⑤ 聞くも涙，語るも涙
⑥ 涙雨
⑦ 涙金
⑧ 涙腺がゆるい
⑨ 感涙にむせぶ

例 13 − 1

① **涙する**	② **涙を流す・涙が流れる**	③ **涙をこぼす・涙がこぼれる**
④ **涙ぐむ**	⑤ **涙を浮かべる**	⑥ **涙をためる**
⑦ **涙をこらえる**	⑧ **涙をのむ**	
⑨ **涙にくれる**	⑩ **涙に沈む**	⑪ **涙にむせぶ・涙にむせる**

手話表現は？

「涙（なみだ）」に関する言い方を集めてみました。それぞれを，手話でどう表しますか？

日本語の意味は？

問題 13 - 1

次の（　　）には，以下のどれが入るでしょうか？　文に合う形にして入れてください（問題によっては，複数回答可）。

涙する	涙を流す	涙が流れる
涙をこぼす	涙がこぼれる	涙ぐむ
涙を浮かべる	涙をためる	涙をこらえる
涙をのむ	涙にくれる	涙に沈む
涙にむせぶ	涙にむせる	

1) 仕方がない。（　　）で引き下がることにしよう。
2) 大きなその目からは，とめどなく（　　）続けている。
3) 一生懸命（　　）ながら，彼女は，最後のあいさつをした。
4) 母の病気は非常に深刻で，（　　）ている場合ではないのだ。
5)「好きなだけ泣くほうがいいよ」と言われ，彼女は，あふれる（　　）

ながら,「そうね,その通りよね」と言った。
6) 息子の思いがけない優しいことばに,思わず（　　）でしまった。

日本語の意味と答え

問題13-1の答え
1) 涙をのん
2) 涙が流れ・涙がこぼれ
3) 涙をこらえ
4) 涙にくれ・涙し・涙を流し
5) 涙にむせ・涙にむせび
6) 涙ぐん・涙にむせん

「涙する」「涙を流す・涙が流れる」「涙をこぼす・涙がこぼれる」は,いずれも「泣く」意味です。筆者としては,どちらかと言えば,「流す・流れる」は涙が出続けている感じで,「こぼす・こぼれる」は,ぽとんと（あるいはぽとんぽとんと）落ちるイメージを抱いています。

また,「涙ぐむ」「涙を浮かべる」「涙をためる」について,筆者としては,「涙ぐむ」が一番涙の量が少なく,「涙をためる」が一番涙の量が多いようなイメージをもっています。「涙を浮かべる」は,「涙ぐむ」様子から「涙をためる」様子まで含めたことばであるように感じていますが,個人差があると思います。

「涙をこら（堪）える」は,泣くのをがまんする意味です。

「涙をのむ」は,涙をこらえる意味や無念さをがまんする意味があるように思います。つまり,必ずしも涙がこぼれているとは限りません。「涙をのむ」の「のむ」は,「飲む」ではなく「呑む」と書きます。

「涙にくれる」は,「涙に暮(く)れる」と「涙に暗(く)れる」の2通りがあるそうです。前者は,毎日泣き暮らす意味で,後者は,涙のために暗い気持ちになる・泣き沈む意味だそうですが,両者を区別せずに使う人が多いと思います。

「涙に沈む」は,泣いて床につくことをイメージする人や,泣き崩れることをイメージする人がいるのではないかと思います。このことばは,小学校5年生の国語の教科書に載っていました。

「涙にむせぶ」「涙にむせる」は,よく似ていて,泣いてしゃくりあげ,声が出なくなる感じです。「むせぶ」は,「むせんで」「むせびながら」などと言いますが,「むせる」は,「むせて」「むせながら」などと言います。なお,インターネットでは「涙にむせいで」の言い方がかなり見られました。

手話表現の例　　**現実に見られる表現例を含む，以下同様**

① 涙する	② 涙を流す・涙が流れる	③ 涙をこぼす・涙がこぼれる
(a) 泣く (b) 悲しい	(a) 泣く (b) 悲しい（目から涙が一筋流れる様子）	(a) 泣く (b) 涙が１～３粒目からこぼれる様子を表す

「泣く」の手話は，手で目をこすり，泣くようにする手話で，「悲しい」の手話は，涙が頬を流れるところからきた手話です。実際には，「悲しい」と思うと必ず涙を流す，とは限りません。なお，以下の文ををどう区別して表せばよいでしょうか？（「かわいそう」と「あわれ」を区別する方法を聞かれると，筆者も返答に苦しみます）

・彼女が泣く。
・彼女がかわいそうだ。
・（私は or 彼は）彼女は泣くと思う。
・（私は or 彼は）彼女をかわいそうに思う。
・（私は or 彼は）彼女をあわれに思う。

④ 涙ぐむ	⑤ 涙を浮かべる	⑥ 涙をためる
(a) 目頭を押さえる様子を表す (b)（他のことばとの違いを説明するために）「涙はこぼれていないけど，目がうるうるとなっている」などと補足説明する	(a) 目に涙がたまっている様子を表す (b)（他のことばとの違いを説明するために）「涙は今にもこぼれそうである」などと補足説明する	涙をためる 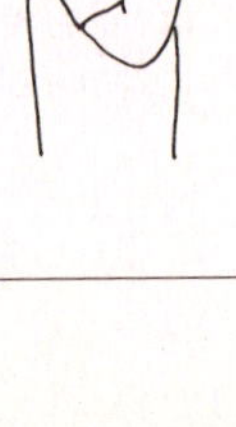

⑦ 涙をこらえる	⑧ 涙をのむ
泣く or 悲しい／がまん	(a) 泣く／がまん (b) 泣く or 悲しい／好き(〜たい)／気持ち／がまん (c) 悔しい／がまん

⑨ 涙にくれる	⑩ 涙に沈む	⑪ 涙にむせぶ・涙にむせる
(a) 泣く／泣く［ひどく嘆き悲しんでいる様子を出す］ (b) **いつも（毎日）**／泣く  (c) 泣く or 悲しい／気持ち／暗い／変わる（〜になる）（泣いて暗い気持ちになる意）	(a) 泣く／泣く［ひどく嘆き悲しんでいる様子を出す］ (b)「泣き崩れる」「泣き突っ伏す」と言い換える	(a) むせび泣く様子 (b)（他のことばとの違いを説明するために）「泣き過ぎて，呼吸が難しくなる」などと補足説明する

例 13－2

① 涙もろい	② 涙ぐましい	
③ 悔し涙	④ うれし涙	
⑤ 聞くも涙，語るも涙	⑥ 涙雨	⑦ 涙金
⑧ 涙腺がゆるい	⑨ 感涙にむせぶ	

手話表現は？

それぞれを，手話でどう表しますか？

日本語の意味は？

問題 13 - 2

次の（　　）には，以下のどれが入るでしょうか？　文に合う形にして入れてください（問題によっては，複数回答可）。

涙もろい	涙ぐましい	悔し涙
うれし涙	聞くも涙，語るも涙	涙雨
涙金	涙腺がゆるい	感涙にむせぶ

1) お葬式の時に降り出した雨を，「（　　）」ということがある。
2)「本当に神様っているのね」と（　　）彼女を，彼は温かい目で見守った。
3) あなたの（　　）努力に，拍手を送ります。
4) 子どもが見つかったと聞いて，母親は（　　）を流した。
5) 年取ったせいか，（　　）なった。今日も，もらい泣きした。
6) それは，（　　）の物語です。

日本語の意味と答え

「涙もろ（脆）い」は，ちょっとしたことにもすぐに涙をこぼしがちな意味です。

例13 涙

「涙ぐましい」は，涙が出るほど同情したり感心したりする意味です。

「悔し涙」は，悔しさのあまり流す涙のことで，「うれ（嬉）し涙」は，うれしさのあまり流す涙のことです。

「聞くも涙，語るも涙」は，聞く人も話す人もみんな涙を流す意味です。「語るも涙，聞くも涙」というのは誤用であるようですが，筆者は，話す行為が聞く行為より先に行われるので，「語る」が「聞く」より先に来るように思っていました。

> **問題13-2の答え**
> 1）涙雨
> 2）感涙にむせぶ
> 3）涙ぐましい
> 4）うれし涙
> 5）涙もろく・涙腺がゆるく
> 6）聞くも涙，語るも涙

「涙雨」は，ほんの少し降る雨を意味する時と，葬儀の時などに降る雨を意味する時があります。

「涙金」は，（特に縁を切る時に）人に与えるわずかな金銭のことです。

「涙腺」は，涙を分泌するところです。「涙腺がゆる（緩）い」は，涙もろい意味です。

「感涙にむせぶ」は，感激して流した涙にむせぶことです。

手話表現の例

① 涙もろい	② 涙ぐましい
(a) 悲しい／はやい (b) すぐに／悲しい (c) **簡単**／悲しい 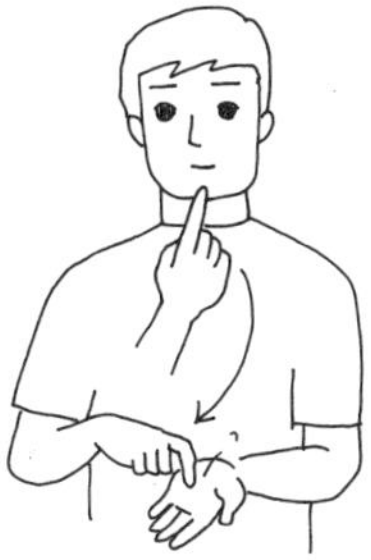	(a) 単に「悲しい」とする［口で「涙ぐましい」と言いながら］ (b)「涙が出るほど，同情または感心する」と言い換える

③ **悔し涙**	④ **うれし涙**
(悔しい／) 悲しい［悔しそうな表情をつけながら］(悔しくて泣く意)	(うれしい／) 悲しい［うれしそうな表情をつけながら］(うれしくて泣く意)

⑤ **聞くも涙, 語るも涙**	⑥ **涙雨**	⑦ **涙金**
(a) 聞く／悲しい／話す／悲しい (b)「聞く人も話す人もみんな泣く」と言い換える	(a) 雨［ほんの少しだけ降る雰囲気で］／少し (b) 空／悲しい／雨 (天が悲しんで雨を降らしている意)	(a) 少し／お金 (b)「同情して」や「縁を切る時に」などを補足する

⑧ **涙腺がゆるい**	⑨ **感涙にむせぶ**
(a) **すぐに**／悲しい［涙ぐむ感じ］  (b) 悲しい［涙ぐむ感じ］／はやい	**感動** or 興奮／泣く［むせび泣く感じ］ 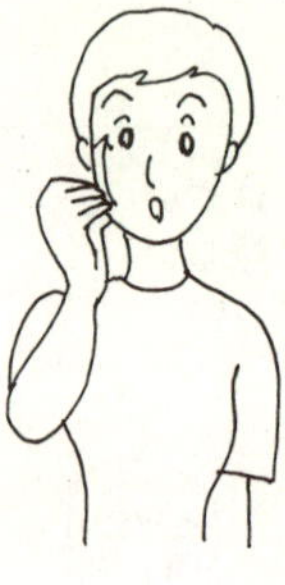

例 14

息

例 14 - 1
① 息がある
② 息が長い・息長い
③ 息が通う
④ 息が続く
⑤ 息が合う
⑥ 息がかかる
⑦ 息を入れる
⑧ 息む
⑨ 息まく

例 14 - 2
① 息を止める
② 息が止まる
③ 息の根を止める
④ 息がつまる・息づまる
⑤ 息をつめる
⑥ 息をこらす
⑦ 息を殺す
⑧ 息をのむ
⑨ 息が絶える
⑩ 息を引き取る
⑪ 息が切れる・息切れ
⑫ 息せき切る
⑬ 息を抜く・息抜き

例 14 - 3
① 一息つく・一息入れる
② 一息にやる
③ 息をつぐ・息つぎ
④ 息づく
⑤ 息をつく・息つく
⑥ ため息をつく
⑦ 嘆息する
⑧ 喘息
⑨ 息を吹く
⑩ 息吹く・息吹
⑪ 息を吹き掛ける・息を吹き付ける
⑫ 息を吹き返す
⑬ 息を吐く
⑭ 青息吐息

例 14 - 4
① 息子
② 子息
③ 愚息
④ 息女
⑤ 姑息
⑥ 寝息
⑦ 息災
⑧ 消息
⑨ 利息

例 14 − 1

① **息がある**	② **息が長い・息長い**	③ **息が通う**
④ **息が続く**	⑤ **息が合う**	⑥ **息がかかる**
⑦ **息を入れる**	⑧ **息む**	⑨ **息まく**

手話表現は？

「息」を使った表現を集めてみました。それぞれを，手話でどう表しますか？

日本語の意味は？

問題 14 - 1

次の（　　）には，以下のどれが入るでしょうか？　文に合う形にして入れてください（問題によっては，複数回答可）。

息がある	息が長い	息が通う
息が続く	息が合う	息がかかる
息を入れる	息む	息まく

1）彼女は，社長の（　　）ている人だから，彼女の機嫌を損（そこ）ねるなよ。
2）彼女は，社長と（　　）人だから，彼女の機嫌を損ねるなよ。
3）クラスのみんなの（　　）た演奏が見られて，うれしかった。
4）彼は「今日こそあいつの家にどなりこんでやる！」と（　　）ていたわ。
5）彼は，今まで書いた小説の数は少ないが，（　　）作家だ。
6）これは，（　　）た作品だね。
7）やっと回復した景気も，（　　）ないようだ。
8）仕事も一段落したから，ここらへんで（　　）うか。
9）出産の時の（　　）回数を平均すると，1 回の出産で百回だそうだ。

日本語の意味と答え

「息がある」は，まだ生きていて呼吸をしている意味です。

問題14-1の答え
1）息がかかっ　2）息が合う
3）息が（の）合っ
4）息まい　5）息が長い
6）息が通っ　7）息が続か
8）息を入れよ　9）息む

「息が長い」は，長生きする意味があり，転じてある活動が長続きしている様子を表します。「息長く続ける」とも言います。「息が短い」という言い方はありません。なお，「長息」は，長いため息のことです。

「息が通う」は，息が続いている意味や，精神がこもって充実する意味があります。

「息が続く」は，息が長くもつ意味や，ある状態がずっと続く意味があります。

「息が合う」は，気持ちがぴったり合う意味です。

「息がか（掛）かる」は，文字通り誰かの息が他の人のからだに当たる意味や，有力者の庇護・影響のもとにある意味があります。

「息を入れる」は，ひと休みする意味です。

「息む」は，息を込めて腹に力を入れることです。

「息ま（巻）く」は，激しく言い立てたり息づかいが荒くなるほど激しく怒ったりすることです。

手話表現の例

現実に見られる表現例を含む，以下同様

① **息がある**	② **息が長い・息長い**	③ **息が通う**
(a) **呼吸**／ある 	(a) 呼吸／長い (b) **長命** 	(a) 呼吸／**続く（続ける）** 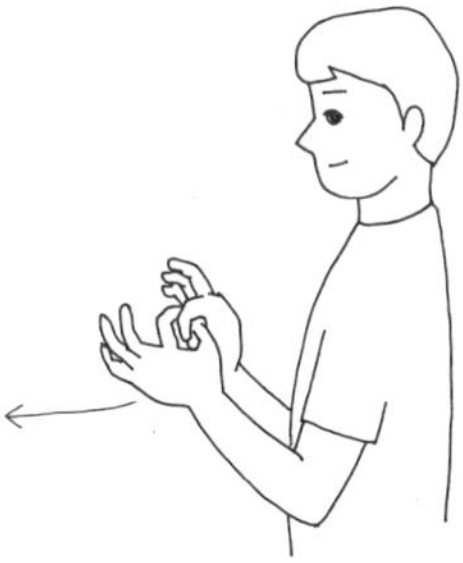

(b)「まだ生きている」または「まだ死んでいない」と言い換える（「まだ」が絡んだ文章の表し方については，既刊『よく似た…』第2巻の15-1を参照のこと）	(c)「**相変わらず(続く)**」の手話を使う  (d) 続く（続ける）	(b) **元気**（生き生きしている意） 

④ **息が続く**	⑤ **息が合う**	⑥ **息がかかる**
(a) 呼吸／続く（続ける） (b) 様子（状態）／続く（続ける）	(a) 呼吸／ぴったり（合う） (b) 心／ぴったり（合う）or 通じ合う or まとめる（結局）	(a) 相手に自分の呼吸が当たる様子を表す (b)「守る」という手話を使う (c)「広がる（影響）」「命令される」などの手話を使う

⑦ **息を入れる**	⑧ **息(いき)む**	⑨ **息巻(いきま)く**
(a) 休む (b) 休憩（雰囲気）	腹に力を入れてふんばるしぐさ	(a) 怒る (b) 鼻息を荒くする

例 14－2

① 息を止める	② 息が止まる	③ 息の根を止める
④ 息がつまる・息づまる		⑤ 息をつめる
⑥ 息をこらす		⑦ 息を殺す
⑧ 息をのむ	⑨ 息が絶える	⑩ 息を引き取る
⑪ 息が切れる・息切れ	⑫ 息せき切る	⑬ 息を抜く・息抜き

手話表現は？

それぞれを，手話でどう表しますか？

日本語の意味は？

問題 14 - 2

次の（　　）には，以下のどれが入るでしょうか？　文に合う形にして入れてください（問題によっては，複数回答可）。

息を止める	息が止まる	息の根を止める	息がつまる
息をつめる	息をこらす	息を殺す	息をのむ
息が絶える	息を引き取る	息が切れる	息を抜く

1）彼は，「妻子を頼む」と言い残すと，静かに（　　）た。

2）階段を百段も登ると，（　　）た。

3）見渡す限りの焼け野原に，みんな（　　）だ。

4）水の中で，何分間，（　　）ていられるかな？

5）（　　）ような熱戦だったね。

6）寝ている間に，何度か（　　）睡眠時無呼吸症候群が話題になった。

7）強豪との対戦が続いて，（　　）ことができない。

8）彼の悪事はとどまるところを知らない。今日こそ，（　　）てやる！

日本語の意味と答え

> 問題14-2の答え
> 1）息を引き取っ・息が絶えた
> 2）息が切れ
> 3）息をのん
> 4）息を止め
> 5）息がつまる
> 6）息が止まる
> 7）息を抜く
> 8）息の根を止め

「息を止める」は，呼吸を止める意味や，殺す意味があります。「息が止まる」は，呼吸が停止する意味や，死ぬ意味があります。

「息の根を止める」は，殺す意味や徹底的に打ちのめす意味があります。

「息がつ（詰）まる・息づ（詰）まる（「息詰る」でも可）」は，呼吸がしにくくなる意味や，緊張して息苦しくなる意味があります。

「息をつ（詰）める」や「息をこ（凝）らす」「息を殺す」には，呼吸を抑えて緊張する意味があります。

「息をの（呑）む」は，はっと驚いて息を止める意味や，深く息を吸って下腹に力を入れる意味があります。

「息が絶える」「息を引き取る」は，死ぬ意味です。「息絶える」とも言います。

「息が切れる・息切れ」は，息が続きにくくなったり息が止まったりする意味です。「息せ（急）き切る」は，急いで走り，呼吸を荒くすることです。「息咳切る」と書くのは誤用です。このことばは，小学校5年生の国語の教科書で見られました。

「息を抜く」や「息抜き」は，ひと休みする意味です。

手話表現の例

① 息を止める	② 息が止まる	③ 息の根を止める
(a) **呼吸**／止める  (b) 殺す	(a) 呼吸／**止める**  (b) 死ぬ	(a) 殺す (b)「こらしめる」「悪いことをさせないようにする」などと言い換える

④ **息がつまる・息(いき)づまる**	⑤ **息をつめる**
(a) 呼吸／難しい（できない） (b) 苦しい［圧迫されるように周りを見渡しながら］ (c) ほっとする／難しい（できない）	(a) 呼吸／がまん (b)「静かにする」と言い換える (c) 隠れる／秘密（口をつぐむ意） (d) 一途(いちず)（集中）

⑥ **息をこらす**	⑦ **息を殺す**
⑤と同じ	⑤と同じ

⑧ **息をのむ**	⑨ **息が絶(た)える**	⑩ **息を引き取る**
(a) 息をのんだ様子を表す (b)「驚く」と言い換える	死ぬ（「死ぬ」意味だと教えながらも，日本人は直截(ちょくせつ)的な言い方を嫌い，婉曲(えんきょく)的な表現を好む傾向があることは，伝えておきたい）	

⑪ **息が切れる・息切(いきぎ)れ**	⑫ **息せき切(き)る**	⑬ **息を抜く・息抜き**
(a) 死ぬ (b)「呼吸」の手話を激しく数回繰り返す［苦しそうな表情で］	**あわてる**／走る／激しく呼吸する様子を表す 	(a) 休む (b) **ほっとする** 

例 14－3

① 一息つく・一息入れる	② 一息にやる
③ 息をつぐ・息つぎ	④ 息づく
⑤ 息をつく・息つく	⑥ ため息をつく
⑦ 嘆息する	⑧ 喘息
⑨ 息を吹く	⑩ 息吹く・息吹
⑪ 息を吹き掛ける・息を吹き付ける	⑫ 息を吹き返す
⑬ 息を吐く	⑭ 青息吐息

手話表現は？

それぞれを，手話でどう表しますか？

日本語の意味は？

問題 14－3

次の（　　）には，以下のどれが入るでしょうか？　文に合う形にして入れてください（問題によっては，複数回答可)。

一息つく　一息にやる　息をつぐ　息づく
息をつく　ため息をつく　嘆息する　息を吹く
息吹く　息吹　息を吹き掛ける　息を吹き返す
息を吐く　青息吐息

1）誰もが思わず（　　）ほどの良い眺めでした。

2）インフレで（　　）だ。

3）彼は，その作業を，（　　）た。

4）彼女は，その作業を終えると，（　　）うと，コーヒーを入れた。

5）強豪との対戦が続いて，（　　）ことができない。

6）ここは，伝統と自然が（　　）まち，越前和紙の里です。

7）泳ぐ途中で（　　）のだが，このタイミングも結構難しい。
8）王子が姫を抱き起こすと，姫の口からリンゴが出て，姫は（　　）た。
9）忙しくて，（　　）暇もない。

日本語の意味と答え

問題14-3の答え
1）ため息をつく　2）青息吐息
3）一息にやっ　4）一息つこ
5）息をつく・一息つく
6）息づく・息吹く　7）息をつぐ
8）息を吹き返し　9）息をつく

「一息（ひといき）つく・一息入れる」は，ひと休みすることで，「一息にやる」は，休まずに一気に事を行うことです。他に「完成まであと一息だ」などの言い方もあります。

「息をつ（継）ぐ・息つ（継）ぎ」は，歌う途中や泳ぐ途中で息を吸い込む意味や，ひと休みする意味があります。

「息づく」は，生きている意味の他に，苦しい息をしたりため息をついたりする意味があります。特に後者の場合は，「息衝く」と書けるようです。

「息をつく」「息つく」は，それまで押さえていた息を大きく吐く意味や，ほっとする意味があります。この「つく」の漢字は，はっきりわかりませんでした。

「ため息をつく」は，心配や絶望，感嘆などの感情から大きく息を吐くことで，「嘆息（たんそく）」は，嘆き悲しんでため息をつくことです。

「喘息（ぜんそく）」は，喘鳴（ぜんめい）を伴う発作性の呼吸困難のことです。

「息を吹く」は，口をすぼめて息を出すことです。ろうそくを吹き消す動作は簡単に見えますが，実はそうではありません。筆者も，発音訓練で先生の真似をして何かを吹き飛ばすよう言われた時，最初は口をすぼめるだけだったと聞いたことがあります。その後，息の出し方を何回も練習し，「ふ」の発音ができるようになりました。

「息吹（いぶ）く・息吹（いぶき）」は，息を吐くことを意味する時や，生気や活気がある様子を意味する時があります。

「息を吹き掛ける・息を吹き付ける」は，何かに息を強く当てる意味です。

「息を吹き返す」は，生き返る意味です。

「息を吐く」は，呼吸で息を出す意味やほっとする意味があります。それから，「彼は3安打と，ひとり息を吐いた」という文がありましたが，「ひとり気を吐いた」が正しい文でしょう。

「青息吐息（あおいきといき）」は，嘆息する時や弱った時に出すため息のことです。

手話表現の例

① 一息（ひといき）つく・一息入れる	② 一息にやる
休む or 休憩（雰囲気）or ほっとする	全部／はやく／する（実行）or 解決

③ 息を継（つ）ぐ・息継ぎ	④ 息づく	⑤ 息をつく・息つく
(a) 息を吸い込むしぐさ（「息を吸う」との違いを説明するために，「動作の途中で息を吸う」と補足する） (b) 休む or 休憩（雰囲気） or ほっとする	(a) 生きる (b) 呼吸／苦しい (c) ため息をつくしぐさ	(a) 息を大きく吐く (b) 休む or 休憩（雰囲気）or ほっとする

⑥ ため息をつく	⑦ 嘆息（たんそく）する	⑧ 喘息（ぜんそく）
(a) ため息をつくしぐさ (b)（「嘆息」との違いの説明のために）「感心する時もため息をつくことがある」などと補足説明する	(a)「はあ」とため息をつくしぐさ (b)「悲しむ」「悔しい」などのことばを付け加える	(a) 咳き込む様子 (b) **喘息** 

⑨ **息を吹く**	⑩ **息吹(いぶ)く・息吹(いぶき)**
口をすぼめて息を出すしぐさ	(a) 呼吸 (b) 生きる or 元気

⑪ **息を吹き掛ける・息を吹き付ける**	⑫ **息を吹き返す**
口をすぼめて何かに息を吹き掛けるしぐさ	(a) 改めて or また／呼吸 or 生きる（再び呼吸する意） (b) **回復** 

⑬ **息を吐く**	⑭ **青息吐息(あおいきといき)**
(a) 息／吐く (b) **ほっとする** 	困る［ため息をつきながら］

「阿吽(あうん)の呼吸」という言い方もあります。2 人以上で一緒にひとつのことをする時の，相互の微妙な調子や気持ち，特にそれが一致することを意味します。

例 14 － 4

① 息子	② 子息	③ 愚息
④ 息女	⑤ 姑息	⑥ 寝息
⑦ 息災	⑧ 消息	⑨ 利息

手話表現は？

「息」を使った熟語について，それぞれを手話でどう表しますか？

日本語の意味は？

問題 14 - 4（1）

次の単語は，それぞれ何と読みますか？

1）息子　2）子息　3）愚息　4）息女　5）姑息

6）寝息　7）息災　8）消息　9）利息

日本語の意味は？

問題 14 - 4（2）

次の（　　）には，以下のどれが入るでしょうか？　文に合う形にして入れてください（問題によっては，複数回答可）。

息子　子息　愚息　息女　姑息

寝息　息災　消息　利息

1）ご令嬢・ご（　　）のお名前を，ここにお書きください。

2）あいつが，（　　）の太郎です。あいつを，よろしくお願いします。

3）友人の大切な（　　）さんを，一週間ほど預かることになった。

4）（　　）な手段を使いやがって。

5）漁船が（　　）を突然断ったので，関係者は心配した。

6）「一病（　　）」は，一つぐらい病気があるほうが，健康に気を配るので，かえって長生きできる意味である。

日本語の意味と答え

「息子（むすこ）」「子息（しそく）」「愚息（ぐそく）」は息子のことですが，「子息」は他人の息子に対してのみ使います。逆に，「愚息」はへりくだった言い方であり，通常自分の息子に対してのみ使います。手話では，いずれも「息子」となりますが，使われる場面が異なることも理解してほしいと思います。

「息女（そくじょ）」は，他人の娘のことで，敬った言い方です。

「姑息（こそく）」は，一時（いちじ）の間に合わせやその場逃れのことです。姑（しゅうとめ）（夫の母のこと）と息子（むすこ）のことと思う人がいるかもしれません。なお，「姑息」を「卑劣な」の意味で使うのは誤用だそうですが，そのような意味で使われている文章をよく見かけます。

「寝息（ねいき）」は，寝ている間の呼吸のことです。

「息災（そくさい）」は，健康・無事なことです。「無病息災（むびょうそくさい）を願う」「一病息災（いちびょうそくさい）」のように使われます。

「消息（しょうそく）」は，便りやその人の状況を意味します。「消息が知れない」のように使います。息で消すというような意味ではありません。

「利息（りそく）」は，利子のことで，「利子」と同じ意味と思ってよいようです。

問題14-4（1）の答え

1）むすこ	2）しそく
3）ぐそく	4）そくじょ
5）こそく	6）ねいき
7）そくさい	8）しょうそく
9）りそく	

問題14-4（2）の答え

1）子息	2）息子・愚息
3）息子	4）姑息
5）消息	6）息災

手話表現の例

① 息子（むすこ）	② 子息（しそく）	③ 愚息（ぐそく）
息子	(a) 息子 (b)（①や③との違いの説明のために）他人の息子に対して使うていねいなことばであることを補足説明する	(a) 息子 (b)（②や③との違いの説明のために）通常自分の息子に対して使うへりくだったことばであることを補足説明する

④ **息女**（そくじょ）	⑤ **姑息**（こそく）	⑥ **寝息**（ねいき）
(a) 娘 (b) 他人の娘に対して使う敬った言い方であることを補足説明する	手話表現の仕方が難しい（筆者なら「当面」「適当に」の手話を使うと思う）	寝る／息

⑦ **息災**（そくさい）	⑧ **消息**（しょうそく）	⑨ **利息**（りそく）
(a) 災害／ない (b) **元気**  (c) **無事** 	(a) 手紙 (b) **居る**／場所 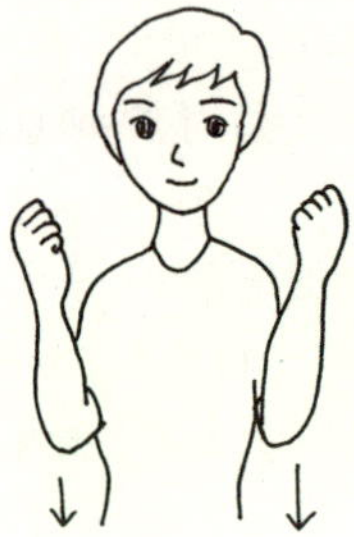	(a) **不足**（『日本語ー手話辞典』では，「不足」の手話には「利子」「利息」の意味もあるとされる） 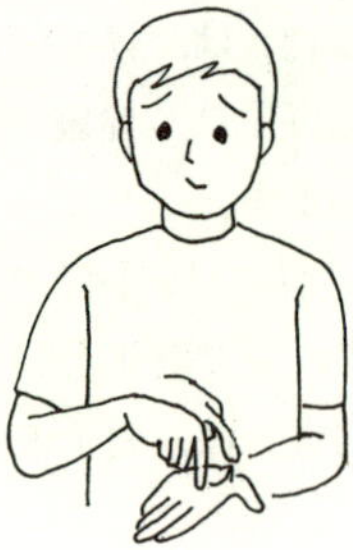 (b) 利子［左手で大きな「C」や「貯金」を作り，右手で作った小さな「C」や「お金」をその上に乗せるしぐさ］

例 15　声

例 15 - 1
①-1　大声
①-2　大音声
②　黄色い声
③-1　高い声
③-2　（しっ）声が高い！
③-3　声高
③-4　呼び声が高い
④-1　音声
④-2　声音

例 15 - 2
①-1　声が出る
①-2　声を出す
①-3　声に出す
②-1　声が上がる
②-2　声を上げる
②-3　声を張り上げる
③-1　声がかかる
③-2　声をかける
④-1　声がする
④-2　音がする
⑤-1　声を立てる
⑤-2　音を立てる
⑥-1　発声（の練習）
⑥-2　発音（の練習）

例 15 - 3
①　声をそろえる
②　声をふりしぼる
③　声を落とす
④　声をひそめる
⑤　声を荒げる
⑥　声を震わせる
⑦　声がかすれる
⑧　声をからす・声がかれる
⑨　声をつぶす・声がつぶれる
⑩　声を出さない

例 15 - 4
①　地声
②　裏声
③　だみ声
④　産声
⑤　声色
⑥　声紋
⑦　声を限りに
⑧　声変わり
⑨　反対の声
⑩　声なき声
⑪　２月の声を聞く
⑫　声明
⑬　名声
⑭　声帯

例 15 −1

①-1 大声	①-2 大音声	② 黄色い声
③-1 高い声	③-2 （しっ）声が高い！	③-3 声高
③-4 呼び声が高い	④-1 音声	④-2 声音

手話表現は？

「声」に関する言い方を集めました。それぞれを，手話でどう表しますか？

日本語の意味は？

問題 15-1（1）

次の単語は，それぞれ何と読みますか？

1）大声　　2）大音声　　3）声高
4）呼び声　　5）音声　　6）声音

日本語の意味は？

問題 15-1（2）

次の（　　）には，以下のどれが入るでしょうか？　文に合う形にして入れてください（問題によっては，複数回答可）。

大声　大音声　黄色い声　高い声　声高　呼び声

1）そのチームは，優勝候補の（　　）が高い。
2）その時，（　　）とともに，建物が崩れ落ちた。
3）ホールでは，彼のファンがおおぜい「キャー，素敵！」「キャー，しびれる！」などと（　　）をあげていた。

日本語の意味と答え

「大声（おおごえ）」は，単に大きな声のことですが，「大音声（だいおんじょう）」は，遠くまで響き渡る大きな声のことです。「黄色い声」は，子どもや女性のかん高い声のことです。

「高い声」は，単に高い声のことです。「声高（こわだか）」は，声を高く張り上げる様子を意味します。

なお，高齢者は高い音から聞こえにくくなりますが，声を低める内緒話はよく聞こえるといいます。また「静かに」の意味でなぜ「声が高い」というのかずっと疑問に思っていましたが，調べてみると，「声が高い」には「声が大きい」意味もあるのだそうです。

問題15-1（1）の答え
1）おおごえ　2）だいおんじょう
3）こわだか　4）よ（び）ごえ
5）おんせい・おんじょう　6）こわね

問題15-1（2）の答え
1）呼び声　2）大音声
3）黄色い声・大声

「呼び声(ごえ)が高い」は，その可能性があると世間で噂(うわさ)されている意味です。

「音声(おんせい)」は，人の声などのことで，「声音(こわね)」は，声の様子のことですが，「声音学」は「せいおんがく」と読みます。

手話表現の例

現実に見られる表現例を含む，以下同様

①-1 大声(おおごえ)	①-2 大音声(だいおんじょう)	② 黄色い声
大きい／声	とても／大きい／声	(a) 黄色／声 (b)（女 or 子ども）／高い／声

③-1 高い声	③-2 （しっ）声が高い！	③-3 声高(こわだか)
高い／声	声／大きい	声／高い［強調しながら］

「高い（声や音が）」の手話として，「高い（背が）」を使う人と「高い（高価な）」を使う人が見られます。

③-4 呼び声(ごえ)が高い	④-1 音声(おんせい)	④-2 声音(こわね)
噂／良い	声	声／様子（状態）

例 15 −2

①-1 声が出る	①-2 声を出す	①-3 声に出す
②-1 声が上がる	②-2 声を上げる	②-3 声を張り上げる
③-1 声がかかる	③-2 声をかける	
④-1 声がする	④-2 音がする	
⑤-1 声を立てる	⑤-2 音を立てる	
⑥-1 発声（の練習）	⑥-2 発音（の練習）	

手話表現は？

「発声」と「発音」など，同じ手話表現になりませんでしたか？　それぞれを，手話でどう表しますか？

日本語の意味は？

問題 15 - 2

次の（　　）には，以下のどれが入るでしょうか？　文に合う形にして入れてください（問題によっては，複数回答可）。

声が出る　　声を出す　　声に出す　　声が上がる
声を上げる　　声を張り上げる　　声がかかる　　声をかける
声がする　　声を立てる

1）ギャングたちは，彼の背中に鉄砲を当て，「（　　）な!!」と言った。
2）小さな子が泣いていたので，彼女は「どうしたの？」と（　　）た。
3）「なぜその時言わなかったのよ!?」と怒って，彼女は（　　）た。
4）彼女は，スタイルが良く美しかったので，「モデルにならないか」とある会社から（　　）た。

5) そんな大きな（　　）なくても，十分聞こえているよ。
6) それを，（　　）て読んでごらん。何か気づくことはないかい？
7) どこからか，不思議な（　　）た。
8) みんなで（　　）なければ，いつまでたっても事態は変わらないよ。
9) 彼の提案に，参加者から不満の（　　）た。

日本語の意味と答え

問題１５-２の答え
1) 声を出す・声を立てる・声を上げる
2) 声をかけ
3) 声を張り上げ
4) 声がかかっ
5) 声を出さ・声を上げ
6) 声に出して・声を出して
7) 声がし
8) 声を上げ
9) 声が上がっ・声が出

「声が出る」「声を出す」「声に出す」は，発声する意味です。「出る」と「出す」の違いは，自動詞と他動詞の違いです。「声を出す」と「声に出す」は，ほとんど同じ意味だと思いますが，「名文を声を出して読む」だと「～を」が2回重なるので，「名文を声に出して読む」のほうが自然な言い方に聞こえます。それから，単に「声を出してみなさい」であれば，「あー」と言うだけでもよいですが，「声に出してみなさい」であれば，それは何か文章を発声しながら読んでみなさいと言われているような感じがします。

「声が上がる」「声を上げる」は，何か意思表示する意味や，大声を出す意味があります。この2つも，自動詞と他動詞の違いです。なお，「声を下げる」という言い方はあまり聞きませんが，使われるとすれば，「声を低める」という意味で使われるように思います。

「声を張り上げる」は，大声を出す意味です。

「声がか（掛）かる」は誘われる意味で，「声をか（掛）ける」は誘う意味です。

「声」と「音」の違いについて，人の声が聞こえたと思う時に「声がする」を使い，物音が聞こえたと思う時に「音がする」を使います。なお，「声がする」を「声を出す」意味にとらえた生徒が，過去に見られました。「声を立てる」は，声を出す意味ですが，「音を立てる」は，物音を生じさせる意味です。

「発声」と「発音」について，「発音」の「音」は，「音（おと）」ではなく，「音（おん）」（「五十音（ごじゅうおん）」の「音（おん）」など）のことでしょう。「発声（はっせい）の練習」と「発音（はつおん）の練習」とでは，意味が異なります。「発声の練習」は，（歌手たちが）美しい声を出すために胸に手を当てたりして練習することですが，「発音の練習」は，ことばの五十音をそれらしく発することができるようにするための練習です。

発音訓練について，多くの聴覚障害者が「発音訓練は苦しかった」と述べています。筆者の場合は，純粋口話法時代に発音訓練の仕方を熱心に研究された先生に，個人的に指導を受けましたが，それは，確かに「楽しいもの」ではありませんでした。しかし，「発音訓練は全く不要だった」とは思いません。補聴器が進歩し，早期から聴覚障害が発見されるようになった現在と昔を比べると，わずかな発音学習であげられる成果も変わってきています。受聴明瞭度についても，筆者は，同じ聴力でも，現在の聴覚障害児の受聴明瞭度の高さに驚いています。「聴能訓練」という言い方から「聴覚学習」という言い方に変わってきているのと同様に，発音についても，昔は「健聴者に近づけること」を目標にする雰囲気が強かったのですが，現在は，「日本語の獲得を容易にするため」「無理強いせず，できるだけ楽しく」というような考え方に変わってきていると感じています。

手話表現の例

①-1 声が出る	①-2 声を出す	①-3 声に出す
声	声	声

②-1 声が上がる	②-2 声を上げる	②-3 声を張り上げる
(a) 声［動作を大きく］ (b) 大きい／声 (c) 意見／示される	(a) 声［動作を大きく］ (b) 大きい／声 (c) 意見／示す（表す）	(a) 声［口を大きくし，声の手話も大きく示す］ (b) 声／大きい／変わる（～になる）

③-1 声がかかる	③-2 声をかける
誘われる	誘う（呼ぶ）

④-1 声がする	④-2 音がする
声／聞く（聞こえる） 	**聞く（聞こえる）** 

⑤-1 声を立てる	⑤-2 音を立てる
(a) 声 (b) 話す （「声を立てるな」であれば，「静かに！」「黙れ！」と言い換える）	(a) 聞く（聞こえる）／示す（表す）（音を出す意） (b) うるさい／する（実行）or 活動 （「音を立てるな」であれば，「静かに！」と言い換える）

⑥-1 発声(はっせい)（の練習）	⑥-2 発音(はつおん)（の練習）
(a) 声 (b)（⑥-2 との違いの説明のために）胸に手を当てて声を出すしぐさ	(a) 声 (b)（⑥-1 との違いの説明のために） ・話す（声で） ・五十音（左手で「50」，右手で「表(ひょう)」を表す手話）／声

例 15 − 3

① 声をそろえる	② 声をふりしぼる
③ 声を落とす	④ 声をひそめる
⑤ 声を荒げる	⑥ 声を震わせる
⑦ 声がかすれる	⑧ 声をからす・声がかれる
⑨ 声をつぶす・声がつぶれる	⑩ 声を出さない

手話表現は？

それぞれを，手話でどう表しますか？

日本語の意味は？

問題 15 - 3

次の（　　）には，以下のどれが入るでしょうか？　文に合う形にして入れてください（問題によっては，複数回答可）。

声をそろえる　　声をふりしぼる　　声を落とす
声をひそめる　　声を荒げる　　声を震わせる
声がかすれる　　声をからす　　声がかれる
声をつぶす　　声がつぶれる

1）彼女が「彼は今どこにいるのですか？」と尋ねると，そのおばさんは，急に（　　）て，「実はね，彼は塀（へい）の中にいるのよ」と教えてくれた。
2）「だめだった。断られたよ」と，彼は，がっくりして（　　）た。
3）彼女は，（　　）て叫び続けた。
4）私は，毎日，大声を出しながら応援したので，（　　）た。
5）彼，風邪を引いたのかな。（　　）ているよ。
6）「うん，全部食べたよ」子どもたちは，元気よく（　　）て言った。

日本語の意味と答え

問題15-3の答え
1）声をひそめ・声を落とし
2）声を落とし
3）声をからし・声をふりしぼっ
4）声がつぶれ・声をつぶし・声がかれ
5）声がかすれ
6）声をそろえ

「声をそろ（揃）える」は，みんなが同時に言う意味です。

「声をふ（振）りしぼ（絞）る」は，ありったけの声を出す意味です。

「声を落とす」は，話す声を小さくする意味です。「声をひそ（潜）める」は，人に聞かれないようにささやく意味です。いずれも人に聞かれたくない時に使われる表現です。

「声を荒(あら)げる」は，何かに怒ったりして，それが声の様子に出る意味です。

「声を震(ふる)わせる」は，震えるような声を出す意味です。

「声がかす（掠）れる」は，しわがれ声になる意味です。

「声をか（嗄）らす・声がか（嗄）れる」や「声をつぶ（潰）す・声がつぶ（潰）れる」は，かすれ声になる意味です。「声を出しすぎて声がつぶれた」はよく使われますが，「風邪で声がつぶれた」と言えるかについて，意見がいろいろ見られました。

「声を出さない」は，声が出せるのにわざと出さない意味です。「声が出ない」は，声を出すことができない意味です。

手話表現の例

① 声をそろえる	② 声をふりしぼる
同じ／時／話す［いろいろな方向から］	(a) 声／しぼる (b) まで（終わる）／声

③ 声を落とす	④ 声をひそめる
(a) 声／下げる (b) 声／急に／低い／小さい／変わる（～になる）	(a) 声／隠す（保留） (b)「内緒話をする」と言い換える

⑤ 声を荒(あら)げる

(a) 声／怒る
(b) 単に「怒る」とする

⑥ 声を震(ふる)わせる

(a) 声／寒い（声が震える意）
(b) 手を震わせながら「声」の手話をする

⑦ 声がかすれる

(a)「声」の手話を，出しにくそうにする
(b) 声／あいまい

⑧ 声をからす・声がかれる

(a) 声／出る／難しい（できない）／変わる（～になる）
(b) ⑦と同じ

⑨ 声をつぶす・声がつぶれる

(a) 声／障害（折る）
(b) 声／ない／**つぶす（つぶれる）**

(c) 声がない

⑩ 声を出さない

(a) **声がない**

(b) のどのところで，栓を閉めるようなしぐさをする
(c) 声／止める

例 15－4

① 地声	② 裏声	③ だみ声
④ 産声	⑤ 声色	⑥ 声紋
⑦ 声を限りに	⑧ 声変わり	
⑨ 反対の声	⑩ 声なき声	⑪ 2月の声を聞く
⑫ 声明	⑬ 名声	⑭ 声帯

手話表現は？

「声」に関する言い方を集めてみました。それぞれを，手話でどう表しますか？

日本語の意味は？　問題 15-4（1）

次の単語は，それぞれ何と読みますか？

1）地声　2）裏声　3）産声　4）声色
5）声紋　6）声明　7）名声　8）声帯

日本語の意味は？　問題 15-4（2）

次の（　　）には，以下のどれが入るでしょうか？　文に合う形にして入れてください（問題によっては，複数回答可）。

地声　裏声　だみ声　産声
声色　声紋　声を限りに　声変わり
反対の声　声なき声　声明　名声

1）（　　）は個人によって異なるので，犯罪捜査や生体認証などに利用されている。
2）彼女は，遠ざかる船に向かって，（　　）叫んだ。
3）思春期になり彼も，（　　）の時期を迎えたみたいだね。

4）私は，（　　）は低いが，（　　）だと，相当高い音域まで歌える。

5）あの人，（　　）を変えて話しているわ。

6）爆死者たちの「（　　）」を聞くために，私は，毎年夏になると，ここへやってくる。

7）このホームページは，（　　）をあげたばかりだ。

8）（　　）を，行政に届けたい。

9）彼は，その成功で（　　）を博した。

10）市長は，その事件に対して，公式（　　）を発表した。

日本語の意味と答え

問題１５-４（１）の答え

1）じごえ	2）うらごえ
3）うぶごえ	4）こわいろ
5）せいもん	6）せいめい
7）めいせい	8）せいたい

問題１５-４（２）の答え

1）声紋	2）声を限りに
3）声変わり	4）地声，裏声
5）声色	6）声なき声
7）産声	8）反対の声・声なき声
9）名声	10）声明

「地声（じごえ）」は，自然な声・生まれつき持っている声のことですが，「裏声（うらごえ）」は，自然には出せない高音を，技巧的に発声している声のことです。「だみ声（ごえ）」は，濁（にご）った感じの声をイメージさせます。

「産声（うぶごえ）」は，赤ん坊が生まれた時に出す「おぎゃー」の声のことです。「産声をあげる」は，単に赤ん坊が生まれる意味だけではなく，何かが新しく始められることを意味する時もあります。

「声色（こわいろ）」は，声の調子や感じのことです。なお，「せいしょく」と読む場合は，また別の意味となります。

「声紋（せいもん）」は，声を解析して，視覚的に図示したもので，指紋と同様に，百人いれば百通りあると言われています。

「声を限りに」は，できるだけ大声を出すことです。

「声変（こえが）わり」は，思春期にさしかかった男子の声が変わることです。

「反対の声」の「声」は，意見の意味です。

「声なき声」は，一般の人々や死者などの表立（おもてだ）って現れない声のことです。

「２月の声を聞く」の「声」は，季節などが近づく気配（けはい）を意味します。

「声明」は，自分の意見を多数の人に向かってはっきりと告げることで，特に政治・外交上の意思を述べることです。なお，筆者も今回初めて知ったのですが，「しょうみょう」と読む場合は，別の意味になるそうです。

「名声」は，名誉ある評判のことです。

「声帯」は，声を出す器官のことです。

手話表現の例

① **地声**	② **裏声**	③ **だみ声**
(a)「ジ」or 本当／声 (b)「自然な声」と言い換える	(a) 裏／声 (b)「作られた声」と言い換える	汚い／声

④ **産声**	⑤ **声色**	⑥ **声紋**
(a) 生まれる／声 (b)「産声をあげる」は単に「生まれる」とする	声／様子（状態）	声／（細かい）／調べる

⑦ **声を限りに**	⑧ **声変わり**
(a) **最高**／大きい／声  (b)「限界まで声を出す」などと言い換える	(a) 声／変わる（～になる） (b) 声／「**差し替え**」の手話をのどのところでする。  (c) 思春期に男子に起きる現象であることを補足説明する

⑨ 反対の声

(a) 反対／**声**

(b) 反対／意見

⑩ 声なき声

(a) 声／ない／声

(b)「表(おもて)に現れない意見」と言い換える

⑪ 2月の声を聞く

(a)「声」を使う

(b)「2月／**迫る（もうすぐ）**」と言い換える

⑫ 声明(せいめい)

声／**示す（表す）**

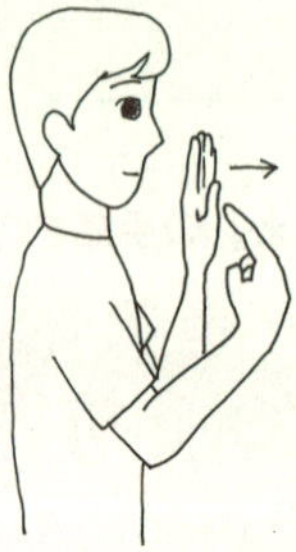

⑬ 名声(めいせい)

(a) 噂／良い

(b) [耳や目に近いところで] 価値／高い

⑭ 声帯(せいたい)

声帯

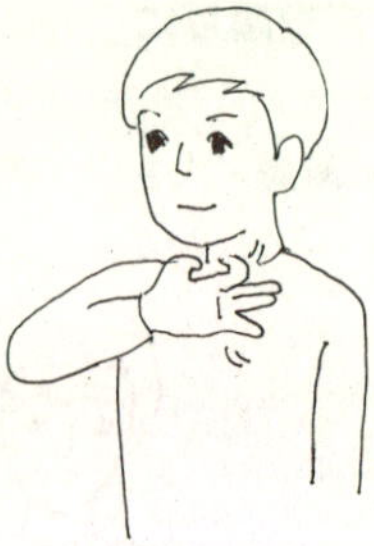

例 16 唾・よだれ

例 16
① （お菓子に）唾をつける
② 眉に唾をつける
③ 天に向かって唾を吐く・天に唾する・
天を仰いで唾する
④ 生唾を飲み込む
⑤ 固唾をのむ
⑥ 唾棄
⑦ よだれを流す
⑧ 垂涎の的

例 16

① (お菓子に) 唾をつける	② 眉に唾をつける
③ 天に向かって唾を吐く・天に唾する・天を仰いで唾する	④ 生唾を飲み込む
⑤ 固唾をのむ	⑥ 唾棄
⑦ よだれを流す	⑧ 垂涎の的

手話表現は？

「唾（つば・つばき）」や「よだれ」と関係のある日本語を集めてみました。それぞれを，手話でどう表しますか？

日本語の意味は？

問題 16

次の（　　）には，以下のどれが入るでしょうか？　文に合う形にして入れてください（問題によっては，複数回答可）。

唾をつける　　唾を吐く　　生唾　　固唾（かたず）

唾棄（だき）　　よだれを流す　　垂涎（すいぜん）の的

1）3万人の観衆が，（　　）をのんで，その試合を見守った。

2）そんなことをするのは，天に向かって（　　）ようなものだよ。

3）コレクターには（　　）となる懐かしいおもちゃがたくさんある。

4）その洋服がほしかったので，洋服に（　　）ておきたいと思った。

5）彼は，（　　）んばかりに，料理が運ばれるのを待っていた。

6）おいしそうなケーキに，（　　）を飲み込んだ。

日本語の意味と答え

「唾（つば）をつ（付）ける」は，他人に取られないように，前もって手段を講じておく意味です。子どもが，お菓子を人に取られないように，自分の唾をお菓子につけるような行為をイメージすると，わかりやすいでしょう。

「眉に唾をつ（付）ける」は，だまされないように構える意味です。眉に唾を付けるとキツネにだまされないという迷信からきたことばだそうです。

「天に向かって唾を吐く」は，上を向いて唾をはくと自分の顔に唾が落ちてくることから，他人に害を加えようとして，かえって自身が災いを招くことのたとえです。「天を仰いで唾する」も，同じような意味です。「自業自得」や「身から出たさび」と似ています。

問題16の答え
1）固唾
2）唾を吐く
3）垂涎の的
4）唾をつけ
5）よだれを流さ
6）生唾

「生唾を飲み込む」は，目の前にあるものがほしくてがまんできなくなることです。

「固唾をの（呑）む」は，事の成り行きを案じて息をこらす様子を意味します。「固唾」は，緊張した時に口にたまる粘度の高い唾を意味するそうです。

「唾棄」は，唾を吐きかけたくなるほど軽蔑したり嫌ったりすることです。

「よだれ（涎）を流す」は，唾が口から無意識のうちに流れ出ることです。転じて，非常にほしくてたまらない様子や，うらやましがる様子を表す時にも使われます。

「垂涎の的」は，何としてでも手に入れたいと思うほどの貴重な物のことです。

手話表現の例

現実に見られる表現例を含む，以下同様

①（お菓子に）唾を付ける	② 眉に唾を付ける
唾をお菓子につけるしぐさ	(a) 眉に唾をつけるしぐさ (b) 疑う (c)「だまされないように気をつける」と言い換える

③ 天に向かって唾を吐く・天に唾する・天を仰いで唾する	④ 生唾を飲み込む
見上げて唾を飛ばすしぐさ／その唾が顔に落ちることを表すしぐさ	(a) とても／好き（〜たい） (b)「ゴクン」と唾を飲み込むしぐさ

⑤ 固唾（かたず）をのむ

(a)「はらはらしながら見る」と言い換える
(b) **ドキドキ**

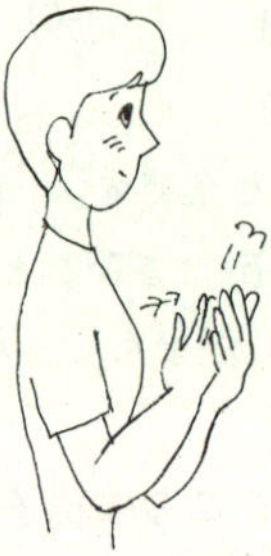

⑥ 唾棄（だき）

(a) 唾を吐きかけるしぐさ／捨てる
(b) とても／嫌い

⑦ よだれを流す

(a) 口元からだらりとよだれが流れる様子を示す
(b) **うらやましい**

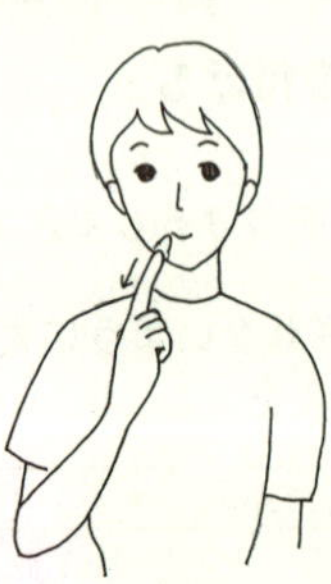

(c) とても／好き（〜たい）（ほしくてたまらない意）

⑧ 垂涎（すいぜん）の的（まと）

(a) とても／好き（〜たい）／物 or 品（みながほしくてたまらない物の意）
(b) **垂涎の的**

例 17 髪・毛

例 17 - 1
① 白髪
② 散髪・理髪・調髪
③ 怒髪天を衝く
④ 後ろ髪を引かれる
⑤ 間髪を入れず
⑥ 危機一髪

例 17 - 2
① 産毛
② 毛深い
③ 毛嫌い
④ 毛頭～ない・毛の先ほども～ない
⑤ 毛の生えた程度
⑥ 毛並みが良い
⑦ 毛色の変わった
⑧ 心臓に毛が生えている
⑨ 身の毛がよだつ
⑩ 不毛

例 17 −1

① 白髪	② 散髪・理髪・調髪	③ 怒髪天を衝く
④ 後ろ髪を引かれる	⑤ 間髪を入れず	⑥ 危機一髪

手話表現は？

「髪(かみ)」を使った表現です。それぞれを，手話でどう表しますか？

日本語の意味は？

問題 17 - 1

次の単語は，それぞれ何と読みますか？

1）毛髪　2）白髪　3）散髪　4）怒髪　5）間髪
6）危機一髪

日本語の意味と答え

「髪」「髪の毛」「毛髪(もうはつ)」「頭髪(とうはつ)」は，頭に生える毛のことです。

「白髪(しらが)」は，色素がなくなって白くなった髪の毛のことです。

髪の毛を切って整えることを，「散髪(さんぱつ)」「理髪(りはつ)」「調髪(ちょうはつ)」などと言います。

「怒髪(どはつ)」は，激しい怒りのために逆立った髪の毛のことで，「怒髪天(どはつてん)を衝(つ)く」は，すさまじい怒りの形相(ぎょうそう)になることです。

問題 17 - 1 の答え
1）もうはつ
2）しらが
3）さんぱつ
4）どはつ
5）かんはつ
6）ききいっぱつ

「後ろ髪(がみ)を引かれる」は，あとに心が残って去りがたい様子を表します。

「間髪(かんはつ)を入れず」は，髪の毛一本も入る隙間(すきま)がないところから来たことばであり，すぐに反応する様子を表します。「かんぱつ」と読むのは誤りだそうです。

「危機一髪(ききいっぱつ)」は，わずかな差のところまで危機が迫ることです。

手話表現の例

現実に見られる表現例を含む，以下同様

① 白髪（しらが）

白／**髪**

② 散髪（さんぱつ）・理髪（りはつ）・調髪（ちょうはつ）

(a) 理容（相手の髪を切るしぐさ）
(b) 自分の髪の毛のところではさみを入れるしぐさ

③ 怒髪天（どはつてん）を衝（つ）く

とても／怒る／**毛が逆立つ**

④ 後ろ髪（がみ）を引かれる

(a) 後ろ／髪／引っ張られる
(b) **気にかかる**

⑤ 間髪（かんはつ）を入れず

すぐに

⑥ 危機一髪（ききいっぱつ）

(a) 少し／差／とても／危い
(b) **危機**

例 17 − 2

① 産毛	② 毛深い	③ 毛嫌い
④ 毛頭～ない・毛の先ほども～ない	⑤ 毛の生えた程度	
⑥ 毛並みが良い	⑦ 毛色の変わった	
⑧ 心臓に毛が生えている	⑨ 身の毛がよだつ	⑩ 不毛

手話表現は？

「毛」を使った表現です。それぞれを，手話でどう表しますか？

日本語の意味は？

問題 17 - 2

次の単語は，それぞれ何と読みますか？

1）産毛　2）毛頭　3）毛色　4）不毛

日本語の意味と答え

問題 17 - 2 の答え
1）うぶげ
2）もうとう
3）けいろ
4）ふもう

「毛」は，髪の毛やからだに生える毛，動物や鳥に生える毛や羽などを意味します。

「産毛（うぶげ）」は，生まれた時から生えている髪の毛，または，赤ちゃんの産毛のように細く柔らかい毛のことです。一度もはさみを入れたことのない赤ちゃんの髪の毛を使って，筆を作った人もいるでしょう。

「毛深い（けぶか）」は，毛がたくさん生えていること，毛が濃いことです。「毛が濃い」の対語は「毛が薄い」です。「毛が浅い」という言い方はありません。

「毛嫌い（けぎら）」は，特に理由はないが，感情的に嫌うことです。

「毛頭（もうとう）（＋否定の動詞）」は，毛の先ほどもない・少しもない意味です。

「毛の生えた程度」は，ほとんど差がない意味です。

「毛並み（けな）が良い」は，家柄や血統，血筋，学歴などが良い意味です。

「毛色の変わった」は，物事の種類や性質が他と比べ変わっている意味です。

「心臓に毛が生えている」は，とても図々しく平然としている様子を表します。

「身の毛がよだつ」は，非常に恐ろしい思いをする意味です。

「不毛」は，土地がやせていて作物が育たない意味や，成果が実らない意味があります。

手話表現の例

① **産毛**	② **毛深い**	③ **毛嫌い**
(a) 赤ん坊／髪 (b) 柔らかい／**毛** 	毛／多い（たくさん） or **生える（たくさん）** 	(a) 嫌い (b)（単なる「嫌い」との違いを説明するために）「理由はないが」「感情的に」などを補足する

④ **毛頭～ない・毛の先ほども～ない**	⑤ **毛の生えた程度**
少し［「非常に少し」の雰囲気をつけながら］	(a) 毛／ぐらい（頃） (b) 差／小さい

⑥ 毛並みが良い

(a) **立派**／家／育つ
(b) 勉強／経過／**立派**（学歴が良い意）

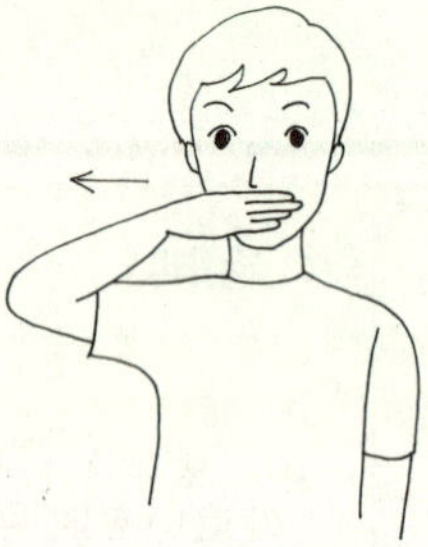

⑦ 毛色の変わった

(a) あやしい（変）
(b) **他（別・以外）**／人々／違う

⑧ 心臓に毛が生えている

(a) **心臓**／「ケ」／生える

(b) 厚かましい

⑨ 身の毛がよだつ

(a) からだ／**毛が逆立つ**

(b) とても／こわい

⑩ 不毛

(a) 植物／育てる or 大きくなる（成長）／難しい（できない）
(b) 意味（なぜ）／ない

例 18 その他

例 18
① 額に汗する
② 額を集める
③ つむじ曲がり
④ まぶたが重くなる
⑤ まぶたの母
⑥ あくびをかみ殺す
⑦ あばたもえくぼ
⑧ そばかす
⑨ にきび
⑩ 泣きぼくろ
⑪ 目の下のくま
⑫ うなじ
⑬ うなだれる

例 18

① 額に汗する	② 額を集める	③ つむじ曲がり
④ まぶたが重くなる	⑤ まぶたの母	⑥ あくびをかみ殺す
⑦ あばたもえくぼ	⑧ そばかす	⑨ にきび
⑩ 泣きぼくろ	⑪ 目の下のくま	
⑫ うなじ	⑬ うなだれる	

手話表現は？

「首」より上の身体に関係あることばを集めてみましたが，それぞれを手話でどう表しますか？

「額」について，「絵を額に入れる」の「額」は「がく」と読みますが，身体の一部分としての「額」は「ひたい」と読みます。この「ひたい」は，「おでこ」とも言います。

「額（ひたい）に汗（あせ）する」は，汗を流して一生懸命に働くことです。

「額（ひたい）を集める」は，人が集まって相談することを意味します。

「つむじ（旋毛）」は，髪の毛が渦巻きのような状態で生えていることで，「つむじ曲がり」は，素直でなくひねくれていること，またはそういう人のことです。

「まぶた（瞼・目蓋）が重くなる」は，眠くなる意味です。

「まぶたの母」は，記憶に残っている母の面影（おもかげ）のことです。

「あくび（欠伸）をかみ殺す」は，あくびをがまんすることであり，退屈なことをがまんする時にも使われます。

「あばた」は，天然痘（てんねんとう）が治ったあとにできるものです。「あばたもえくぼ」は，恋をすると，相手の欠点まで長所に見えることです。

「そばかす」や「にきび」，目の下にできる「くま（隈）」，「ほくろ（黒子）・泣きぼくろ」や「あざ（痣）」「しみ」「いぼ」「魚（うお）の目（め）」「吹（ふ）き出物（でもの）」「発疹（ほっしん・はっしん）」「(皮膚の）ただれ」「みみずばれ」「かさぶた」などの意味を説明することは難しいです。各自で調べてください。また，手話表現の仕方も難しいです。

「うなじ（項）」は，首の後ろ，首筋のことです。「うなだ（項垂）れる」は，悲しみや恥ずかしさなどの感情のため，首を前に垂れることです。なお，首のくぼんだところは，「盆（ぼん）のくぼ」と言うそうです。

手話表現の例　　**現実に見られる表現例を含む，以下同様**

① **額（ひたい）に汗（あせ）する**	② **額（ひたい）を集める**	③ **つむじ曲がり**
(a) **額（ひたい）**／汗がおでこに流れるしぐさ  (b) 一生懸命／仕事	(a) 額（ひたい）／**集める**／相談  (b) **集まる**／相談 	(a) 頭頂部で渦巻きを示す／曲げる (b) 正しい（まじめ・素直）／違う (c) **へそ曲がり**  (d) 天（あま）の邪鬼（じゃく）（天井裏を歩くしぐさ）

④ **まぶたが重くなる**	⑤ **まぶたの母**	⑥ **あくびをかみ殺す**
(a) **まぶた**／重い／変わる（～になる）  (b) 眠い／（変わる（～になる））	(a) **予想（想像・夢）**／母  (b) 覚える／母／様子（状態）	(a) **あくび**／がまん 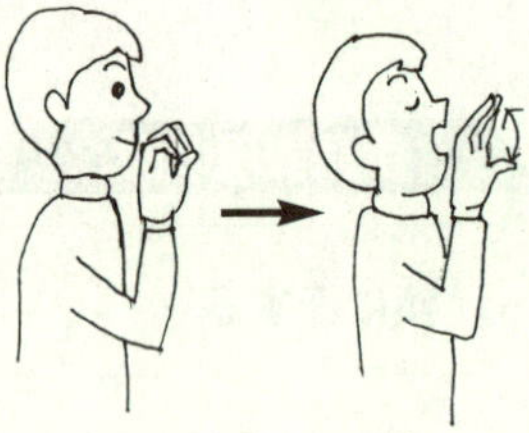 (b) 退屈／がまん

⑦ **あばたもえくぼ**	⑧ **そばかす**	⑨ **にきび**
(a) **あばた**／えくぼ（頬に人差し指を当てて少しねじる）  (b)「悪い／場所」or 手落ち／良い／見る or 思う（欠点が良く見える意）	**そばかす** 	**にきび** 

⑦の（b）について，『日本語－手話辞典』では，「欠点」という日本語は，「手落ち」という手話で表すとされています。

⑩ **泣きぼくろ**	⑪ **目の下のくま**
(a) 目尻を指さす／黒い／○を表す (b) 目尻にほくろがあると涙もろいと言われていることを補足説明する	両手で両目の下に「U」を描く

⑫ **うなじ**	⑬ **うなだれる**
首の後ろを指さす	首を前に垂れる［悲しみや恥ずかしさなどの感情を出しながら］

「目の下のくま」を手話で表す時，冗談で「熊」の手話を使った例を見たことがあります。講演の手話通訳の時は，そういう例はほとんどありませんが，日常会話では，それに該当する手話単語が思い当たらない時，同音異義語または似たことばの手話表現を借用して表す例を，けっこうよく見かけます。京都府立聾学校高等部で，国語の力がかなり高い生徒が多かった学年で，日本語をもじった手話表現が教室でよく飛び交っていたことが，筆者の印象に残っています。

小学校2～5年生の国語の教科書に載っていた文章（一部改変）

■2年（上）

●ふきのとうです。雪の下に頭を出して，雪をどけようと，ふんばっているところです。

●お日様に起こされて，春風は大きなあくび。

●春風は，胸いっぱいに息を吸い，ふうっと息をはきました。

●ふきのとうが顔を出しました。「こんにちは」

●逆上がりは，回る時に，腕が伸びていると，失敗します。あごを上げないようにすることも大事です。

●一口で，まぐろは，小さな赤い魚たちを，一匹残らず飲み込んだ。

●うなぎ。顔を見る頃には，しっぽを忘れているほど，長い。

●スイミーは言った。「ぼくが目になろう」

●ざりがにのはさみの長さは，頭からしっぽまでの長さの半分くらい。

●口が菱形に開く。

●明るい青色の体に，頭からしっぽにかけて黒いすじが一本あります。体の長さは，12センチメートルほどです。

●この小さな魚が，大きな魚の口の中に入っていくのを見ると，びっくりしてしまいます。

●大きな魚たちは，体や口の中についた虫を，ホンソメワケベラが取って，きれいに掃除してくれるのを知っているからです。

■2年（下）

●頭を下げる。

●真っ赤な顔をして，あちこちで，お口を開けて，お手紙が来るのを待っています。

●池には，二人の顔も映っています。

●王様が目玉焼きを食べる。

●早口ことば。

●楽器の一番上が，馬の頭の形をしているので，馬頭琴と言うのです。

●スーホの体は，傷やあざだらけでした。

●眠っていたスーホは，はっと目を覚ましました。

●スーホは，歯を食いしばりながら，白馬に刺さっている矢を抜きました。傷口からは，血が噴き出しました。

●息はだんだん細くなり，目の光も消えていきました。

●「私の骨や皮やすじや毛を使って，楽器を作ってください」

●羊飼いたちは，夕方になると寄り集まって，その美しい音に耳をすまし，一日の疲れを忘れるのでした。

●首飾りのガラスがきらきらと光る。

■3年（上）

●エルマーは，頭がいいなあ。
●真っ先にやって来たのは，茶色い耳をぴんと立てた野うさぎでした。
●きつつきは，木の上から声をかけました。
●木の下で，声がしました。
●ぶなの木のうろから顔を出して，空を見上げていました。
●すみれの葉っぱの傘を肩にかついで，上を見上げているので，みんな顔じゅうびしょぬれでした。
●きつつきは，ぬれた頭をぶるんとふって，言いました。
●子どもたちも口々に言いました。
●子ねずみたちは，きらきらしたきれいな目を，そろってきつつきに向けました。
●野ねずみたちは，目を開けたり閉じたりしていました。
●口を閉じて，目を閉じて，耳をすまして，教室で聞こえる音。
●人間の顔に見える木。
●パンダは，えさを食べながら，顔をこちらに向けています。
●柵の外から手を伸ばして，女の子が，かわいい子馬の頭をなでています。
●目印になるものや，まがる時の方向は大事だよね。
●誰だって，ため息が出るほど，良いながめでした。
●おじいさんは，腰を下ろしてひと息入れながら，美しい眺めにうっとりしていました。
●おじいさんは，布団から顔を出しました。
●けろけろけろっとした顔をして，にこにこ笑いました。
●登場人物の動きや顔つきが生き生きしている。
●「キリンをごらん，足が歩くよ。顔，首が押していく。空の中の顔」
●頭上。頭をかく。
●顔面。顔を洗う。
●どの特徴に目を向けるかが違えば，分類の仕方も変わってきます。
●他の特徴に目をつければ，もっと細かく分けることもできます。
●貧しいけれど，目のきれいに澄んだ若者でした。
●おてんとさまが頭の上に来たら，水たまりは煮えくりかえって，小だいは死んでしまうに違いありません。
●ばあさまは，古びた聞き耳ずきんを取り出して，ぽかんとしている若者の手に握らせました。
●「なんだろう。気のせいかしらん」首をかしげた若者は，もう一度ずきんをかぶりました。
●若者は，娘を見るなり，胸がいっぱいになりました。やさしくふっくらとしていた顔が，やつれて，見るかげもありません。
●娘も，弱った目を開けて，若者を見ました。娘には，若者の粗末な身なりは気にならず，きれいな目だけが見えました。
●若者は，暗い庭に座り，長い間，目をつむっていました。
●「いつも気にかけてくれてありがとう」「わしら，何もできんのが口惜しゅうての」
●青白かった娘の顔が，ほんのり桜の花びらの色になりました。

■3年（下）
●みんなで，かげぼうしに目を落としました。
●目の動きと一緒に，白い四つのかげぼうしが，すうっと空に上がりました。
●「体の弱いお父さんまで，いくさに行かなければならないなんて」お母さんがぽつんと言ったのが，ちいちゃんの耳には聞こえました。
●空襲警報のサイレンで，ちいちゃんたちは目が覚めました。
●ちいちゃんの目に，お母さんらしい人が見えました。
●ひどくのどがかわいています。
●多くの人がほとんど毎日口にしているものがあります。
●かっこよくて，目立つから。
●身振り手振りで自分を表す時，私たちは，よく人さし指を鼻の頭に突き立てるしぐさをします。
●ほっぺたが落っこちるほどうまいんだ。
●豆太は，じさまのたばこくさい胸ん中に鼻を押しつけて，宵の口から寝てしまった。
●じさまは，歯を食いしばって，ますますすごくうなるだけだ。

■4年（上）
●みんなの頬も輝いている。
●ひょいと，お日様が顔を出した。
●私の頭の中は，１セント玉のことでいっぱいだった。
●私は，椅子に座り直して，やれやれと首を振った。
●ママは，まじめな顔になった。
●そんな松井さんの目の前を，ちょうはひらひら高くまい上がると，並木の緑の向こうに見えなくなってしまいました。
●「あの子は，どんなに目を丸くしただろう」すると，ぽかっと口をＯの字に開けている男の子の顔が，見えてきます。

■4年（下）
●「一つだけ。一つだけ」と，これが，お母さんの口ぐせになってしまいました。
●ゆみ子は，お父さんの顔を覚えていません。
●たくさんの札束に目を丸くする。

●空気中には，目に見えないものがたくさん漂っていて，それも一緒に吸い込まれます。
●このような微生物は，手にもたくさん付いていて，それが口を通して体に入ってくることもあります。
●涙も，目から入ろうとする微生物を流してしまいます。
●これらとともに大事なのは，のどの奥に生えているせん毛です。せん毛は，鼻や口から入ってきた微生物を，外へ外へと押し出す役目をしているからです。
●まつ毛は，ごみやほこりなどが目に入るのをふせぎます。それだけでなく，日光がじかに目に入ると強すぎて害になるので，それをふせぐ働きもしています。
●目は痛いし，鼻もかゆい。
●「声をたてる」って，「声を出す」とは違うでしょ。
●私もうさぎになって，きらいなキャベツを，平気な顔して食べてみたい。
●虫歯を治す。
●それは，点字と言って，私たち目の不自由な者が，指でさぐって読む文字なのです。
●19歳の時，私は，急に目を悪くして入院しました。
●目を丸くして，体を少しちぢめて，手を耳の横でふりながら，その人は聞き取りにくい声で言ったのです。「私，耳，聞こえません」
●駅のプラットホームは，「手すりのない橋」と呼ばれて，目の不自由な人にとっては，とてもこわい所だそうです。
●ためしに目をつぶって家の中を歩いてみました。
●袋の口をしばって，水の中へ入れました。
●ごんは，びくの中に魚をつかみ出しては，網のかかっている所より下手の川の中を目がけて，ぽんぽんと投げ込みました。
●何しろぬるぬるとすべりぬけるので，手ではつかめません。ごんは，じれったくなって，頭をびくの中に突っ込んで，うなぎの頭を口にくわえました。うなぎは，キュッキュッといってごんの首へ巻き付きました。
●うなぎは，ごんの首に巻き付いたまま離れません。
●ごんは，うなぎの頭をかみくだき，やっと外しました。
●弥助の家内がお歯黒を付けていました。
●いつもは，赤いさつまいもみたいな元気のいい顔が，今日はなんだかしおれていました。
●ごんは，そう思いながら，頭を引っ込めました。
●変なことには，兵十のほっぺたに，かすり傷が付いています。
●おかげで俺は，盗人と思われて，いわし屋のやつにひどい目にあわされた。
●兵十は，びっくりして，ごんに目を落としました。
●ごんは，ぐったりと目をつぶったまま，うなずきました。
●青い煙が，まだ筒口から細く出ていました。
●私達がある絵を見ると，その形が目の奥の網膜というところにうつります。

●普通の映画も，残像という目と脳の働きで，動いているように見えるのです。

■5年（上）

●お母さんたちも，ハンカチで目を押さえたりしていた。
●空っぽの家の中から出てきたまりちゃんを見た時，鼻の奥がつうんとした。
●顔を見合わせて，私たちは笑った。
●サクラソウの花の形に合う長い舌をもつ虫は，次もサクラソウの花をさがしてみつを吸うでしょう。
●「急がば回れ」のような，口調のいい言葉には，他にどんなものがあるか。
●古代の釘は，よく見ると，不思議な形をしている。先からだんだん太くなって，頭の近くになると，また細くなっている。
●こうなると，もう釘は抜けない。仮に頭の部分が空気や水にふれてさびてなくなったとしても，釘の本体はヒノキにぴったりとくっつき，確実に木をつなぐ役目を果たすことになる。
●ふっくらした顔，面長な顔，やさしそうな顔，気の強そうな顔。一頭一頭ちがうのは，動物も人間も同じなのだということがよくわかります。
●薬缶（やかん）だって，空を飛ばないとはかぎらない。水のいっぱい入った薬缶が，町の上を，心もち身をかしげて，一生懸命飛んでいく。人工衛星の弧の下を，息せき切って，飛んでいく。
●火事の時は，非常口を探し，避難しましょう。
●涙をこぼす。
●お母さんは，笑いすぎて涙をこぼす時がある。
●お姉さんは，音楽を聴いていて，涙がにじむことがあるという。
●勝ったチームと負けたチームの両方の選手たちが涙を腕でこすっていた。
●僕が泣けば，日本なんか涙で沈む。

■5年（下）

●茶の間のこたつから，おばあちゃんが口を出しました。
●おばあちゃんは，まじめな顔になって，メガネを外しました。
●おばあちゃんは，雪の音にちょっと耳をすましてから，こんな話を始めました。
●その前を通る時，おみつさんは，ふと足を止めました。入り口近くの台の上に，かわいらしい雪げたが一足飾ってあるのが目についたのです。
●見ただけで，若い娘さんの，はなやかな冬の装いが，目の前に浮かんでくるようです。
●おみつさんは，真っ赤になって，口の中で何かもごもごと言いながら，逃げるように店の前を離れました。
●けれども，あの雪げたのことが，おみつさんの頭を離れません。
●他のお客に紛れて，ちらりと目をやると，赤いつま皮の雪げたは，朝と同じ所に，ちゃんと行儀良く並んでいます。
- やっと一足作り上げてみると，われながら，いかにも変な格好です。右と左と，大きさも違うし，なんだか首をかしげたみたいに，足首の上のところが曲がっています。
- げた屋さんの前を通る時，横目で見ると，あの雪げたは，まだちゃんとそこにありました。
- 「～」などと，あけすけなことを言う，口の悪い人もいます。
- 若い大工さんは，そのわらぐつを手に取ると，縦にしたり横にしたりして，しばらくながめてから，今度は，おみつさんの顔をまじまじと見つめました。
- ひょいと顔を上げてみると，まあ，どうでしょう。
- おみつさんは，いつの間にか，その大工さんの顔を見るのが楽しみになっていました。
- 大工さんは，急にまじめな顔になって言いました。
- 大工さんは，いきなりしゃがみこんで，おみつさんの顔を見つめながら言いました。
- 噴火を想定した訓練をすると，それだけで観光客に不安を与えてしまうのではないかという声もありました。
- 実際の避難訓練には，アナウンサーも参加して，住民の声を聞きました。
- 目で見て分かるように工夫をこらします。
- 耳で聞いて分かりやすいように言葉を選びます。
- さらに，ひと目で分かるように，地図や表なども用意します。
- 残雪（ガンという鳥の名）は，この沼地に集まるガンの頭領らしい，なかなか利口な奴で，仲間がえさをあさっている間も，油断なく気を配っていました。
- じいさんは，思わず子どものように声を上げて喜びました。
- じいさんは，「はてな」と首をかしげました。
- 「ううむ」じいさんは，思わず感嘆の声をもらしてしまいました。
- ガンなどの鳥は，鳥類の中で，あまり利口なほうではないと言われていますが，どうしてなかなか，あの小さい頭の中に，大した知恵をもっているものだなということを，今更のように感じたのでありました。
- 先頭に来るのが，残雪にちがいありません。
- 「あの群れの中に一発ぶちこんで，今年こそは，目にもの見せてくれるぞ」
- 猟銃をぐっと握りしめたじいさんは，ほおがびりびりするほど引き締まるのでした。
- 口笛を吹けば，どこにいてもじいさんの所に帰ってきて，その肩先に止まるほどに慣れていました。
- しばらく目をつぶって，心の落ち着くのを待ちました。
- じいさんは，目を開きました。唇を二，三回静かにぬらしました。そして，あのおとりを飛び立たせるために口笛を吹こうと，唇をとんがらせました。
- ガンの群れを目がけて，白い雲の辺りから，何か一直線に落ちてきました。「ハヤブサだ」

●ガンの群れは，残雪に導かれて，実に素早い動作で，ハヤブサの目をくらましながら飛び去っていきます。
●残雪の目には，人間もハヤブサもありませんでした。
●しかし，第二の恐ろしい敵が近づいたのを感じると，残りの力を振り絞って，ぐっと長い首を持ち上げました。
●それは，鳥とはいえ，いかにも頭領らしい，堂々たる態度のようでありました。
●残雪が北へ北へ飛び去っていくのを，晴れ晴れとした顔つきで見守っていました。
●父さんが耳まですっぽりかぶせてくれた毛糸の帽子。
●口の上までマフラーをまいて，そこだけほっこりあったかく，吐く息でちょっぴりしめっぽかった。
●平気な顔をして，だまっていた。
●マフラーの上から口を押さえて，それから耳をすませたよ。
●冷たくて，耳は痛いし，目はちかちかしていた。
●父さんは，顔を上げ，もう一度呼ぼうと，口を開けた。
●マフラーの上から口にふたをしていた手を放して，私もにっこり笑っちゃった。

手話イラスト名の索引

本書の手話イラスト名を，索引にしました。

例の索引

本書で扱った例を索引にしました。文章の形のものは，ポイントとなることばで取り上げました。例えば，「羊の頭数を数える」は「頭数（とうすう）」としています。

き

く

す

せ

そ

た

ち

は

あとがき

本書『からだに関わる日本語とその手話表現　第１・２巻』は，前書『よく似た日本語とその手話表現　第１・２巻』に続いて執筆したものです。

冒頭のところでも述べたように，本書は，聴覚障害児教育現場で，「日本語の力を高めるために，手話を用いて日本語の意味をどう説明すればよいか」を念頭において検討したものですので，日常会話ではほとんど用いられないような手話表現の例や，手話の「初心者」がすぐにマスターしやすい手話表現の例，現実に見られる手話表現の例などが収集されています。本書で示した手話表現の例以外に，もっと良い例があるかもしれませんが，あえて本の形にまとめた理由は，今後，さらに正確な手話通訳，あるいは聴覚障害児の日本語の力の向上につながるような手話の使い方を考えるきっかけとしていただきたいと考えたからです。言い換えると，本書は，一般の手話学習者を対象として作られたものではなく，日本語の細やかな指導が求められる場面を想定して作られたものです。このことについて，是非ご理解をお願いします。

前書は，予想以上にたくさんの方々にご購入いただきました。「手話－手話論争」の中で，筆者は，聾学校教員以外の方々を販売対象とすることに消極的になっていました。しかし，手話を導入しながら高いレベルの日本語を聴覚障害児に獲得させることを大切に考えて実践を積み重ねておられる方々の励ましのことばに背中を押されて，日本語の微妙なニュアンスを手話でどう表せばよいかをさらに検討するエネルギーがわいてきました。

そして，日本語の微妙な意味の説明の仕方について悩み，いろいろな人に話題にしてみるなかで，書記日本語の獲得という目標を高くもち続けているかどうか（「本音は手話モノリンガル」でないかどうか）によって反応が異なるように感じました。筆者としては，日本語を自由自在に駆使できるレベルにまで到達するためには，日本語を直接使用する回数が多いほうが有利なことを改めて痛感させられました。言い換えると，日本語を「からだ」で獲得できていればいるほど，コンテクスト（文脈）に依存することなくその文章の意味を理解する（日本語を「あたま」で理解する）力を獲得しやすいと感じています。

本書の校正作業中に，『ちがいがわかる類語使い分け辞典』（松井栄一（編）小学館，2008年）を手に入れ，「この文では，このことばは使えるが，このことばは使えない」などの解説を読むと，「こんな微妙な使い分け方を理解するためには，日本語という海にどっぷりとつかる経験が必要だ」と改めて衝撃を受けました。そして，「聾教育では，授業技術だけでなく読書指導技術も大切。読書好きにさせるための指導方法に関する研究協議がもっとほしい」という思いをさらに強くもちました。

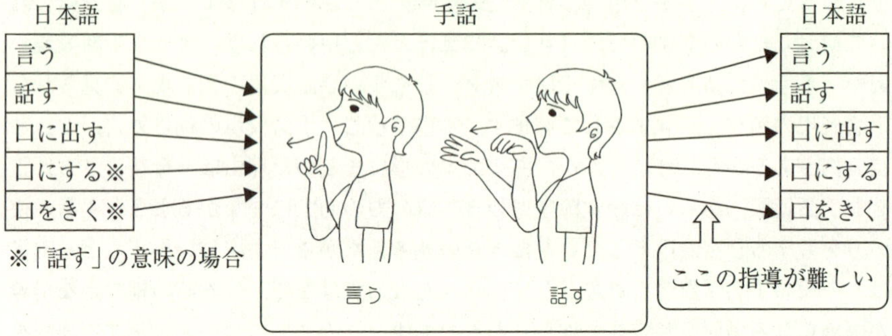

聾教育場面で，「この『口をきく』は，話す意味だよ」と説明すれば，意味は伝わるでしょう。けれども，「熱心に話してくれた」を「熱心に口をきいてくれた」と書き換えられると思う聴覚障害児がいるかもしれません。ある日本語を手話で伝え，意味が理解されても，そのことは，その日本語を適切に使えるようになったことを必ずしも意味しません。筆者も含めて，聴覚障害児の周囲のおとなたちは，聴覚障害児に伝わりやすいよう，「口に出す」「口にする」「口をきく」などを「言う・話す」と置き換える傾向が見られるかもしれません。これらのことばに接する回数が，聴児と聴覚障害児とで異なるならば，そして，聴児並みの回数がそれらのことばの獲得や定着に必要ならば，どのような手立てが求められるでしょうか。そこで，例えば，教科書に「口をきく」ということばが出てきた時，その意味を手話で説明するだけでなく，短文作りなどを通してそのことばを適切に使えるかを絶えず確認する必要があると思います。

筆者としては，今後の課題として，以下の３点を感じています。

(1) 手話を活用して日本語を学習する聴覚障害児がもっと使いやすいものにすること

本書は，手話を活用して日本語の力を高めようとする保護者や聴覚障害児にも使われる可能性を考え，「日本語の例 → 日本語を理解できているかを調べる問題 → 日本語の答えと解説 → 手話表現の例」という流れが中心になるようにしました。

日本語の説明のところで，最初は，聴覚障害児にも使われることを考えて，簡単なことばだけを選んで書くようにしてみましたが，それでは微妙なニュアンスが伝えられず，いろいろとご意見をいただく中で，難しいことばを使った長い説明が多くなってしまいました。また，例の全てに，日本語の意味を理解できているかを調べる問題を挿入したかったのですが，紙数の制約もありできませんでした。

本書を日本語学習の教材として活用しようとする聴覚障害児が多いようであれば，日本語の力はあり，本書を通して手話表現の仕方をさらに考えていきたい人（聾学校教員や手話通訳者など）とは別個に，日本語学習のために，本書を活用しようとする人のニーズにあわせた本を作ることが求められるだろうと感じています。

(2) 手話表現の仕方について，さらに良い表現例を検討すること

『日本語－手話辞典』をひもとくと，「正しい」と「素直」「まじめ」が同じ手話になったり，「助手」と「脇役」の手話表現が同じになったり，「腹がすわる」と「気が重い」の手話表現が重なったりしていますが，これらの日本語の意味は同一ではありません。本書でも，日本語としては微妙にニュアンスが異なるのに，同じ手話表現になっているところがたくさんあり，筆者もかなり悩みました。

これらの日本語を正確にやりとりできるようにするためには，手話の語彙数を増やす（例えば「正しい」「素直」「まじめ」のそれぞれに該当する手話単語をそろえる）という解決策と，話し手が日本語に合わせて口も動かし，読み手が口形も参考にして読み取るという解決策（したがって，ある程度の読話能力が求められる）が考えられると思います。

例えば，「研究」と「研修」は口形が似ていますが，「研修」に該当する手話単語が「研究」とは別に確定され，かなり普及したので，通訳者がどちらの単語を用いているかを読み取る作業が，以前と比べて楽になったと筆者は感じています。

本書執筆にあたって，『新しい手話2007』（全日本ろうあ連盟）などを参考にさせていただきました。しかし，新しい手話は今後も作られるでしょうし，それによって，本書で書いた手話表現が不要になることもあるでしょう。

その一方で，「まぐろ」は「黒い／魚」と確定されました（『新しい手話Ⅲ』参照）が，その手話が口形を伴うか否かで，「あの黒い魚がほしい」と「あのまぐろがほ

しい」のどちらを話しているのかの理解度が変わってくるだろうと感じています。
「このような手話表現のほうが，より意味を正確に伝えられるのではないか。子どもたちの日本語のリテラシー獲得をより容易にするのではないか。手話の初心者にも，より容易にマスターしてもらえるのではないか」というようなご意見を集約して，「改訂版」の発行につなぐことができたらすばらしいなと思います。

(3) 他にもいろいろな例が見られるが，それを収集すること

本書を出版したあとも，いろいろな例が見つかるだろうと思いますが，それらを書きためるよう心がけたいと思います。
本書では，からだの名称を使った日本語表現について検討しましたが，引き続き，動植物の名称を使った日本語表現，「心」や「気」「気持ち」などのことばを使った日本語表現，「ほかほか」「ぽかぽか」「トントン」「ドンドン」「雪がしんしんと降る」などの「オノマトペ」についても，検討できたらと思います。その他，「開(あ)ける」と「開(ひら)く」(「車の窓を開(あ)ける」とは言いますが，「車の窓を開(ひら)く」とは言わないでしょう)，「探(さが)す」と「探(さぐ)る」(「原因を探(さぐ)る」とは言いますが，「原因を探(さが)す」とは言わないでしょう)，「握(にぎ)る」と「つかむ」(「おぼれる者はわらをもつかむ」とは言いますが，「おぼれる者はわらをも握(にぎ)る」とは言わないでしょう）などの違いについても，検討できたらと思っています。

最後に，手話表現の仕方や記入の仕方を考えるにあたって，たくさんの教員や何人かの手話通訳者，聴覚障害者の方々に，たいへんお世話になりました。それから，手話イラストについて，忙しい中ていねいに描いてくださった元京都府立聾学校教員の萩原牧子氏に，たいへんお世話になりました。その他，「子どもがこの文をこのように解釈していたよ」などとつまずきの例を集めて教えてくださった教員の方々，手話に関する論争を目の当たりにして，出版社からの出版をためらっていた筆者を励ましてくださった故伊東雋祐先生や教員，管理職の方々，本書の原稿をていねいに検討してくださったいろいろな方々，本書の発行にあたって推薦の文章を書いてくださった中野善達先生および吉野公喜先生，本書の出版にあたってていねいに相談にのってくださった北大路書房の方々など，たくさんの方々に，この場を借りて御礼を申し上げます。

2008年 9 月

脇中起余子

【著者紹介】

脇中起余子（わきなか・きよこ）

新生児の時に，薬の副作用で失聴

京都大学大学院教育学研究科博士後期課程中退

現在，京都府立聾学校教諭（教育学博士・学校心理士）

主著・論文

K聾学校高等部における養護・訓練の時間の指導内容と手話に対する考え方の変遷　特殊教育学研究，35 (5)，p.9-16，1998年

認知と言語　中野善達・吉野公喜（編）　聴覚障害の心理　田研出版，p.65-79，1999年

手話で数学を指導する―教科指導の実際と課題―　手話コミュニケーション研究，No.41，p.32-39，2001年

K聾学校高等部における九九に関する調査から―九九の読み方をどれぐらい覚えているかを中心に―　ろう教育科学，44 (1)，p.37-46，2002年

聴覚障害者本人および親の意識調査（1）―「京都難聴児親の会」親と本人に対するアンケートから―　ろう教育科学，44 (2)，p.55-72，2002年

聴覚障害者本人および親の意識調査（2）―障害の呼称の違いによる意識の違いを中心に―　ろう教育科学，44 (3)，p.115-128，2002年

K聾学校高等部生徒の記憶方略に関する一考察―「音声方略」と「手話口形方略」のどちらが有効か―　ろう教育科学，45 (2)，p.53-70，2003年

聾教育の課題と展望―コミュニケーション論争を中心に―　発達，102号（2005年4月号），p.70-76，2005年

K聾学校高等部の算数・数学における「9歳の壁」とその克服の方向性―手話と日本語の関係をどう考えるか―（龍谷大学博士論文，未発表），2005年

よく似た日本語とその手話表現―日本語の指導と手話の活用に思いをめぐらせて―　第1巻・第2巻　北大路書房，2007年

聴覚障害教育 これまでとこれから―コミュニケーション論争・9歳の壁・障害認識を中心に―　北大路書房，2009年

からだに関わる日本語とその手話表現　第1巻

2008年10月20日　初版第1刷発行
2009年11月20日　初版第2刷発行

定価はカバーに表示してあります。

著　者　脇 中 起 余 子
発行所　（株）北大路書房
〒603-8303　京都市北区紫野十二坊町12-8
電　話　(075) 431-0361(代)
ＦＡＸ　(075) 431-9393
振　替　01050-4-2083

印刷／製本　モリモト印刷(株)
検印省略　落丁・乱丁はお取り替えいたします。

ISBN978-4-7628-2623-8 Printed in Japan